Prinz Ernst Heinrich
von Sachsen

PRINZ ERNST HEINRICH VON SACHSEN

Mein Lebensweg

vom Königsschloß
zum Bauernhof

Verlag der Kunst · Dresden · Basel

Die Deutsche Bibliothek – CIP-Einheitsaufnahme

Sachsen, Ernst Heinrich Prinz von:
Mein Lebensweg: vom Königsschloss zum Bauernhof /
Prinz Ernst Heinrich von Sachsen. –
Dresden; Basel: Verl. der Kunst, 1995
ISBN 3-364-00347-5

Published under licence by
Verlag der Kunst
G+B Fine Arts Verlag GmbH

Druck: Westermann Druck GmbH Zwickau

Inhaltsverzeichnis

1919 –1933

1933 –1946

Vorwort

Von verschiedenen Seiten wurde mir nahegelegt, meine Erinnerungen niederzuschreiben, da ich sehr viel erlebt habe. Ich muß gestehen, daß gewisse Hemmungen mich zurückhielten. Ich bin weder ein Dichter noch ein Schriftsteller. Aber schließlich packte mich doch die Lust zu erzählen.

Jetzt, auf eine lange Zeit zurückblickend, kommt es mir so vor, als ob ich verschiedene Leben gelebt hätte: die Zeit am Hofe meines Vaters, des Königs von Sachsen, mein Privatleben in München während der Republik, während der Diktatur Hitlers, mein Leben als Landwirt in Irland.

Als Junge von 15 Jahren war mein größter Wunsch, in kriegerischen und dramatischen Zeiten zu leben. Die Aussicht auf ein eingeplantes Leben als Königlicher Prinz erschien mir langweilig.

Das Leben hat mir viel, viel unruhige Zeiten und Probleme beschert: zwei Weltkriege, eine Revolution, eine Diktatur und zwei Inflationen. Ich wurde zweimal enteignet, kam in ein KZ, und es wurde ein Erschießungsbefehl gegen mich ausgefertigt. Ich erlebte die Zerstörung meiner Vaterstadt Dresden und verlor meine Heimat.

Aber erhalten blieben mir Menschen, die mein Leben lebenswert machen. Erhalten blieben auch die Natur, die Kunst und die geistigen Freuden. Dafür bin ich dem Schicksal dankbar.

Fast die Hälfte meines Lebens wurde von dramatischen Ereignissen überschattet, die der Poesie keinen Platz ließen. Ich mußte diese so schildern, wie ich sie erlebt habe. Möge dies Buch dazu beitragen, denen, die diese Zeit nicht erlebt haben, ein Verständnis zu vermitteln. Geschichte ist wichtig, denn man soll aus ihr für die Gegenwart und Zukunft lernen. Die zwei Weltkriege und die zwölfjährige Diktatur Hitlers haben grauenhaftes Leiden und fürchterliches Unheil hervorgerufen. An der Vergangenheit sollten wir lernen, der Zukunft solche Schrecken zu ersparen.

1896 –1914

Mein Vater König Friedrich August

Am 15. Oktober 1904 bestieg mein Vater den Thron seiner Vorfahren aus dem Hause Wettin, die in ununterbrochener Folge 815 Jahre im Lande regiert hatten. Er war 39 Jahre alt und trug nun den Namen König Friedrich August III. von Sachsen.

Es gibt von meinem Vater viele konventionelle Bilder: der König in verschiedenen Uniformen, zu Pferde, bei Paraden und Manövern, bei Staatsbesuchen und Landesreisen oder auch umrahmt von seinen sechs Kindern. Sie alle zeigen nicht das von mir gesuchte Bild seiner wahren, rein menschlichen Persönlichkeit. Ich blätterte kürzlich in einem Buch, das 1906 über den König geschrieben wurde, und fand darin eine Abbildung, die mich ganz gefangennahm. Es ist dies mehr ein Schnappschuß; ganz privat steht er in Zivil da, gerade im Begriff, selbst eine Aufnahme zu machen. Er ist zu dieser Zeit 41 Jahre alt, seit einem Jahr König und seit zwei Jahren von seiner Frau getrennt. Beim Anblick dieses Bildes war es mir, als stünde ich ihm wieder gegenüber, wie vor langer Zeit, als Sohn zum Vater, ihn fragend:

Wie konntest du dem entgehen, daß dein Schicksal dich nicht verbittert hat? Mit 38 Jahren ging ein Schnitt durch dein Leben, von da an warst du einsam und fast nur noch auf dich gestellt. Die Gebote deiner Kirche, die du überzeugt befolgtest, versagten es dir, wieder einen von dir geliebten Menschen an dich zu binden. Welche Mühe mag es dich oft gekostet haben, uns Kindern der unbefangene Vater zu sein, denn wir waren ja anfangs noch zu klein, um dir etwas zu geben? Woher nahmst du die Kraft, zu ertragen, daß die jahrhundertelange Verbindung zwischen dem Herrscherhaus und deinem Volk zerbrach und dir deine königliche Lebensaufgabe genommen wurde?

Wenn ich dieses stumme Gespräch mit dir halte, denke ich, daß du in aller Stille den steilen, harten Weg der Entsagung gegangen bist. Er führte dich nach oben, zur Vollendung, die du nun erreicht hast.

Jetzt selber über siebzig Jahre, sehe ich dieses verzichtvolle Bild deines Lebens, das sich anderen verbarg, als deine Größe. –

Zur Zeit der Thronbesteigung meines Vaters war mein ältester Bruder zwölf Jahre alt, mein Bruder Christian elf, ich acht, meine Schwester Margarethe vier, Maria Alix zwei und Anna eins. Seit einem Jahr war die zivile Ehescheidung ausgesprochen, eine kirchliche Annullierung jedoch nicht möglich. Daher kam eine Wiederverheiratung für meinen Vater nicht in Frage. Über den Ehekonflikt ist viel geschrieben worden. Man hätte das Verhalten meiner Mutter begreifen können, wäre die Ehe unerträglich gewesen. Das war aber in keiner Weise der Fall. Jedoch liegt es mir nicht, mich über dieses traurige Kapitel zu äußern oder ein Urteil zu fällen, und ich habe auch niemals aus dem Munde meines Vaters ein Wort der Kritik über meine Mutter gehört.

Er bemühte sich mit allen seinen Kräften um ein harmonisches Familienleben. Das ist ihm auch weitgehend gelungen. Wenn irgend möglich, aß er mit uns zu Mittag und zu Abend, nachmittags machten wir Spaziergänge mit ihm. Sein besonderes Anliegen war es, die Abende für uns Kinder so gemütlich wie möglich zu gestalten. Am Sonntag gingen wir mit ihm zur Kirche und unternahmen nachmittags regelmäßig einen Ausflug, den wir immer sehr genossen. Grundsätzlich verlebte er alle Ferien mit uns. So waren wir ihm in Liebe und Vertrauen zugetan, und die Geschwister waren untereinander eng verbunden. Wir, die wir klein waren, als unsere Mutter fortging, entbehrten sie nicht, weil wir es einfach nicht anders kannten.

Unser tägliches Leben zeichnete sich mit Ausnahme von festlichen Anlässen und Besuchen von Gästen durch ausgesprochene Einfachheit aus. Der Mittagstisch unterschied sich kaum von dem eines jeden Bürgers. Der König schätzte die deutsche Küche und wünschte keine komplizierten Gerichte. Nach seiner Auffassung dienten die Mahlzeiten in erster Linie der Ernährung und nicht den Gaumenfreuden. Mittags gab es eine Suppe, ein Gericht und eine Nachspeise, abends ein Gericht und Obst. Bei den Mahlzeiten trank er ein oder zwei Gläser leichten Weißwein; Süßwein oder Schnäpse gab es nur, wenn Gäste anwesend waren.

Da der mäßige Mensch weniger interessant ist als der unmäßige und man auch sonst meinem Vater nichts anhängen konnte, so verfielen die berufsmäßigen Schreiberlinge darauf, ihn als einen kleinen sächsischen Spießer mit plebejischem Dialekt darzustellen, der dazu sogar noch bei feierlichen Anlässen betrunken war. Ein solcher Ritter der Feder hatte in einer Illustrierten behauptet, der König von Sachsen sei bei der Einweihung der Zeppelinhalle in

Leipzig vor einer Ehrenkompanie total betrunken herumgewankt. Als ich diesen Mann später stellte, behauptete er, dies von einem Hofmarschall erfahren zu haben, dessen Namen er jedoch nicht mehr angeben konnte. Bei so einem Anlaß wurde auch keine Ehrenkompanie gestellt. Auf solche Schmierereien kann man nur mit Friedrich dem Großen antworten: «niedriger hängen».

Außerhalb der Pflichten als Herrscher bewegte er sich überall wie jeder seiner Untertanen; das war für ihn Selbstverständlichkeit und auch Erholung. Er war ein passionierter Spaziergänger. Die sonntäglichen Ausflüge machte er mit uns ganz allein, keine Polizeibehörde wurde verständigt, und niemand machte sich Sorgen um den wandernden König. Nachmittags kehrten wir zu Kaffee und Kuchen ein, im Sommer im Freien. Dann wurde der erste beste freie Tisch genommen. Für die Sonntagsausflügler war es keineswegs eine Sensation, ihren König in Zivil mitten unter sich Kaffee trinken zu sehen. Oft durchwanderte er die Dresdner Heide und fuhr dann von Klotzsche nach Dresden Neustädter Bahnhof, von wo er im Wagen zum Schloß fuhr. Als er einmal, Zigarre rauchend, auf dem Bahnhof in Klotzsche auf den Zug wartete, trat ein Herr auf ihn zu und bat ihn um Feuer. Es entspann sich zwischen den beiden ein lebhaftes Gespräch, das, als der Zug in Sicht kam, mit einem herzlichen «Auf Wiedersehen» endete. Der Stationsvorsteher geleitete meinen Vater zu dem reservierten Abteil und fragte: «Wissen Euer Majestät auch, mit wem Euer Majestät eben gesprochen haben? Das war August Bebel, der Führer der Sozialdemokratischen Partei.»

Die SPD war zu dieser Zeit sehr radikal, für den Klassenkampf und gegen die Monarchie. Bebel hatte anscheinend auch nicht gewußt, mit wem er gesprochen hatte. Wahrscheinlich hätte ihn das auch nicht gestört, denn man erzählt sich folgende wahre Anekdote:

Bei einem parlamentarischen Bierabend amtete Bismarck als Hausherr. Er begrüßte Bebel und wollte ihm beim Eintreten den Vortritt lassen.

«O nein, Exzellenz», sagte Bebel, «noch leben wir im Klassenstaat.»

Eine besondere Leidenschaft hatte mein Vater für Pferde, und bis zu seinem Lebensende ritt er täglich. Seine schönste reiterliche

Erinnerung war seine Dienstzeit bei den 18. Husaren in Großenhain, wo er die Reitjagden immer mitritt. An diesem Regiment hing er mit großer Liebe, machte sich zu seinem Chef und trug dessen Uniform, die ihm übrigens ausgezeichnet stand, besonders gern.

Auch war er ein äußerst passionierter Jäger, ein begeisterter Bergsteiger und Schlittschuhläufer. Sobald das Wetter günstig war, ging er von seinen langen Spaziergängen zum Eislauf über, und dafür wählte er die öffentliche Eisbahn auf dem Carola-See am Großen Garten. Ein Hofwagen brachte ihn dorthin, wo er mitten zwischen den anderen Leuten sich seine Schlittschuhe anschnallte. Auf Angebote, ihm zu helfen, sagt er: «Danke sehr, aber ich mache das lieber selber, dann weiß ich, daß sie richtig sitzen.»

Ganz allein, ohne Begleitung oder Polizeibewachung, mitten unter den Schlittschuhläufern aller Klassen und Altersstufen fuhr er seine Bogen. Manchmal wurde er auch angeeckt, wie das auf dem Eis nicht zu vermeiden ist. Dann wurde dieser kleine Zwischenfall durch ein freundliches Wort oder einen kleinen Witz ausgeglichen. Ich erinnere mich noch, wie ein junges Mädchen ihn anstieß und sich etwas unsanft vor ihm auf den Boden setzte. Sie sah ihn entgeistert an und brach in die Worte aus:

«Ach Gott, Majestät, jetzt habe ich Sie angerannt!»

«Macht gar nischt», antwortete mein Vater und fuhr weiter.

Bei Frau Gasse, der Unternehmerin der Eisbahn, gab es noch in der warmen kleinen Kantine Streuselkuchen und ein Schälchen «Heeßen», wie man in Sachsen trivial den Kaffee bezeichnet. Dann ging es heim ins Residenzschloß.

Dazu sei bemerkt, daß Kaiser Wilhelm II. der Prinzessin Friedrich-Leopold von Preußen das Schlittschuhlaufen untersagte, weil sich dies für eine königliche Prinzessin nicht gehöre. –

Als König war mein Vater Staatsoberhaupt und Chef der sächsischen Armee. Die Berufung von Ministern und hohen Beamten sowie die Ernennung von Regimentskommandeuren und Generälen – es gab über 1000 Offiziere in der sächsischen Armee – beschäftigte ihn sehr. Auf Landesreisen und Empfängen nahm er die Gelegenheit wahr, die Beamten kennenzulernen und sich ein Bild von ihrer Persönlichkeit zu machen.

«Die Hauptsache ist, den richtigen Mann an die richtige Stelle zu setzen!»

Das war sein Grundsatz, danach handelte er, und seine unverbildete Menschenkenntnis und sein treffsicheres Urteil bei Fragen der inneren Verwaltung und Problemen auf militärischem Gebiet halfen ihm dabei. Als mein Vater den Oberbürgermeister von Chemnitz, Dr. Beck, zum Kulturminister ernannte, erklärte er uns seine Beweggründe:

«Ihr wißt», sagte er, «de jure bin ich Oberhaupt der Evangelischen Landeskirche. Da ich als Katholik dieses Amt aber nicht ausüben kann, so nehmen die in evangelicis beauftragten Staatsminister diese Stellung war. Da der Kulturminister zu den Beauftragten gehört, kann ich nur einen wirklich guten evangelischen Christen gebrauchen. Und das ist Beck. Außerdem ist er ein ausgezeichneter Mann von großer Erfahrung und hoher Bildung. Unter den Staatsbeamten kenne ich nicht einen, der das nötige Format hätte. Wenn man mir wegen dieser Berufung große Opposition macht, weil Beck nicht zu der Gilde der Staatsbeamten gehört, so stört mich das gar nicht.» Er hatte recht mit seiner Wahl, denn Minister Beck wurde mit seiner Schulreform, an der der König lebhaft Anteil nahm, richtungweisend.

Als der Posten des Kommandeurs des Leibregiments zu besetzen war, ernannte er den bürgerlichen Oberst Leuthold, was allgemein Aufsehen erregte, da diese Kommandeurstelle bisher stets von einem Angehörigen des sächsischen Adels besetzt worden war.

«Ich schätze Leuthold», sagte Papa, «ob er nun Leuthold oder von Leuthold heißt, ist mir egal.»

Auch sein Finanzminister Dr. Rüger war der richtige Mann. Zur Einweihung des Finanzamts in Annaberg erschien er nach einer Bahnfahrt 2. Klasse in dem Ort und erreichte das Finanzamt mit einer Pferdedroschke, die 1,20 Mark kostete. Jede Begleitung hatte er abgelehnt. In Annaberg fand man dies merkwürdig. Der Minister aber meinte: «Erhöhte Unkosten treffen den Steuerzahler. Ich habe mich in meiner Droschke sehr wohl gefühlt.»

Mein Vater äußerte dazu in aller Öffentlichkeit:

«Rüger hat in Annaberg ein ausgezeichnetes Beispiel gegeben. In Sachsen sollte jeder Beamte so verfahren.»

In engster Zusammenarbeit mit meinem Vater wurde die Finanzreform durch eiserne Sparsamkeit und geschickte Verwaltungsmaßnahmen gelöst. Die Staatsschuld verminderte sich zusehends, die Finanzlage besserte sich ständig. Mein Vater selbst gab ein Beispiel. Obwohl die Kosten im Steigen waren und am Hof an die 250 Personen beschäftigt waren, beantragte er keine Erhöhung der «Zivilliste». Dies war die jährliche Rente, die dem sächsischen König bei der Verfassungsgebung von 1831 durch Übereignung des gesamten königlichen Privatbesitzes an den Staat zugesprochen worden war. Allein ein Fünftel dieser Summe – damals eine Million Mark – wurde für die Deckung des Fehlbetrages bei den königlichen Theatern verwendet. Mit dem verbleibenden Betrag mußte die gesamte Staatsrepräsentation bezahlt werden.

Obwohl der Zuschuß von einer Million Mark eine schwere Last war, lehnte mein Vater alle Pläne zu einer Kürzung ab, weil sie auf Kosten des künstlerischen Niveaus gegangen wären. Für die Erfordernisse seiner Hoftheater, die in großer Konkurrenz mit Berlin standen, hatte er immer eine offene Hand. Ohne selbst ein musischer Mensch zu sein, war er durchdrungen von der Verpflichtung, die künstlerischen Traditionen seiner Residenzstadt fortzusetzen, und während seiner Regierungszeit herrschte in Dresden eine hohe kulturelle Blüte. Die wichtigsten Ereignisse waren wohl die Uraufführungen der Straussschen Opern, die zu internationalen Ereignissen wurden.

Mein Vater war seinen Mitarbeitern gegenüber immer loyal, konnte aber sehr scharf werden, wenn jemand versuchte, ihm etwas aufzudrängen, was gegen seine Überzeugung war. Er mißtraute all denen, die große Sprüche machten oder ihm schmeichelten.

Und Ungerechtigkeit haßte er, woher immer sie kam. Er, ein ergebener und treuer Sohn seiner katholischen Kirche, protestierte scharf in Rom, als der Papst in seiner Enzyklika die evangelische Kirche öffentlich verletzte. Er nahm ausdrücklich seine evangelischen Untertanen in Schutz. Liberale und evangelische Kreise, die eine Dankeskundgebung veranstalten wollten, bat er, davon Abstand zu nehmen.

Sein Verantwortungsbewußtsein ließ ihn schwere Entscheidungen selber treffen. Er schob sie nicht an Beauftragte ab, wie dies in Republiken und auch in Monarchien oft der Fall war.

Am 9. November 1918 wurde meinem Vater die Ausrufung der Republik in Berlin und die Flucht des Kaisers gemeldet. Es werde mit einem Aufmarsch meuternder Ersatztruppenteile und unzufriedener Arbeiter in der Innenstadt von Dresden gerechnet. Daraufhin berief er die Mitglieder des Gesamtministeriums, des stellvertretenden Kommandierenden Generals des XII. Armeekorps und den Stadtkommandanten von Dresden zu einer Besprechung über die Lage. Alle Anwesenden waren sich darüber im klaren, daß infolge der allgemeinen Meuterei der Ersatztruppenteile ein Vorgehen gegen den Aufruhr nicht möglich wäre. Zudem hatte die Revolution bereits ganz Deutschland erfaßt. Der König blieb völlig ruhig, er erkannte die Lage in vollem Umfang. Das Gesamtministerium riet ihm, Dresden zu verlassen, um etwaigen Schwierigkeiten aus dem Wege zu gehen. Mein Vater nahm diesen Rat an und begab sich zuerst auf sein Jagdschloß Moritzburg, etwa 15 Kilometer von der Stadt entfernt.

Viele Leute, darunter auch der SPD-Minister Fräßdorf, stellten die Frage: «Warum verläßt der König Dresden?» Darauf muß geantwortet werden, daß der Monarch nach seiner Abdankung nicht in seinem Residenzschloß bleiben konnte. Irgendwo zu Gast in der Stadt zu wohnen hätte sich mit der Würde des Königs in keiner Weise in Einklang bringen lassen. Außerdem wäre er in Sachsen in einer besonders schwierigen und unangenehmen Lage gewesen, da die sächsische Regierung bald nach dem Umsturz das Privateigentum meines Vaters beschlagnahmte.

So nahm er die Einladung der Prinzessin Ulrike von Schönburg, geborene Prinzessin von Löwenstein, auf ihr Schloß Guteborn in der preußischen Lausitz an. Dort unterschrieb er am 13. November 1918 seine Abdankung, ein Entschluß, der ihn tief bewegte. Er entband Militär, Pfarrer und Lehrer von ihrem Eid gegenüber dem König und bat sie, im Interesse Sachsens und Deutschlands ihre Kräfte der neuen Republik zur Verfügung zu stellen.

Dann begab er sich nach Sibyllenort, seinem Schloß bei Breslau, wo er bis zu seinem Tode gewohnt hat. Dort, auf preußischem Gebiet, war mein Vater Privatmann und lebte als freier Mann auf eigenem Grund und Boden. Die schlesische Provinzialregierung ließ sich die Sicherheit des Königs besonders angelegen sein, und der Arbeiter- und Soldatenrat beschloß, dem sächsischen Gast eine militärische Wache zu stellen, die später die Reichswehr übernahm.

Die Abdankung und Übersiedlung nach Sibyllenort bedeutete eine völlige Umstellung seines bisherigen Lebens. Nach vierzehnjähriger Regierungszeit war die monarchische Regierungsform in Sachsen und ganz Deutschland zusammengebrochen und hatte der neuen Ordnung Platz gemacht. Meines Vaters Überzeugung war es, daß man an einem geschichtlichen Wendepunkt stünde und daß die Wiederherstellung der Monarchie weder im Reich noch in den Bundesstaaten zu erwarten sei. Er sah klar und deutlich, daß sich das Rad der Geschichte nicht mehr zurückdrehen ließ. In dieser Frage stand er ganz im Gegensatz zu Kaiser Wilhelm II., der bis zu seinem Tode immer noch an die Rückkehr zu den alten Verhältnissen glaubte.

Das Schicksal Deutschlands machte ihm große Sorge, es bedrückte ihn mehr als sein eigenes. Natürlich vermißte er sein königliches Amt, für das er eineinhalb Jahrzehnte alle seine Kräfte eingesetzt hatte – sein Sachsen, mit allem, was er dort liebte: seine Heimatstadt Dresden, seine Jagdreviere und gewohnten Spaziergänge, und vor allem die Menschen, mit denen er immer Verbindung hatte. Das alles ging über seine Kräfte und griff seine Nerven an. Erst eine Erholung im Sanatorium Wigger in Garmisch-Partenkirchen im Jahre 1919 brachte eine Besserung.

Die Jahre, die nun folgten, glätteten manches, was 1918 aufgerissen worden war, aber die Einsamkeit und das Heimweh blieben. Besuche von Familienmitgliedern und treuen sächsischen Freunden sowie Jagen und Reiten brachten ihm Abwechslung. Ihn packte auch das Interesse, fremde Länder kennenzulernen, er reiste nach Ceylon und Brasilien. Regelmäßig besuchte er seine fünf verheirateten Kinder und erfreute sich an der großen Schar von Enkeln.

So gestaltete sich sein Leben dann doch noch positiver und reicher, als es 1919 vorauszusehen war.

November 1966 – ich lande, von Zürich kommend, in Hamburg-Fuhlsbüttel. Ein Polizeibeamter, etwa 35 Jahre alt kontrolliert die Pässe. Er blättert in meinem Paß herum, sieht mich freundlich an und sagt: «Macht euren Dreck alleene – das war wohl der Vater?»

«Ja», antwortete ich, «mein Vater war der König Friedrich August.»

«Großartig, der hat es ihnen aber richtig gegeben!»

Ähnliche Unterhaltungen hatte ich schon öfter. Dieser Ausspruch, der meinem Vater zugeschoben wurde, hat ihn ungeheuer populär gemacht. Man sah und sieht heute noch in diesem Wort eine Art volkstümliche Reaktion, so etwa: Ihr habt mich abgesetzt, obwohl ich meine Sache als Staatsoberhaupt anerkannterweise richtig gemacht habe und beliebt war. Nun sollen die nach mir Kommenden, die Ungeschulten und Unerfahrenen die ganze Bürde übernehmen und beweisen, was sie können. –

Sicher hat mein Vater solche Gedanken gehabt und sie auch gelegentlich zum Ausdruck gebracht. Die populäre Formulierung aber, die derb und typisch sächsisch ist, soll von dem sozialdemokratischen Abgeordneten und späteren Innenminister Sindermann stammen. Als er von der Abdankung des Königs erfuhr, soll er geäußert haben: «Nun wird er wohl sagen ‹macht euren Dreck alleene›.» Andere, die dies hörten, meinten der König hätte tatsächlich diesen Ausspruch getan, und so machte er in Blitzesschnelle die Runde. Mein Vater hat sich darüber nie aufgeregt, weil er Humor hatte und wußte, daß es nicht böswillig gemeint war.

Nach einer Kur im Jahre 1919 im Sanatorium Wigger in Garmisch ging die Rückreise nach Breslau über Leipzig. Dort hatte der Zug in einem Vorort einen längeren Aufenthalt. Es war am frühen Morgen, und viele Leute fuhren zur Arbeit. Wie ein Lauffeuer ging es um, daß der König Friedrich August in einem reservierten Abteil des D-Zuges sei. Eine große Menschenmenge sammelte sich an, und alle riefen: «Hoch unser Geenich, hoch August!»

Es war das ein ganz spontaner Ausbruch, wie er nur möglich ist bei einer Persönlichkeit, die einen Platz im Herzen des Volkes hat. Mein Vater war überrascht, erstaunt und erfreut. Er erschien am Abteilfenster und winkte heraus. Immer lauter wurden die Hoch-Rufe, untermischt von einzelnen Stimmen: «Wiederkommen, wiederkommen!» In der Tat waren die Demonstranten Angehörige des sogenannten werktätigen Volkes und wohl in der großen Mehrzahl Sozialdemokraten. Bei diesem Anlaß nun soll mein Vater gesagt haben: «Ihr seid mir aber schöne Republikaner.»

Ich fragte ihn später danach. «Nein», sagte er, «so nicht. Ich habe wohl gesagt: ‹das sind eigenartige Republikaner› – aber natürlich nicht zu den Leuten.»

Einen anderen sehr treffenden Ausspruch habe ich selber erlebt. Im Jahre 1913 fand in der Galerie Arnold in der Schloßstraße gegenüber dem Schloß eine große Ausstellung der Futuristen statt. Mein Vater hatte an sich wenig Interesse für Malerei, aber von irgendeiner Seite war ihm nahegelegt worden, diese Ausstellung zu besuchen. Von einem Königsbesuch versprach sich der Veranstalter viel, gewissermaßen die Anerkennung der als verrückt verschrienen Künstler. Ich begleitete meinen Vater, weil mich die Ausstellung interessierte. Nachdem verschiedene Bilder kommentarlos besichtigt worden waren, kamen wir zu einem Bild, das die Bezeichnung «Die rüttelnde Droschke» trug. Es zeigte zahlreiche Striche, die durcheinanderliefen, und auch einige geometrische Figuren. Nun fragte mein Vater Herrn Gutbier, den Inhaber der Galerie und Veranstalter der Ausstellung: «Wieso stellt das Bild eine rüttelnde Droschke dar? Ich kann keine Droschke erkennen.»

«Majestät, der Künstler, der hier neben mir steht, will seine Empfindungen vermitteln, die er in einer rüttelnden Droschke hatte.» –

Mein Vater: «Aber man kann doch nicht die Empfindungen des Rüttelns malen!» Der Maler hatte diesem Dialog zugehört und schritt nun zu seiner Rechtfertigung.

«Majestät, ich sehe das eben so.»

Darauf mein Vater: «Da bin ich nur froh, daß ich nicht Ihre Augen habe.» – Die weitere Besichtigung verlief ohne Kommentare. Hinterher gab mein Vater Herrn Gutbier und den anwesenden Künstlern die Hand und wünschte weiteren guten Verlauf der Ausstellung. Im Schloß angekommen, hielt er mir gegenüber mit seiner Kritik nicht zurück: «Das ist ganz verrücktes Zeug, und eigentlich sollte man so etwas nicht unterstützen.»

In der Zeitung stand am nächsten Morgen: «Seine Majestät, der König, besuchte gestern die Ausstellung der Futuristen in der Galerie Arnold und zeigte großes Interesse für das eigenwillige Schaffen der Künstlergruppe.»

Als mein Vater König wurde, siedelten wir in das Residenzschloß über. Dort bekamen wir Söhne eine sehr schöne Wohnung mit Blick auf die Hofkirche, Theaterplatz, Galerie und Zwinger.

Mich fesselten als Junge natürlich die Feste, die im Schloß stattfanden, besonders die Hofbälle. Bald hatte ich mit den mittleren Beamten des Hofes Bekanntschaft geschlossen, wobei es mich besonders zum Hofkonditor Köhler zog. Vor dem ersten großen Hofball, den ich erlebte, erschien ich unter einem Vorwand in der Konditorei, um zu sehen, wie er die Herrlichkeiten für sein «Süßes Buffet» herstellte. Köhler mochte mich gern, aber er wollte nicht gestört sein. Daher sagte er:

«Prinz, ich werde Ihnen etwas sagen, kommen Sie vor Beginn des Hofballs zu mir in das Turmzimmer.»

Sehr erfreut über die Aussichten, wanderte ich am Nachmittag hinauf in den 2. Stock zu den Repräsentationsräumen – mit einer leichten Beklemmung, vielleicht doch «geklappt» zu werden. Überall strahlte schon das Licht, und es herrschte ein emsiger Betrieb, nahmen doch an den zwei «Großen Hofbällen», die im Winter stattfanden, jedesmal 2000 Personen teil, von denen aber nur etwa 200 tanzten. Die übrigen 1800 sonnten sich in der Ehre und im Vergnügen, Gäste des Königs zu sein. Sie guckten herum, schwätzten und taten sich an den riesigen Buffets gütlich, die wegen des Massenandrangs den Spitznamen «die Volksküche» hatten.

Ich durchschritt eilig den langen Korridor und gelangte glücklich durch den Großen Ballsaal in das Turmzimmer. Dieses war der erlesenste und schönste Raum des Schlosses. Er war ausgestattet mit den herrlichsten Erzeugnissen der Meißner Manufaktur, seltenen Vögeln und anderen Tieren von Kändler sowie AR-Vasen – eine Symphonie von Farbe, Form und Schönheit, die hier unter August dem Starken aufgebaut worden war.

Mich interessierte aber damals das Süße Buffet und Herr Köhler weit mehr.

«Ah», sagte er, «ich dachte schon, Sie würden nicht mehr kommen.» «Herr Köhler», erwiderte ich, «ich habe es Ihnen doch versprochen.»

«Sehen Sie, da ist das Süße Buffet für Seine Majestät, die

Königliche Familie, die Minister, Diplomaten und alle anderen hohen Gäste.»

Während er mir alles erklärte, zog es mich magnetisch dem Buffet immer näher – und was sah ich da alles: kandierte Maronen und Datteln, zahllose kleine Kuchen und Gebäcke, süßen Punsch und Mandelmilch, ein besonderes Erzeugnis der sächsischen Hofkonditorei. Ich begann:

«Herr Köhler ...»

Ohne mich weiter anzuhören, meinte er gleich:

«Sie gehören ja auch zur Königlichen Familie, greifen Sie ruhig zu, ich habe noch etwas Reserve unter dem Tisch.»

Ich fand schnell heraus, daß die von Meister Köhler mit Marzipan kandierten Datteln das Allerbeste waren, und ich sprach diesen kräftig zu, wobei mir Köhler Mandelmilch eingoß. Dann sagte ich zu ihm:

«Jetzt gucke ich noch mal in den Thronsaal, dann komme ich wieder vorbei.»

Der Thronsaal bot einen Anblick, der mich, obwohl ich noch sehr jung war, völlig in seinen Bann zog. In strahlendes Licht getaucht, stand hinter einem erlesenen Buffet ein glanzvoller Aufbau sondergleichen: goldene und silbervergoldete Schalen, Platten, Krüge und Figuren aller Art aus dem Grünen Gewölbe und der Hofsilberkammer, alles umrahmt von roten Magnolien, Orchideen, weißem Flieder und Rosen. Es war so, wie man sich als Kind im Märchen einen Königspalast vorstellt. Ich starrte wie gebannt auf diese Herrlichkeit. Später erfuhr ich, welcher Zusammenhang hier bestand.

Bei den Festessen während der Kaiserwahl in Frankfurt bauten die Kurfürsten ihre repräsentativsten Schaustücke, die sie von zu Hause mitbrachten, hinter sich auf, um damit ihren Reichtum und ihre Bedeutung zu veranschaulichen. Diese Gepflogenheit hatte der Sächsische Hof für seine eigenen großen Festlichkeiten übernommen. Ich riß mich von dem prächtigen Anblick los, machte Herrn Köhler noch einen kurzen Besuch und ging zurück in unsere Wohnung.

Am Abend, kurz vor Beginn des Hofballs, stieg ich hinauf in den ausgebauten Dachboden des Schlosses bis zum offenen Übergang über die Loggia des Großen Schloßhofes. Dort schlug mir die kalte

Winterluft entgegen, der Schnee knirschte unter meinen Füßen, und der Mond beleuchtete schemenhaft den ganzen großen Schloßkomplex. Am Ende des Übergangs öffnete ich eine kleine Tür und befand mich plötzlich mitten unter der Militärkapelle des 2. Grenadier-Regiments, die in dieser Empore zum Tanz aufzuspielen hatte. Von hier aus konnte ich den Großen Ballsaal ausgezeichnet übersehen. Von unten herauf stieg ein einziges Brausen. Das waren die vielen Menschen, die dort versammelt waren. Mich interessierte alles brennend, denn ich sah manche Personen, die ich kannte. Auf einmal trat der Oberhofmarschall in den Saal und stieß dreimal mit seinem goldverzierten Stab auf den Boden – ein Zeichen, daß der König nahte. Das Stimmengewirr erstarb schlagartig, und nun sah ich meinen Vater in den Saal einziehen, an seinem Arm die Frau meines Onkels Johann Georg. Die Offiziere nahmen Grundstellung an, die Herren verbeugten sich, und die Damen machten einen tiefen Hofknicks. Ich war stolz auf meinen Vater, der so straff und jugendlich aussah.

Auf einen Wink des Vortänzers, eines Leutnants des Leibregiments – ich glaube, es war Herr von Montbé –, setzte die Musik mit einem Straußschen Walzer ein, und die Paare begannen sich zu drehen. Auch meinen Vater sah ich tanzen mit einer sehr schönen Gesandtin Frau von Braun, Mutter meines Schulkameraden Dolly Braun. Diesem konnte ich dann brühwarm am nächsten Morgen berichten: «Dolly, ich habe gestern abend Deine Mutter mit meinem Vater tanzen sehen.»

Es gab verschiedene Gebräuche bei Hofe, die mir als Kind großen Eindruck machten. Wenn wir am Neujahrsmorgen aus der Morgenmesse ins Schloß zum Frühstück zurückkehrten, brachten uns die fünf Hoftrompeter in Galauniform ein Ständchen; dabei benutzten sie zwei silberne Pauken mit dem sächsisch-polnischen Wappen aus der Regierungszeit Augusts des Starken.

Seit bereits 300 Jahren überbrachte die Bäckerinnung von Dresden dem König zu Weihnachten einen riesigen Christstollen, der von sechs Bäckern getragen wurde. Die Christstollen-Sitte ist typisch sächsisch: Das längliche weiße Gebäck symbolisiert das Christkind in Windeln.

Am Ostersonntag fand das sogenannte «Osterfrühstück» statt, an dem der König, die Königliche Familie und das Gefolge teilnahmen. Diese Sitte, die sicher schon seit dem 16. Jahrhundert bestand, hatte eine Eigenart, deren Sinn ich nie in Erfahrung bringen konnte. Das Osterfrühstück fand nämlich in der genau umgekehrten Reihenfolge eines normalen Mittagessens statt: Es begann mit einer Süßspeise und endete mit einer Suppe. Dabei wurde dem König auf einer Vermeilleplatte ein hartgekochtes Ei gereicht, das er in so viele Teile zerschnitt, wie Familienmitglieder anwesend waren. Die Eierscheiben wurden den einzelnen Familienangehörigen zum Essen gereicht – als Zeichen der Einheit.

Am Nachmittag des ersten Osterfeiertages gab es den Osterfladen, einen großen Kuchen, der aus sieben Schichten bestand. Er sollte den Stein darstellen, der von Christi Grab gewälzt worden war. Auch diesen aß die Königliche Familie gemeinsam. Mein Onkel Johann Georg und meine Tante Mathilde achteten streng darauf, daß wir Kinder ja alle sieben Schichten verzehrten, was uns nach dem reichlichen «Osterfrühstück» schwerfiel. Um den Vorwürfen zu entgehen – denn dieser Brauch hatte bei der älteren Generation einen fast religiösen Charakter –, ließen wir die Kuchen, die wir nicht essen konnten, unter dem Tisch verschwinden, wo sie von unseren Hunden sofort aufgefressen wurden.

Vor 1904 wohnten wir von Mitte Oktober bis Ende April in Dresden in dem großen, etwas dumpfen und dunklen Taschenberg-Palais. Anfang Mai ging es nach Wachwitz, unweit der Stadt an den Hängen des Elbtals gelegen. Es war immer ein beglückender Augenblick für mich, wenn wir die Stadt verließen und das Leben in frischer Luft und in der Natur begann. Der Königliche Weinberg, wie das Grundstück genannt wurde, war ein idealer Aufenthalt für uns Kinder. Noch vor fünfzig Jahren wurde dort Wein angebaut und in der «Presse», einem sehr hübschen Gebäude aus dem Jahre 1825, gekeltert. Mit Staunen betrachteten wir die großen Bottiche und Stampfer, die noch vorhanden waren. Weil der Weinbau zu viel Arbeit machte und mit zunehmend schnelleren Transportmöglichkeiten Wein billiger und besser zu kaufen war, ging der romantische Weinbetrieb leider ein.

Unser Haus lag nahe am Eingang zum ehemaligen Weinberg, der durch einen Laubengang in zwei Teile getrennt war, umrankt von Tessiner Wein, dessen kleine blaue Trauben wir mit Leidenschaft aßen. Mein Vater hatte besonderes Interesse für den Spalierwein.

Wegen der vielen Wespen wurden die Trauben in Gazebeuteln eingebunden, die er selbst öffnete und untersuchte; waren die Trauben reif, durften sie gleich gegessen werden.

Über dem Berg befand sich eine kleine Kapelle, die Friedrich August II. erbaut hatte. Sie beeindruckte mich sehr, weil sich die Bilder auf den Glasfenstern alle auf den Weinbau bezogen. Auf dem einem Fenster war eine Großtante, die Herzogin von Genua, als kleines Kind neben einem Bottich stehend, abgebildet.

Wachwitz war 40 Hektar groß, und es gab dort alles, was Kinder interessiert: einen großen Gartenbetrieb, in dem Gemüse angebaut wurde, Obst aller Arten, Erdbeeren, Himbeeren, Pfirsiche, Äpfel und Birnen. Daneben gab es Nußbäume und eßbare Kastanien. Die Nüsse erntete mein Vater selbst. Es war immer ein großer aufregender Moment, wenn zur Ernte geschritten wurde. Mein Vater bestieg die Leiter und schlug mit einem langen Stock in die Äste, worauf die grünschaligen Nüsse herunterprasselten; wir sammelten sie in Körbe und brachten sie in die Hofküche. Dort wurden sie geschält und kamen, in Salzwasser gelegt, auf den Tisch.

Ich legte mir einen kleinen Gemüsegarten an, der abseits der Gärtnerei lag. Mit großer Begeisterung baute ich Salat, Radieschen usw. an. Manche Mißerfolge stellten sich ein, aber auch Erfolge, und diese Tätigkeit machte mir klar, wieviel Mühe nötig ist, um etwas zu ernten. Später wurde mir erlaubt, Hühner zu halten. Die Tochter des Königs Friedrich August I., Prinzessin Auguste, war eine passionierte Hühnerhalterin, ebenso die Schwester meines Vaters, Prinzessin Mathilde. Das hatte sich auf mich vererbt. Mein Vater schenkte mir 18 Hühner, sechs Italiener, sechs weiße Wyandottes und sechs schwarze Minorkas, mit je einem Hahn. Füttern mußte ich sie auf eigene Kosten, dazu mußte mein Taschengeld herhalten, das aus einem Zehn-Mark-Goldstück pro Monat bestand. Dafür konnte ich die Eier an die Küche verkaufen. Der Koch war sehr strikt und gab mir keinen Pfennig mehr als den Marktpreis, dieser schwankte für das Dutzend zwischen 48 bis 60 Pfennigen. Als ich älter wurde, hielt ich mir auch zwei Bienenstöcke, die ich selbst versorgte.

Im Grundstück gab es einzelne Rehe, Fasanen und Hasen, die meine Phantasie sehr anregten, da ich von frühester Jugend an eine starke Passion zur Jagd hatte. Der obere Teil des Grundstücks bestand aus Wald, hauptsächlich Buchen, in der Mitte befand sich eine Schlucht mit einem Bach; es wuchsen da viele Maiglöckchen und Immergrün. Die Tatsache, daß eßbare Kastanien dort reiften, deutete auf den stark südlichen Charakter hin. Vom Haus aus und von den Höhen hatte man einen herrlichen Blick auf die ganze Stadt Dresden mit ihrem wunderbaren Zentrum Frauenkirche – Hofkirche – Schloß – Sophienkirche und die Brücken, die die Elbe überspannten. Nach der anderen Seite sah man die Vorberge des Erzgebirges und die Sächsische Schweiz. Diese herrliche Natur, verbunden mit einem milden und angenehmen Klima, wurde für uns der Inbegriff der Heimat und ist es heute noch, denn nichts bindet mehr als eine starke romantische Kindheits- und Jugenderinnerung.

Ich muß gestehen, daß mir das Leben in Wachwitz mehr Freude machte als der Unterricht. Ich war niemals ein Musterknabe. Mit dem sechsten Lebensjahr begann für mich der Ernst des Lebens. Aus den Händen meiner gütigen, immer freundlichen Erzieherin, Mademoiselle Dallery – einer Französin, die in Dresden geboren war –, kam ich in die rauhen Hände unseres Erziehers Major Baron O'Byrn. Die Familie dieses katholischen Offiziers stammte aus Irland, wo die Familie O'Byrne hieß, dort ein weit verbreiteter Name. Es war ein vorzüglicher Mann, der die verschiedensten Interessen bei uns weckte und dem ich viel zu verdanken habe. Für die nächsten vier Jahre bekam ich einen Lehrer, Herrn Hering, der mir das Pensum der Volksschule beibrachte. Ich haßte ihn, weil er unfreundlich war und mich mit dem Lineal auf die Fingernägel schlug, was äußerst schmerzhaft war. Ich rächte mich, indem ich eines Tages einen Nagel von unten in das Pult schlug, so daß er ein wenig heraussah. Als nun Herr Hering wieder zum Schlag ausholte, zog ich schnell meine Hand weg, so daß er mit dem Handballen auf der Nagelspitze aufschlug, was ebenfalls sehr schmerzhaft war. Von diesem Moment an hat er mich nie wieder geschlagen.

Eine besondere Leidenschaft hatte ich für Reptilien. Mit viel Geduld gelang es mir, in den Moritzburger Teichen eine Ringelnatter und eine Haselotter zu fangen. Beide Tiere sind völlig harmlos, und ich nahm selbstverständlich meine beiden Schlangen, verstaut in einer Botanisiertrommel, mit nach Pillnitz, als das

Königliche Hoflager von Moritzburg nach dort verlegt wurde. Ich saß im Wagen mit der Oberhofmeisterin Frau von der Gabelentz-Linsingen, einer älteren, sehr gebildeten und schöngeistigen Dame. Ohne mir Rechenschaft darüber abzulegen, was ich damit anrichtete, nahm ich während der Fahrt meinen Liebling, die Ringelnatter, aus der Trommel und legte sie mir um den Hals. Diese, glücklich, sich frei bewegen zu können, schlängelte sich hin und her und steckte ihre spitze Zunge heraus. Als die würdige Oberhofmeisterin, Ihre Exzellenz, dies plötzlich bemerkte, stieß sie voll Entsetzen mehrere schrille Schreie aus, was ich als Schlangenfreund nicht verstand. Der Wagen hielt scharf an, der neben dem Kutscher sitzende Hoflakai sprang vom Bock und öffnete die Türe, um zu sehen, was passiert war. Als er die Schlange bemerkte, prallte er zurück und rief nur «oh, oh, oh». Jetzt hatte sich die Oberhofmeisterin wieder gefaßt und sagte: «Erni, werfen Sie gleich die Schlange aus dem Wagen.»

«Exi», sagte ich (Exi war eine Abkürzung für Exzellenz), «das ist doch meine Schlange, und die ist sehr nett und harmlos, und ich habe auch noch eine zweite hier –»

«Jetzt aber Schluß», sagte sie resolut, «stecken Sie Ihre Schlange wieder in die Trommel», was ich auch tat.

Die Geschichte ging überall herum, und mein Vater amüsierte sich köstlich und sagte zu mir:

«Das nächste Mal brauchst Du aber der Exi nicht gerade eine Schlange unter die Nase zu halten.»

In Pillnitz hatte ich eine Schildkröte im Teich gefangen, an der mein ganzes Herz hing. Ich fütterte sie mit Salat und führte sie spazieren, damit sie Bewegung hatte. Um zu vermeiden, daß sie ausriß, bohrte ich ein Loch in den Panzer und befestigte daran einen Strick. So konnte ich sie anbinden, wenn mir der langsame Spaziergang zuviel wurde.

Als wir 1902 in Wachwitz waren, starb mein Großonkel, der König Albert. Mein Großvater Prinz Georg wurde König und mein Vater Kronprinz. Das beeindruckte mich aber wenig, da ich mich nur für Bäume und Büsche und den kleinen Bach in der Schlucht interessierte. Ihn anzustauen und zu reinigen war für uns Kinder die höchste Wonne.

König Georg, mein Großvater

Mit seinen 70 Jahren war mein Großvater schon ziemlich greisenhaft. Er war ein kluger und intelligenter Mann, jedoch sehr verschlossen; es war schwer, mit ihm Kontakt zu bekommen.

Frühzeitig hatte er seine Frau verloren, die Tochter der Königin Maria da Gloria von Portugal und des Prinzen von Sachsen-Coburg. Ihr Tod traf ihn schwer. Meine Großmutter war eine sehr begabte Malerin und eine Schülerin des Romantikers Ernst Oehme, der wiederum Schüler Caspar David Friedrichs war.

Sie hatten sechs Kinder:

Prinz FriedrichAugust,	mein Vater;
Prinz Johann Georg,	der zweimal verheiratet und kinderlos war. Er widmete sich ganz kunstwissenschaftlichen Studien und nahm deshalb als Generalmajor seinen Abschied.
Prinz Albert,	er war Kavallerist und verunglückte tödlich in einem Wagen, dessen Pferde durchgingen.
Prinz Maximilian,	wurde katholischer Priester und später Theologieprofessor an der Universität Fribourg in der Schweiz. Er war ein großer Kenner der orientalischen und orthodoxen Kirchenfragen und überzeugter Pazifist.
Prinzessin Mathilde,	sie war unverheiratet, studierte privat Theologie und Musikwissenschaften und sprach fließend zehn Sprachen.
Prinzessin Maria Josepha,	die den Erzherzog Otto heiratete und Mutter des letzten österreichischen Kaisers Karl war.

Seine Tochter Mathilde war vielleicht der einzige Mensch, mit dem sich mein Großvater nach dem Tod seiner Frau aussprach. Er war ein tüchtiger Soldat, der in den Kriegen 1866 und 1870 seinen Mann gestanden hatte. Aber er war strategisch nicht so begabt wie sein Bruder Albert, der 1866 in einem kühnen Marsch die sächsische Armee mit dem österreichischen Heer vereinigt hatte und in der Schlacht von Königgrätz den linken Flügel hielt. Ihm war es zu danken, daß die Armee des Generals Herwarth von Bitterfeld daran gehindert wurde, den Rückzug des Zentrums der Österreicher abzuschneiden. Auch in der Schlacht von Sedan 1870 spielte er eine maßgebliche Rolle. Moltke äußerte sich über ihn, er könne ohne besondere Weisungen dem sächsischen Kronprinzen Albert die Front überlassen, da er sich ganz auf ihn verlassen könne.

Als scharfer Beobachter der politischen Entwicklung prophezeite mein Großvater 1890 seiner Tochter Mathilde, daß Deutschland in 30 Jahren ein republikanischer Einheitsstaat sein werde. Diese Voraussage erfüllte sich zwei Jahre eher.

Wir mußten oft sonntags zum Familiendiner fahren, bei dem der Großvater nach dem Essen bis zu drei Stunden das Gespräch führte. Mit uns Enkelkindern hatte er überhaupt keinen Kontakt, aber wir durften wenigstens während der Zeit in den Park gehen. Mein Vater war manchmal verzweifelt über diese langen Sitzungen, die ihn um den Sonntagsausflug mit uns brachten.

Im Jahre 1904 verfiel der König sichtlich, und im September wurde sein Zustand bedenklich. Ab Anfang Oktober war mein Vater viel in Pillnitz und übernahm die Regentschaft. Am 12. hatten wir den Großvater zu besuchen. Er lag zu Bett, sah uns teilnahmslos an und sagte fast nichts. Am folgenden Tag ging mein Vater mit uns spazieren. Es war nicht seine Art, innerhalb der Familie Erklärungen abzugeben, diesmal aber sagte er:

«Der Großpapa wird höchstens noch ein paar Tage leben. Dann kommt für uns eine große Umstellung. Ich werde König, habe eine große und schwere Verantwortung zu tragen und hoffe, mit Gottes Hilfe dieses hohe Amt erfüllen zu können. Jury – mein ältester Bruder Georg – wird Kronprinz und muß sein Leben auf seine spätere Aufgabe einstellen. Und Ihr beide, Tia und Erni, seid dann Söhne des Königs, und von Euch verlangt man Leistung und Haltung.»

Weil mein Vater ganz selten so etwas sagte, prägten sich mir seine Worte tief ein.

Am 15. Oktober 1904 starb König Georg, und das Rautenbanner auf dem Wasserpalais in Pillnitz ging auf halbmast. Aber auch hier hieß es wie in allen erblichen Monarchien:

«Le roi est mort, vive le roi!» – Der König ist tot, es lebe der König!»

Die Überführung nach Dresden hat mich außerordentlich beeindruckt. Der Sarg, nach alter Tradition in die Hausflagge gehüllt, wurde aus dem unmittelbar an der Elbe gelegenen Palais auf einen Elbdampfer getragen, der ganz schwarz ausgeschlagen war. Das Schiff war mit Windlichtern beleuchtet, und an beiden Seiten standen Fackelträger. Am Sarg, der auf einem Podest stand, hielten Offiziere der Chefregimenter des Königs die Totenwache. Das Schiff fuhr ohne Maschinenkraft die Elbe abwärts, ganz ruhig, von der Strömung getrieben. Wie ein Schemen glitt es durch die Dunkelheit. Die Bevölkerung stand mit Fackeln am Ufer, um von ihrem König Abschied zu nehmen. Das Schiff legte unterhalb der Brühlschen Terrasse an. Durch ein Spalier von Truppen wurde der Sarg auf einer Lafette zur Hofkirche gefahren unter dem Geläut aller Kirchen Dresdens. Dort empfing der Klerus den Sarg, und am nächsten Tag erfolgte die feierliche Beisetzung.

Meine Gymnasialzeit

Mein Vater erörterte mit unserem Erzieher Baron O'Byrn die Frage, ob wir allein unterrichtet werden oder ein öffentliches Gymnasium besuchen sollten. Der Alleinunterricht hätte zu einer Isolierung geführt und sich ungünstig auf die Persönlichkeit ausgewirkt. Gegen den Besuch eines öffentlichen Gymnasiums sprach, daß wir drei Söhne schon sehr früh zu verschiedenen Gelegenheiten herangezogen werden sollten. Dies war erforderlich, um uns in den aufnahmefähigsten Jahren an unsere späteren repräsentativen Aufgaben zu gewöhnen und uns mit ihnen vertraut zu machen. So mußten wir bei allen Fürstenbesuchen anwesend sein, wie auch bei den Veranstaltungen des Leibregiments, dem wir angehörten, bei der Landtagseröffnung, der Königsparade, der Rekrutenvereidigung usw.

Aus solchen Überlegungen entstand der Entschluß, die Prinzenschule einzurichten. Für jeden von uns drei Brüdern wurde eine eigene Klasse zusammengestellt. Von der Sexta an hatten wir das gesamte Gymnasialpensum von neun Jahren zu absolvieren, und zwar auf humanistischer Grundlage mit Latein und Griechisch, aber auch mit Französisch und Englisch. Unsere Lehrer wurden aus verschiedenen Dresdner Gymnasien ausgewählt. Ich bekam neun Mitschüler; der Unterricht fand im Taschenberg-Palais statt, das durch einen Gang mit dem Schloß verbunden war.

Auf die körperliche Ausbildung wurde großer Wert gelegt, besonders Eishockey war unsere ganze Leidenschaft. Wir spielten es aber so stürmisch, daß sich zwei Unfälle ereigneten, worauf es leider verboten wurde.

Im Alter von zwölf Jahren lernte ich schwimmen und hatte die Große Schwimmprüfung in der Militärschwimmanstalt an der Elbe abzulegen, eine ziemlich aufregende und gefährliche Sache. Der dicke Bademeister vom Dresdner Pionier-Bataillon, der für die Abnahme der Prüfung verantwortlich war, stakte mich in einem Kahn etwa 500 Meter elbaufwärts an das andere Ufer. Dort hatte ich in den Strom zu springen und zur Badeanstalt zurückzuschwimmen; wer das nicht schaffte, hatte die Prüfung nicht bestanden. Das Wasser der Elbe war nicht gerade verlockend, es war braun und roch nach Schlamm und viel Undefinierbarem. Man mußte stark gegen den Strom schwimmen, wenn man 500 Meter unterhalb auf der anderen Seite ankommen wollte. Der Begegnung mit Dampfern war aus dem Wege zu gehen, weil dies gefährlich war. Natürlich befand sich das Boot des Schwimmeisters in meiner Nähe, aber nicht direkt neben mir, denn ich sollte ja selbständig handeln. Ich hatte insofern Pech, weil ich einem Passagierdampfer, einem Schlepper und einer Elbzille begegnete. Aber alles ging gut, ich schaffte es, kam allerdings ziemlich erschöpft an der vorgeschriebenen Stelle an, da ich bei dieser Prüfung viel mehr Energie verbrauchte, als normalerweise erforderlich war. Nun hatte ich es schwarz auf weiß, daß ich schwimmen konnte.

Der Reitunterricht hatte schon zwei Jahre früher begonnen, zuerst auf einem Ponny mit Decke ohne Bügel. Dann trainierten wir hart in der Reitbahn des Königlichen Marstalles, und zwar auf dem Sattel ohne Bügel; auf diese Weise mußten dort auch die Hürden genommen werden. Mein Vater war ein sehr passionierter Reiter, und während der großen Ferien mußten wir täglich mit ihm ausreiten. Er kannte keine Hindernisse, und in seiner Begleitung verging mir manches Mal Hören und Sehen. Es ging durch Wasserläufe und fast senkrechte Sandgruben oder durch junge Stangenhölzer, so daß die Äste ins Gesicht peitschten und man die Stämme anrannte. Im Sommer wurden Jagden veranstaltet, aber es wurde kein Tier gehetzt, das lehnte mein Vater ab. Der «Fuchs» wurde durch einen Offizier der 18. Husaren aus Großenhain ersetzt, der einen Fuchsschwanz an seiner Schulter trug. Es war das Ziel jedes Teilnehmers, durch reiterliche Kunst und Geschicklichkeit den Fuchsschwanz abzureißen und damit zu erbeuten.

Wir hatten im Marstall einen sehr schönen Falben, durch dessen Schnelligkeit es mir auch einmal gelang, die begehrte Trophäe zu erringen. Die Jagd fand nördlich von Moritzburg statt, und es ging im Galopp über weite Stoppelfelder, kleine Gräben und eine Hürde. Es kam darauf an, den «Fuchs», in diesem Fall Oberleutnant von Hoenning, rechtzeitig zu bemerken. Die Kavalkade war gerade in der Höhe eines kleinen Waldstücks, ich ritt am äußersten linken Flügel, da sah ich auf einmal links von mir den Husarenoffizier in seiner blauen Uniform mit dem flatternden Fuchsschwanz am Arm aus dem Wäldchen herausgaloppieren. Ich riß meinen Falben herum, gab ihm die Sporen und bekam so einen

Vorsprung vor den anderen. Ich versuchte, alles aus dem Pferd herauszuholen, und kam ziemlich schnell bis auf fast zehn Meter heran. Oberleutnant von Hoenning beobachtete natürlich sehr genau, was hinter ihm vorging, denn es war seine Aufgabe, das Finish so schwer wie möglich zu machen. Zunächst ritt er im Zick-Zack, und ich konnte ihm auf wenige Meter folgen. Dann schlug er plötzlich einen Haken und übersprang einen Bach. Kurz nach dem Sprung ritt ich scharf rechts an ihn heran, stellte mich in den Bügeln auf, beugte mich so weit wie möglich vor und riß dem Husarenoffizier den Fuchsschwanz von der Schulter.

Ich war stolz wie ein Pfau, daß mir das mit meinen sechzehn Jahren gelungen war. Allerdings dankte ich es in erster Linie meinem guten Pferd, das sein Äußerstes hergegeben hatte. Alle umringten mich und gratulierten mir, an der Spitze mein Papa. Er war glänzender Laune und freute sich sichtlich über seinen Sohn. Ein erfrischender Satteltrunk wurde mir genehmigt; er belebte in der prallen Augusthitze. Dann wurde mir der Fuchsschwanz an den Arm gebunden, und heim ging es durch den schattigen Wald nach Schloß Moritzburg.

Mein Vater kannte jedes Reitpferd seines Marstalls sehr genau und auch die Füchse, die er selber kutschierte. Der Königliche Marstall hatte 30 Reitpferde und fast 100 Fahrpferde, Braune und Füchse. Die erstaunlich hohe Zahl der Pferde erklärte sich zu einem gewissen Grade aus den Erfordernissen großer offizieller Anlässe, hatte aber auch traditionelle Gründe. Das Königliche Hoflager, wie der Terminus technicus für den Apparat des Hofes lautete, wurde besonders im 18. Jahrhundert wegen der Jagden und Festlichkeiten sehr oft von einem Schloß zum anderen verlegt. Da zum Hoflager sehr viele Persönlichkeiten und Bedienstete gehörten und die Verlegung schnell vor sich gehen mußte, so brauchte man viele Wagen und vor allem sogenannte Relais-Pferde, d.h. Wechsel-Pferde. Da die Pferde ständig in scharfem Trab gingen und sehr häufig gewechselt wurden, konnten große Strecken in erstaunlich kurzer Zeit zurückgelegt werden. König Friedrich Wilhelm I. von Preußen fuhr nach einem Besuch in Moritzburg in 13 Stunden nach Potsdam.

Die große Zahl der Fahrpferde wurde vermindert, als die Autos aufkamen. Trotzdem benötigte man sie noch eine ganze Zeit, da die ersten Autos außerordentlich teuer waren und die Pferde für die

Repräsentation gebraucht wurden. Da gab es die Wagen à la Daumont, vierspännige Wagen ohne Kutscher; zwei Reiter mit Perücken saßen auf den Sattelpferden.

Ein besonderes Relikt aus dem 18. Jahrhundert war der Stadtwagen, der ausschließlich für den Opern- und Theaterbesuch verwendet wurde. Es war ein schwerer Wagen im Stil des 18. Jahrhunderts, auf dessen Bock ein Kutscher mit Dreimaster saß. Hinter dem Wagen war ein Tritt, auf dem zwei Lakaien, ebenfalls mit Dreimaster, standen, eine Fackel in der Hand. Das Fahrzeug sah großartig aus, wenn es langsam und von den brennenden Fackeln beleuchtet zur Oper fuhr. Ich war immer ganz hingerissen von diesem schönen Bild. Die alte Tradition am sächsischen Hof war wirklich schön.

Ein anderes, sehr originelles Fahrzeug wurde benützt, wenn mein Vater zum Rennen fuhr. Es war dies die englische Mail-Coach, die auf vielen alten englischen Stichen und Drucken abgebildet ist. Der Oberstallmeister mit grauem Zylinder kutschierte sie vierspännig. Wir alle kamen uns komisch vor, wenn wir, auf dem Dach der Coach sitzend, durch die Stadt fuhren.

Im Jahre 1904 wurde das erste Auto, ein Mercedes, für uns angeschafft. Das war für mich eine ungeheure Sensation, denn ich hatte noch nie ein Auto aus der Nähe gesehen und war noch nie damit gefahren. Der Mercedes von damals unterschied sich von seinem Urenkel von heute: kein Anlasser, nur Kurbel, Handgas, Handhupe, Acetylengasbeleuchtung und Höchstgeschwindigkeit 55 Kilometer. Auch war er 15mal teurer als der heutige Mercedes, dies gemessen an der Kaufkraft des Geldes. Er kostete 40 000,– Mark, zu der Zeit ein Vermögen.

Die Mercedes-Daimler-Fabrik stellte meinem Vater einen Fahrer. Das war von entscheidender Bedeutung, denn es gab niemanden, der mit solchem Fahrzeug umgehen konnte, und es gab weder Garagen noch Tankstellen.

Wir drei Brüder hatten sehr verschiedene Interessen. Der älteste beschäftigte sich viel mit akuten sozialen Fragen, Christian mit moderner Literatur. Diese Studien hat er später immer mehr vertieft. Meine Interessen konzentrierten sich mehr auf die praktischen Seiten des Lebens. Neben der Jagd, die mich stark fesselte, hatte ich eine besondere Vorliebe für die damals aufkommenden technischen Errungenschaften, Elektrizität, Autos, Luftfahrt. Die Entdeckung der X-Strahlen durch Wilhelm Röntgen, die von fundamentaler Bedeutung für die Medizin war, erregte ein gewaltiges Aufsehen, weil die Durchleuchtung eines Menschen damals etwas Unvorstellbares war. Mein Vater war einer der ersten, bei dem ein schwerer Schenkelbruch durch die Durchleuchtung genau diagnostiziert werden konnte, wodurch die Heilung einwandfrei vor sich ging.

Als wir unsere Ferien in Seis in Tirol verbrachten, erfuhr mein Vater, daß Röntgen sich in unmittelbarer Nähe zur Erholung aufhielt, und er lud ihn ein, um ihn kennenzulernen. Es kam ein stiller, schlichter Mann mit schwarzem Bart. Papa begrüßte ihn herzlichst, bezeichnete ihn als einen Wohltäter der Menschheit, dem er auch die Wiederherstellung seiner Gesundheit verdanke. Ich staunte ihn an, denn für mich war er ein Wundermann. Nach dem Essen bat mein Vater ihn, zu erzählen, wie er zu seiner fundamentalen Entdeckung gelangt sei, für die er fünf Jahre vorher den Nobelpreis für Physik bekommen hatte. Der bescheidene Rheinländer versuchte, es uns Laien so gut wie möglich zu erläutern. Die Quintessenz war: viele Versuche, harte Arbeit und etwas Glück. Es blieb aber das eine ganz Große: Dieser geniale Kopf hatte als erster die Möglichkeit der Durchleuchtung entdeckt und praktisch durchgeführt.

Im Jahre 1911 unternahm mein Vater mit meinen beiden älteren Brüdern eine Reise nach Norwegen. Ich wurde, obwohl 15 Jahre alt, zu jung dafür befunden – mit den Reisen war es bei uns so bestellt wie mit der Jagd. Mit zwölf Jahren durfte ich mit dem Tesching Spatzen schießen, mit 13 das erste Kaninchen erlegen, mit 14 die erste Ente, mit 15 Hasen und Fasanen, und der erste Rehbock war dem 16. Jahr vorbehalten. Auch bei den Reisen sollte eine Steigerung möglich sein; erst nach bestandenem Abitur durften wir ins Ausland.

Um mir ein Pflaster auf die Wunde zu geben, daß ich nicht mit nach Norwegen durfte, wurde mir eine beliebige Reise in Deutschland erlaubt. Da ich gerade ein Buch über die Verarbeitung von Metallen, insbesondere von Stahl, gelesen hatte, so erbat ich mir eine Reise zu Krupp nach Essen. Mein Vater freute sich über diesen seiner Meinung nach vernünftigen Entschluß. Man setzte sich mit Frau Bertha Krupp von Bohlen und Halbach in Verbindung, und bald darauf bekam ich eine Einladung in die Villa Hügel. Frau Bertha Krupp war eine äußerst natürliche, liebenswürdige und mütterliche Gastgeberin, sie tat alles, um mir den Aufenthalt interessant zu gestalten.

Ich war erstaunt und immerhin geehrt, als die unbestrittene Herrscherin des Kruppschen Reiches mir am zweiten Abend ein Diner gab, an dem vierzig Personen teilnahmen, darunter alle Direktoren und Chefingenieure des Werkes. Meinem Wissensdurst waren an diesem Abend keine Schranken gesetzt, und ich fiel dadurch auf, daß ich um alle möglichen Spezialfragen wußte, deren Kenntnis ich meinem Buch verdankte. Frau Krupp sagte mir, daß ich unter Führung eines ihrer Direktoren die eigentlichen Krupp-Werke sowie die Friedrich-Alfred-Hütte sehen würde, ich könnte auch andere Wünsche äußern. Das tat ich auch und bat darum, die sozialen Errungenschaften der Krupp-Werke besichtigen zu dürfen, was mir gleich zugesagt wurde. Diese Anregung hatte mir mein Bruder Georg gegeben.

Ich sah die gewaltigen Krupp-Werke, die damals – 1911 – eine ganz große Bedeutung hatten. Sie waren nicht nur die Geburts- und Fabrikationsstätte der Artillerie des deutschen Heeres und der Flotte und deren Panzerung, sondern der Konzern war der größte Arbeitgeber im Raume des deutschen Reiches. Krupp hatte sogar einen eigenen Schießplatz in Meppen. Wer glaubte, Krupp sei ausschließlich eine Waffenschmiede, der irrte. Wohl machte der Heeres- und Marinebedarf einen großen Teil des Umsatzes aus, aber die Produktion für den zivilen Bedarf war ebenfalls ausgedehnt. Ich wanderte drei Tage durch das Reich Krupps, sah, wie aus dem Hochofen sich das rotglühende Eisen ergoß, in Bessemerbirnen und Tiegeln Stahl erzeugt wurde und gewaltige Hämmer unter ungeheurem Lärm große funkensprühende Stahlblöcke zusammenschlugen. Ich sah, wie riesige Panzerplatten und Geschützrohre entstanden und Stahl in verschiedensten Formen zur Weiterverarbeitung für andere Industriezweige gegossen wurde. Es wurde mir zum erstenmal klar, was Schwerindustrie ist. Vor allem aber realisierte ich, was es für die Arbeiter bedeutet, in Hitze, Ruß und Lärm zu arbeiten.

Ich besichtigte das Krankenhaus, den Kindergarten, die Sportplätze und die vielen freundlichen Häuser, die Krupp aus seinen großen Gewinnen für die Arbeiterfamilien gebaut hatte. Mit meinen 15 Jahren machte mir diese bisher unbekannte Welt einen sehr tiefen Eindruck, aber so imponierend das war, mir wurde schon damals klar, daß diese Symphonie von Lärm und Unruhe, von Ruß und Staub niemals meine Welt sein könnte. –

Für den Menschen von heute ist es eine Selbstverständlichkeit, daß zu allen Tages- und Nachtstunden Jet-Maschinen mit tausend Kilometern in der Stunde Ozeane und Kontinente überfliegen – und dies mit der Regelmäßigkeit und Sicherheit, die von der Eisenbahn nicht übertroffen wird. Der Passagier lehnt sich bequem in seinen Sessel zurück und nimmt einen Lunch zu sich. Das Fliegen ist kein Traum mehr, es ist eine Realität geworden, die nicht wegzudenken ist.

In meiner Jugend, vor 60 Jahren, war das noch ganz anders. Damals war noch der Luftballon, obwohl es ihn schon längere Zeit gab, eine Sensation. Die Ballonflüge wurden von den Zeitungen genau beschrieben und beschäftigten alle Menschen sehr. Wenn es auch eine «Fahrt ins Blaue» war, so konnte man doch mehr oder weniger landen, wo man wollte. Einige Kilometer Luftlinie entfernt von unserem Wohnsitz in Wachwitz lag die Gasanstalt von Reick, wo die gelben Ballons aufgefüllt wurden. Vom flachen Dach unseres Hauses konnten wir alles sehr gut beobachten. Die Ballons mit ihren Gondeln trieben oft über uns hinweg, und unser besonderes Vergnügen war es, uns mit den Insassen zu unterhalten. Das ging tadellos, weil der Ballon noch niedrig flog und eine absolute Ruhe herrschte. Wir riefen alles mögliche hinauf: «Wo fliegt ihr hin, wie hoch seid ihr, seht ihr uns gut?» Dabei schwenkten wir weiße Tücher. Wir bekamen immer klare Antworten.

Man kann sich vorstellen, welch ungeheure Sensation es für alle und natürlich auch für mich war, als das erste lenkbare Luftschiff, der Zeppelin, nach Dresden kam. Schon seit Tagen war er das Stadtgespräch, und die Spannung über unser bevorstehendes Erlebnis war sehr groß. Das Luftschiff war für 10 bis 12 Uhr vormittags angesagt. Wir in der Schule waren in größter Unruhe. Gegen 11 Uhr hieß es plötzlich: «Er kommt!» – ein Wort, das uns elektrisierte; wir stürzten auf den Platz zwischen dem Taschenberg-Palais und dem Schloß. Nach zehn Minuten hörten wir ein Brummen, und dann sahen wir die Spitze des Zeppelins auf uns zukommen. Mit drehenden Propellern zog das riesige Luftschiff eine große Schleife über der Stadt. Alle winkten und riefen «Hurra», bis das Schiff im Grau des Himmels verschwand. Die Straßen waren schwarz von Menschen, die Verkäufer waren aus den Geschäften gerannt und die Arbeiter aus den Fabriken.

Später bin ich zweimal mit dem Zeppelin geflogen, einmal mit der «Viktoria Luise», das andere Mal mit einem Marine-Luftschiff, das in Dresden zu Übungszwecken stationiert war. Der Kommandant des letzteren war so freundlich, mich überall dorthin zu fliegen, wohin ich wollte. Ich stand in der Führergondel am Seitensteuer, das wie das eines Schiffes bedient wurde. Nachdem wir alle unsere Wohnsitze überflogen hatten, bat ich, den Frauenteich bei Moritzburg anzufliegen. Ich wußte, daß dort immer viele Enten schwammen, und wollte die Reaktion der Tiere erkunden. Als das gewaltige Luftschiff sich langsam dem Teich zu senkte, stiegen Hunderte von Enten auf, die sich aber nicht trauten, abzufliegen. In einer Höhe von 50 Metern kreisten sie ständig um den Teich.

Ich sah auch einen der ersten Flugversuche eines Flugzeuges auf dem Exerzierplatz in Dresden. Was ich da erlebte, war weniger imponierend. Ein Flugzeug aus Bambus, mit starker Leinwand bespannt, stand auf einem Holzturm, von dem eine Rutschbahn abwärts ging. Der Pilot saß in einer Art Hängematte unter den Flügeln. Nach längerem Bemühen sprang der Motor an, der auf hohe Touren gebracht wurde. Dann wurden die Pflöcke von den Rädern entfernt, das Flugzeug rollte abwärts, verließ die Rutschbahn und schwebte etwa 80 Meter bis es den Boden erreichte.

So kümmerlich das war, die Entwicklung ging in rasender Schnelle, und schon fünf Jahre später sah ich in Dresden den Franzosen Chanteloup die gewagtesten Loopings drehen.

Das Interesse für das Flugwesen hat mich mein ganzes Leben nicht verlassen. Im Jahre 1915 machte ich über Ypern meinen ersten Flug in einem Aufklärungsflugzeug bei sehr schlechtem und böigem Wetter. Und ein Jahr später, während der Sommeschlacht, nahm mich ein Staffelführer mit zu einem Staffel-Tiefangriff auf die englischen Stellungen. Wir bekamen starkes Flakfeuer, aber alles ging gut. Ich erlebte die Deutsche Lufthansa von ihren ersten bescheidenen Anfängen an und bin geflogen, wo und wann ich nur konnte. Auch wurde ich «illegal» geschult, vor allem von dem späteren Piloten Hitlers, Baur, mit dem ich sehr freundschaftlich stand; dabei habe ich es soweit gebracht, daß ich sogar einmal eine dreimotorige Junkers 52, die alte gute Tante Ju genannt, von Berlin nach München flog, und zwar unter sehr ungünstigen Wetterverhältnissen.

Ein weiteres, sehr aufregendes und gefährliches Erlebnis hatte ich bei einem Spätherbstflug am Doppelsteuer einer Junkers F 13. Wir kamen bei Bayreuth in schwersten Nebel. Das war gefährlich, weil der Blindflug noch unbekannt war. Wir mußten notlanden. Dazu suchte sich der Pilot den Exerzierplatz aus. Als er zur Landung ansetzte, sah ich zu meinem Entsetzen, daß wir in der nächsten Sekunde in einen Schießstandwall hineinrasen würden, der im nebligen Dunst unvermutet auftauchte. Ich riß die Maschine hoch, wir kamen knapp über den Wall herüber, hinter dem wir landen konnten. Der Pilot sagte kein Wort über mein Eingreifen. Vierzehn Tage später traf ich ihn wieder, er war jetzt beim Bodenpersonal auf dem Flugplatz tätig. Als er mich sah, deutete er nur auf seine Augen. Ich verstand, daß er aus seiner Kurzsichtigkeit die Konsequenzen gezogen hatte.

Ein weniger gefährliches Abenteuer erlebte ich auf einem Flug München – Prag – Breslau mit einer einmotorigen Dornier, in der sich außer mir ein einziger Passagier befand. Als wir gerade im Begriff waren, den Bayerischen Wald zu überfliegen, setzte der Motor aus, was Notlandung bedeutete. Der Pilot gab uns das bekannt. Der Mitpassagier geriet in Verzweiflung. Er fing an zu schreien: «Wir stürzen ab! Wir müssen sterben! Ich springe hinaus!» Er versuchte mit aller Gewalt, die Türe der kleinen Maschine zu öffnen. Ich hielt ihn fest, bis wir – wirklich sehr sanft – in einem Tomatenfeld unterhalb einer Ruine gelandet waren. Wir wußten nicht, ob wir in Deutschland oder in der Tschechoslowakei waren. Bald darauf kam ein Gendarm angeradelt, der, kaum abgestiegen, uns zurief:

«Haben Sie eine Genehmigung, hier zu landen? Wo ist Ihr Ausweis?» Nun wußten wir, daß wir in Deutschland waren. Nach einer Weile kam auf 500 Meter Entfernung eine Kleinbahn heran, die laut pfeifend auf offener Strecke hielt. Alle Passagiere stürzten aus dem Zug, um das Flugzeug zu besichtigen. Unser Pilot stieg auf einen Flügel, gestikulierte mit den Armen und rief laut: «Halt!

Halt! Sie werden alle Tomaten zertreten!» Die Heranstürmenden blieben stehen, und der Flurschaden großen Umfangs wurde vermieden. Im Triumph brachten einige Männer unser Gepäck aus der Maschine in den Zug, mit dem wir abdampften und mit einiger Verspätung in der nächsten Kleinstadt eintrafen. Bei der Abfahrt von dort hielt ich dem Kontrolleur an der Sperre meinen Flugschein unter die Nase, worauf er, ohne hinzusehen, sofort salutierte, da er mich offensichtlich für ein «großes Tier» mit Sonderausweis hielt.

Bei einem großen Flugtag in Dresden lud mich der deutsche Kunstflugmeister Fieseler ein, mit ihm zu fliegen. Nach dem Berliner Prinzip, in alles einmal «getreten sein zu müssen», sagte ich zu. Nachdem er mich angeschnallt hatte, sagte Fieseler nur: «Wenn irgend etwas ist, heben Sie die Hand.»

Es ging schnell auf 1500 Meter, und dann folgte eine Figur nach der anderen, Looping nach hinten, Rollen nach der Seite, Looping nach vorn. Ich muß gestehen, daß ich diese Loopings wenig genußreich fand, denn ich hatte immer das Gefühl, aus der Maschine herauszufallen. Dann kam ein Rückenflug von einer Minute; ich hing mit dem Kopf nach unten heraus und hielt mich mit schwitzenden Händen fest an zwei Griffen, die wohl zur Beruhigung angebracht waren. Zum Schluß stellte Fieseler die Maschine auf den Kopf und stürzte etwa 1000 Meter in die Tiefe, was mir im Vergleich zum Rückenflug direkt erholsam erschien. Diese Akrobatik der Luft bekam mir aber gut, ich fühlte mich nach der Landung genauso wohl wie vorher.

Nach diesem Exkurs über fliegerische Erlebnisse zurück zu meiner Gymnasialzeit.

Meine Klasse lernte Französisch bei einem Professeur Martin, einem Franzosen, der als Privatmann in Dresden lebte. Er war hochgebildet, kulturell ungemein interessiert und bekannt durch ausgezeichnete Lichtbildervorträge über Frankreich. In dieser Zeit, als er uns unterrichtete, schrieb er ein Theaterstück, eine Posse mit dem Titel: «Oui Monsieur, deux lapins» – Ja, mein Herr, zwei Kaninchen. – Es wurde beschlossen, dieses Stück mit fünf Schülern aus unserer Klasse uraufzuführen. Ich erhielt die Hauptrolle, den Marquis, während mein Schulkamerad Knagenhjelm, ein Norweger, die Marquise zu spielen hatte. Der Einakter wurde auf Französisch von Professor Martin mit großem Eifer einstudiert, da er natürlich vor dem sächsischen König bestehen wollte. Besondere Energien verwendete er auf die Marquise Knagenhjelm, er sprach «ihr» unermüdlich ein leichtes elegantes Französisch vor, wie es eine Marquise gesprochen haben würde. Der arme Knagenhjelm tat sein Bestes, aber die angestrebte Auflockerung hatte nur bescheidene Erfolge, und die Marquise fiel sehr männlich steif aus. Eine große Sensation war es für uns, daß das Hoftheater die Kostüme von dem Bühnenbildner Professor Fanto entwerfen und anfertigen ließ und der damalige Dramaturg Zeiss die Regie übernahm.

Bei der Generalprobe herrschte schon erhebliche Aufregung unter meinen Mitschülern. Im letzten Moment brachte ich meinen Dackel Seppi mit, da ich der Meinung war, als Marquis und Jäger einen Jagdhund haben zu müssen. Leider fiel Seppi gleich aus der Rolle, indem er sich eine Baumkulisse als Markierungsort auserkor. Als er dann noch beim Anblick der Marquise laut zu bellen anfing, fühlte sich Knagenhjelm in seinem Dialog mit mir sehr gestört. Vor der Premiere habe ich Seppi so gefüttert, daß er ganz ruhig und brav war.

Der für uns bedeutungsvolle Abend rückte heran. Ich war weniger unruhig, meine Mitschüler aber um so mehr, weil der König, die Mitglieder des Königlichen Hauses und viele andere Prominente erschienen waren. Dieses Lampenfieber kam letzten Endes der Posse «Oui Monsieur, deux lapins» zugute; alles klappte, Professeur Martin strahlte, und wir ernteten rauschenden Applaus.

In meiner Klasse herrschte eine wirklich gute Kameradschaft, und mit drei Mitschülern verband mich eine besondere Freundschaft, Theo, ein Norweger, Leo und Hans, letzterer «die Kugel» genannt, weil er etwas rundlich war. Wir steckten viel zusammen, und außerhalb der Schule unternahmen wir alles mögliche. Besonders reizte uns die Eisbahn, wo wir mit unseren Freundinnen zusammentrafen, die auch im Schloß mit uns Tanzstunde hatten. Dort spielte das Trompetenkorps der Garde-Reiter mitreißende Märsche und Walzer, die uns beschwingten und unsere heitere Laune noch mehr steigerten. Wir saßen nicht etwa als Pärchen beieinander, wie das heute so Mode ist, sondern wir waren eine freie lustige Gruppe, bei der jeder mit jeder Schlittschuh fuhr, sprach und tanzte. Das schloß jedoch nicht aus, daß der eine oder die andere eine tiefere Sympathie und Neigung hatte; das war aber sozusagen Privatsache und trat öffentlich nicht in Erscheinung. Man gab sich heimlich einen verstärkten Händedruck, sah sich tiefer in die Augen als bei anderen, und man fuhr, wenn sich die Gelegenheit bot, zu zweien zu der äußersten Ecke der Eisbahn, um dort die Angeschwärmte einmal ganz allein für sich zu haben, auch wenn das nur für kurze Zeit möglich war.

Wie zauberhaft war diese Zeit zarter Gefühle, und wie schnell waren wir als junge Menschen beglückt – im Vergleich zu später, wo sich gleichaltrige Jugend damit nicht mehr begnügte! Mein Erzieher Baron O'Byrn hatte Verständnis für uns. Er ließ uns ungehindert ziehen, zumal er volles Vertrauen zu uns hatte.

Weniger tolerant war meine Tante, die Frau meines Onkels Johann Georg. Während meiner militärischen Ausbildungszeit 1914 wohnte ich in ihrem Palais. Dort besuchte mich eines Tages Kitten Arnim, und meine Tante erwischte uns sozusagen in flagranti, d. h. Kitten und ich saßen uns gegenüber und lachten über irgendeine lustige Geschichte. Meine Tante machte ein eisiges Gesicht. Kitten stand strahlend auf, machte einen Knicks und küßte ihr die Hand. Aber auch das versöhnte sie nicht. Sie verließ nach einigen konventionellen Worten das Zimmer.

Abends ging sie mit mir ins Gericht. Es sei höchst unpassend, mit einem fremden jungen Mädchen allein in einem Zimmer zu sein, sie verbäte sich so etwas entschieden in ihrem Haus. Vergeblich wies ich darauf hin, daß Kitten zu unserem Freundeskreis gehörte und wir alle seit zwei Jahren befreundet wären. Diese Erklärungen vertieften nur ihren Verdacht. Einige Zeit danach äußerte sie:

«Ich habe Erni mit der kleinen Arnim allein angetroffen. O'Byrn, sein früherer Erzieher, hat gar nicht auf ihn aufgepaßt, und solche Dinge sind sehr gefährlich. Womöglich heiratet er später die Arnim, die nicht nur unebenbürtig, sondern auch noch protestantisch ist.»

Welch ein furchtbares Unglück wäre das gewesen – jedenfalls in den Augen der Tante.

Onkel Max, Professor der Theologie

Mein Onkel Maximilian, Bruder meines Vaters, war eine ungewöhnliche Persönlichkeit. Wie es von einem Prinzen des Königlichen Hauses erwartet wurde, trat er in die Armee ein, wo er sich als ein aufgeschlossener, tüchtiger und gewissenhafter Offizier erwies, der, wie seine Kameraden bestätigten, ausgesprochen lustig und fröhlich war. In Leipzig studierte er die Rechte und machte das Examen mit summa cum laude. In seinem Innern war er von diesem Leben jedoch nicht befriedigt – weder vom Studium noch vom Dienst in der Armee. Er fühlte sich zu Höherem bestimmt. Er verglich das freie Leben mit allem, was es dem Menschen zu bieten vermag, mit der Gebundenheit, Einschränkung und Entbehrung, die dem Berufenen auferlegt werden. Lange mag er mit sich gerungen haben, bis er seinen Entschluß faßte.

Ruhig und klar trat er vor seinen Vater und seinen Onkel, den König Albert, und erklärte ohne Umschweife, daß er sich zum Priester berufen fühle. Er erbat den Abschied aus der Armee, um Theologie zu studieren. Ausdrücklich betonte er, daß er ein Geistlicher wie jeder andere werden wolle. Sowohl für seinen Vater wie für den König war das eine Überraschung, denn niemand hatte im entferntesten an so etwas gedacht. Es traten auch erhebliche Bedenken auf: Ein Prinz des Königlichen Hauses wollte katholischer Priester werden in einem zu 95 Prozent evangelischen Land, in dem ein großer Teil der Geistlichkeit damals stark antikatholisch eingestellt war, was im Evangelischen Bund besonders zum Ausdruck kam. Sowohl der Vater als auch der König baten ihn, sich das doch noch einmal reiflich zu überlegen und das Für und Wider auf die Waagschale zu legen. Mein Onkel jedoch erklärte: «Ich habe alles gründlich erwogen, mein Entschluß ist endgültig.» Der Vater stimmte zu, und der König bewilligte seinen Abschied aus der Armee.

Er nannte sich von nun an Dr. Max von Sachsen. In Eichstätt in Bayern studierte er Theologie, empfing die Priesterweihe und zog es vor, außerhalb Sachsens tätig zu sein, um alle auftretenden Schwierigkeiten zu vermeiden.

Die größten Tugenden meines Onkels waren seine Selbstlosigkeit und überströmende Nächstenliebe, die er bis zur Selbstentäußerung übte. Sein Vermögen schwand sehr bald dahin, da er es für Arme und Bedürftige verwandte. Das Gut Jahnishausen, das er geerbt hatte, belegte er bis zur Höhe des Möglichen mit Hypotheken, um der deutschen katholischen Gemeinde in Paris den Bau einer Kirche zu ermöglichen. Man hat damals in der Familie über ihn den Kopf geschüttelt, aber er tat doch das Richtige: Die Kirche in Paris steht und erfüllt ihren erhabenen Zweck als Gotteshaus – und Jahnishausen ist heute kommunistisches Staatsgut.

Onkel Max war die personifizierte Bedürfnislosigkeit. Er rauchte nicht, trank keinen Alkohol und war überzeugter Vegetarier, weil er die Tötung von Tieren für ein Unrecht hielt. Dabei war er durchaus nicht intolerant gegenüber all denen, die Fleisch aßen und Wein tranken. Den Pazifismus hielt er für einen großen moralischen Faktor, der überall gefördert werden sollte. Er hatte ein vorausschauendes Gefühl für alle kriegerischen Entwicklungen. So sagte er mir 1933, als Hitler ante portas stand: «Jetzt kommt bald wieder Krieg, das ist mir bei diesem Mann und seinen Anhängern ganz klar.»

Obwohl Onkel Max die Seelsorge als die wichtigste Tätigkeit des Priesters ansah, so griffen seine Gedanken doch weit darüber hinaus; er erhielt eine Professur für Theologie an der Universität Fribourg in der Schweiz.

Jedem Menschen, wer es auch war, sagte er unverblümt seine Meinung. Im Jahre 1914 war er Militärpfarrer der 23. Division aus Dresden geworden. Er übte nicht nur Seelsorge aus, sondern half auch den Verwundeten, so gut er konnte. Als der Kaiser 1915 seine Division besuchte, traf er mit ihm zusammen. Wilhelm II. ließ sich im Divisionsstab heftig über die Engländer aus. Onkel Max, der hoch über allen nationalistischen Gefühlen stand, hörte sich das in Ruhe an und sagte dann ganz schlicht: «Das kann ich gar nicht verstehen, daß Du so über die Engländer schimpfst, wo doch Deine Mutter Engländerin war.»

Der Kaiser war sprachlos, empört und wütend. Dieser Prinz hatte sich erlaubt, ihn, den Kaiser, einfach mit «Du» statt mit «Majestät» anzureden, und außerdem hatte er ihm widersprochen – und das vor dem Divisionsstab. Er drehte Onkel Max den Rücken zu und sprach kein Wort mehr mit ihm.

Die Strafe folgte: Als Oberbefehlshaber des Heeres im Kriege, entsetzte er ihn seiner Stelle als Divisionspfarrer und beorderte ihn nach Bad Elster mit dem Befehl, den Ort nicht zu verlassen. Dort lagen zwar Lazarette, aber die Order war eine unfreundliche Reaktion und wegen der Beschränkung der Bewegungsfreiheit ein Übergriff. Onkel Max regte das nicht weiter auf, denn er stand über solchen Dingen.

Sein besonderes Interesse konzentrierte sich auf die orientalischen christlichen Kirchen, vor allem auf die griechisch-orthodoxe. Er studierte sie sehr genau und erwarb sich große Kenntnisse. Daraufhin entschloß er sich, diese Kirche und ihre Bischöfe an Ort und Stelle kennenzulernen. Er reiste nach Rußland, wo er verschiedene Patriarchen und Bischöfe kennenlernte, sich mit ihnen aussprach und Kirchen und Klöster besuchte. Eine weitere Reise führte ihn nach Serbien, wo er in Nisch den Erzbischof Namaradowitsch aufsuchte, mit dem er dann lange befreundet war. Diese Aussprachen hatten zum Ziel, festzustellen, ob eine Möglichkeit und auch die Gelegenheit bestand, die griechisch-orthodoxe Kirche mit der römisch-katholischen zu vereinigen. Dazu hatte er jedoch weder einen Auftrag erhalten, noch hatte er Rom verständigt. Es war klar, daß diese Gespräche eines Priesters, der einem Königshause entstammte, großes Aufsehen erregten. So wurde auch Rom bald aufmerksam.

Mein Onkel sah die Lage realistisch an: Von seiten der Orthodoxen mußte ein gewichtiges Entgegenkommen bewiesen werden, nämlich die Anerkennung des Papstes. Ein erhebliches Hemmnis war das Unfehlbarkeitsdogma, das 1870 durch ein Konzil festgelegt worden war. Es sprach dem Papst Unfehlbarkeit zu, wenn er ex cathedra über Glaubens- und Sittenlehren Entscheidungen traf. Onkel Max glaubte, darüber hinwegzukommen, wenn statt der Unfehlbarkeit ein autoritatives Entscheidungsrecht des Papstes bei solchen Problemen festgelegt würde. Weitere Trennungsmomente waren die verschiedenen Formen der Kommunion und die Frage, ob der Heilige Geist vom Vater und vom Sohne ausgeht – ex patre filioque procedit, sagen die Katholiken; nur vom Vater allein geht er aus, glauben dagegen die Orthodoxen. Ein Nicht-Theologe kann sich unter dem Ausgehen des Heiligen Geistes sowieso nichts Bestimmtes vorstellen, und so meinte mein Onkel, daß sich hierfür eine beide Seiten befriedigende Formulierung finden lassen müsse.

Dabei fällt mir eine Geschichte ein, über die Onkel Max Tränen gelacht hat. Man erzählt sie sich von einem General aus Potsdam Anfang des 19. Jahrhunderts. Er und seine Frau Auguste waren katholisch. Doch war sie der weitaus frömmere Teil in dieser Ehe. Eines Tages kam der General von einem Militär-Gottesdienst zurück, an dem auch der König teilgenommen hatte. Er erzählte seiner Frau davon und erwähnte, daß er zum Abendmahl gegangen wäre. Entsetzt fuhr Auguste hoch:

«Um Gottes willen, Friedrich, Du bist doch nicht etwa zum protestantischen Abendmahl gegangen?»

Nach kurzer Überlegung erwiderte der General resolut: «Aujuste, vor mein König is mir's janz ejal, an welchen von die beiden Jötter ich jlobe.»

Man berief meinen Onkel nach Rom, wo ihm vorgehalten wurde, daß er Glaubenssätze in Zweifel gezogen und sich ohne Auftrag in die Frage der Vereinigung der beiden Kirchen eingemischt hätte. Er verteidigte sich mit Entschiedenheit, aber schließlich wurde er aufgefordert, sich in aller Form zu unterwerfen. Als treuer Katholik und Priester tat er das, weil er ja gar nicht gezweifelt hatte, sondern nur eine neue Formulierung finden wollte, die es den Orthodoxen ermöglichte, sich mit der katholischen Kirche zu vereinigen. Damit zerschlug Rom alles, was er mit viel Geduld und Geschick angebahnt hatte. Er erlebte es nicht mehr, daß sich die katholische Kirche als allein-seligmachende Kirche in die Ökumene begab, um dort als eine der christlichen Kirchen Stellung einzunehmen. Er hatte als Pionier der Vereinigung sechzig Jahre zu früh gelebt.

Bis ins hohe Alter – er starb mit 80 Jahren – übte er seine Professur an der Universität aus und las über sein wichtigstes Interessengebiet, die orientalischen christlichen Kirchen. Er lebte in seinen letzten Jahren bei Ordensschwestern in Bourgignon, hoch über Fribourg, in einem winzigen, sehr schlichten Holzhäuschen, in dem sich ein Schlaf- und ein Studierzimmer befand. Sein einziger Begleiter war sein treuer Hund. Noch immer gab er sein Geld den Bedürftigen. Als ich ihn das letztemal besuchte, besaß er nur eine Soutane – seinen Mantel hatte er gerade einem armen alten Mann geschenkt. Ich saß lange mit ihm in seinem Studierzimmer. Nur an seiner gebückten Haltung und seinen schneeweißen Haaren erkannte man sein hohes Alter. Er hatte leuchtend blaue Augen, und sein Gesicht zeigte Reife und Verklärung bei immer noch jugendlichen Zügen.

Die Trennung wurde mir schwer, weil ich fühlte, daß ich von diesem außergewöhnlichen Menschen, der mir nahestand, für immer Abschied nehmen mußte. Er starb ein Jahr später und wurde auf dem Schwestern-Friedhof in Bourgignon beigesetzt. Ein schlichter Grabstein kündet, daß dort Dr. Max von Sachsen ruht.

Mein Bruder Georg, Kronprinz und Jesuitenpater

Der zweite Priester in meiner Familie war mein ältester Bruder Georg, der präsumptive König von Sachsen. Unter uns wurde er Jury genannt, was auf wendisch Georg heißt. Er hatte nämlich eine Kinderfrau, die einer slawischen Minderheit entstammte, welche in der sächsischen Oberlausitz beheimatet war.

Nah verbunden lebten wir Geschwister lange Jahre miteinander im Vaterhaus. Wir Brüder waren immer beisammen, besonders auf dem Lande, betrieben den gleiche Sport, Reiten, Jagen, Bergsteigen, und hatten dieselben Erzieher. Wohl war ich vier Jahre jünger, aber gerade als der Jüngste beobachtete ich meine älteren Brüder genau. Und bei meinem Bruder Jury stellte ich manches fest, was mich erst zu einer gewissen Bewunderung, später zu großer Verehrung zwang.

Wie alle meine Geschwister war er heiter und fröhlich, aber ich habe ihn nie ausgelassen gesehen – weder bei dummen Streichen noch bei unvernünftigen Ideen. Er zeigte eine Reife, wie man sie nur bei Frühvollendeten findet. Eine tiefe Nächstenliebe und der Wunsch, überall zu helfen, beherrschten ihn. Ich möchte glauben, daß er schon in früher Jugend die Berufung fühlte, in den Dienst Gottes zu treten, die ihn später bestimmte. Er sah damals in der Natur mit all ihren Herrlichkeiten, Licht, Farbe, Pflanzen und Tieren, einen kleinen Abglanz der viel größeren Herrlichkeit Gottes.

Ich erinnere mich sehr deutlich, wie er jeden Abend vom Schloß in die Sakramentskapelle der Hofkirche ging, um dort zu beten. Er bat mich, mit ihm zu kommen. Viele Stunden der Besinnlichkeit wurden mir dadurch geschenkt. Es war völlig dunkel in der Kapelle, nur das Ewige Licht erleuchtete schwach die Umrisse des barocken Raumes. Ich werde auch nie vergessen, wie der Bischof an hohen Feiertagen in der festlich erleuchteten Kirche die goldene Monstranz gegen das Volk erhob und dreimal Te Deum laudamus sang. Darauf spielten die Hoftrompeter einen eigens hierfür im 18. Jahrhundert komponierten Tusch mit Trompeten und Pauke, ein ungeheuer beeindruckender Akzent. Zum Schluß setzte das Te Deum von Hasse ein.

Zwei musikalische Werke waren für uns der Inbegriff religiöser

Kunst: die Missa solemnis von Johann Adolf Hasse, eigens für die Hofkirche seines Fürsten komponiert, und die Hohe Messe h-Moll, die der Thomaskantor, der große Johann Sebastian Bach, seinem katholischen Landesherrn überreichte. Und im 17. Jahrhundert, als meine Familie noch evangelisch war, schuf der berühmte Hofkapellmeister des Kurfürsten, Heinrich Schütz, die unvergänglichen Werke: die Psalmen, die Sieben Worte des Erlösers am Kreuz, das Weihnachtsoratorium und die Passionen. Wie oft sprachen wir später von diesen einzigartigen Kompositionen!

Gewissenhaft in kleinen und großen Pflichten, blieb Jury erst einmal der nächstliegenden großen Aufgabe, Kronprinz und Thronfolger zu sein, zugewandt. Von Unterprima an erfaßte ihn ein sehr starkes Interesse für soziale und innenpolitische Fragen. Vor allem beschäftigte ihn die Lage der Industrie-Arbeiterschaft und ihre damaligen brennenden Probleme. Der Grund dafür lag darin, daß er als Kronprinz eines hochindustrialisierten Landes aufwuchs, in dem die Industriearbeiter weitaus die größte Berufsgruppe ausmachten. Er hörte von den verschiedenartigen, wohl berechtigten Forderungen der Arbeiterschaft in bezug auf Lohn, Arbeitszeit, Rechte und hygienische Verhältnisse.

Wenige Jahre vor dem ersten Weltkrieg erlebten wir schwere Arbeitslosenunruhen in Dresden. Die ganze Innenstadt war von Zehntausenden von Demonstranten überflutet. Das Schloß war belagert. Ich sah vom Fenster aus die Menschenmengen, die von der Polizei nicht in Schach gehalten werden konnten. Immer und immer wieder kam es zu Zusammenstößen mit den Polizisten, die sich mit ihren Säbeln zur Wehr setzten. Mein Vater lehnte den Einsatz von Militär ab, denn für die Truppe gab es nur eine Alternative: Von der Schußwaffe Gebrauch zu machen, wenn die Lage zu kritisch wurde. Das hätte ernste Folgen gehabt. Als ein Volkshaufen die Hauptwache zu stürmen versuchte, ließ der wachhabende Offizier die auf eine halbe Kompanie verstärkte Wache antreten, scharfe Munition austeilen und laden. Das genügte, um eine allgemeine Panik hervorzurufen, und mit dem Schrei, «Sie schießen, sie schießen», rannten sämtliche Demonstranten davon. Nach dreitägiger Belagerung konnten wir das Schloß wieder verlassen.

Welche Anziehungskraft die damals recht radikale Sozialdemokratische Partei auf die Arbeiter hatte, wurde klar, als von 23 sächsischen Reichstagsabgeordneten 22 Sozialdemokraten in den Reichstag gewählt wurden; dies trug Sachsen den Namen «das Rote Königreich» ein.

Das alles gab meinem Bruder sehr zu denken, und er begriff schon in jungen Jahren, daß die soziale Frage der Arbeiterschaft gelöst werden müßte, weil sonst eine ruhige und gedeihliche Entwicklung unmöglich sei. Gründlich wie er war, ging er an das Studium dieser Probleme. Er hielt sich den «Vorwärts», das Zentralorgan der Sozialdemokratischen Partei, sowie die Mitteilungsblätter der Freien Christlichen und Hirsch-Dunckerschen Gewerkschaften. Da er es für erforderlich hielt, daß christliche Moralgrundsätze das öffentliche und wirtschaftliche Leben bestimmten, zog es ihn zu den christlichen Gewerkschaften Stegerwalds. In dem konfessionell gespaltenen Deutschland waren sie die einzige Massenorganisation, in der Katholiken und Evangelische zusammen arbeiteten. Eine solche interkonfessionelle Zusammenarbeit hielt mein Bruder schon als Primaner für notwendig und kam damit den heutigen Gedankengängen der Ökumene nahe, die damals noch völlig unbekannt waren.

Der junge Kronprinz konnte kein besseres Interesse haben als diese Fragen.

Jury bestand sein Abitur mit gutem Erfolg. Mit 19 Jahren trat er in das Leibregiment ein, wo er bis 1914 Dienst tat. Ich stand ihm immer sehr nah, und er vertraute mir vieles an, was ihn bewegte.

«Erni, wenn ich nicht Kronprinz wäre, würde ich Priester werden, so aber habe ich hier besondere Pflichten», sagte er zu mir. Bei Ausbruch des ersten Weltkrieges rückte er als Ordonnanzoffizier mit dem sächsischen Armeeoberkommando 3 ins Feld. Als ich im Frühjahr 1917 mit meiner Division in Gent lag, bekam ich von ihm eine Mitteilung, daß er nach Brüssel käme und mich dort zu sprechen wünsche. Ich freute mich sehr auf das Wiedersehen. Nachdem wir uns nach langer Trennung manches erzählt hatten, wechselte er plötzlich das Thema. Es fiel mir auf, wie ernst er wurde.

«Ich habe Dich hierhergebeten, weil ich wichtige Fragen mit Dir besprechen möchte», fing er an: «Also, dieser Krieg kann und wird nicht gewonnen werden, und bei der jetzt herrschenden Einstellung wird er sogar verloren. Die Gegner werden immer stärker, wir immer schwächer. Im nächsten Jahr werden die Vereinigten Staaten mit außerordentlichen Kräften unsere bisherigen Gegner verstärken. Der U-Boot-Krieg bringt keine Entscheidung, und unsere Ernährungs- und Rohstofflage ist mehr als ernst. Dazu kommt noch, daß die Moral in der Heimat nachläßt und eine starke Kriegsmüdigkeit überhandnimmt.»

Ich hörte mir das entsetzt an. Es bäumte sich etwas in mir auf: Ich konnte nicht glauben, daß der Krieg verlorenginge.

«Das kann nicht sein, siehst Du nicht alles viel zu schwarz, Jury?»

«Leider muß ich es so sehen. Du wirst es selber nächstes Jahr erleben. Nun muß ich Dir aber noch etwas sagen, was unsere Familie schwer treffen wird. Die Folge des verlorenen Krieges wird die Beseitigung der deutschen Monarchien sein. Diese Katastrophe wird sich sicher auch im nächsten Jahr ereignen. Ich spreche so offen mit Dir, damit Du Dich im Innern darauf vorbereitest. Es kann der Fall eintreten, daß Du von uns Brüdern der einzig Überlebende bist. Versprich mir, daß Du in diesem Falle unserem Vater zur Seite stehst.»

Diese Prophezeiung hörte ich fassungslos an. Während wir uns in Stille gegenübersaßen, mußte ich daran denken, daß mein Großvater 1890 seiner Tochter Mathilde das gleiche gesagt hatte.

Meinem Bruder versprach ich, alles für unseren Vater zu tun, wenn dies nötig sein würde. Ich hatte das Gefühl, daß er beruhigter von mir Abschied nahm. Er fuhr zurück an die Front, und 1918 führte er eine Brigade südlich von Verdun. Erst 1919 sah ich ihn in Sibyllenort wieder, nachdem seine Voraussagen sich leider erfüllt hatten.

Als mein Vater 1918 meinen Bruder nach Dresden berief, damit dieser ihm zu Seite stünde, beschloß er, ihn ins Große Hauptquartier nach Spa zu Ludendorff zu schicken. Dort sollte er den sächsischen Standpunkt darlegen, daß ein alsbaldiger Verständigungsfrieden unbedingt erforderlich sei, um eine totale Niederlage und die Revolution zu vermeiden. Es war bekannt, das Ludendorff dem Gedanken eines Verständigungsfriedens einen eisernen Widerstand entgegensetzte. Der General hörte ihn mit steinernem Gesicht an. Dann sagte er: «Es ist bedauerlich, daß der sächsische

Kronprinz unter die Defaitisten gegangen ist. Ich habe jetzt zu tun», stand auf und ging ohne ein Wort des Abschiedes aus dem Zimmer. Mein Bruder fuhr sofort ab. Er wußte, Deutschlands Schicksal war endgültig besiegelt.

Nachdem die gemäßigten Sozialdemokraten 1918 in die Reichsregierung aufgenommen worden waren, wurde dies auch für die Sächsische Regierung erforderlich. Der Kronprinz ergriff die Initiative und lud die Führer der Partei zu einem Tee ein. Weil seine aufgeschlossene Haltung bekannt war, wurde der Einladung Folge geleistet.

«Meine Herren», begann mein Bruder, «ich habe Sie hierhergebeten, um die akuten Probleme mit Ihnen zu besprechen. Ich bin naturgemäß Monarchist, und Sie sind Republikaner. Ihre Einstellung ist mir sehr gut bekannt, ich bin seit acht Jahren Abonnent des ‹Vorwärts›. Wir sollten, so meine ich, unsere gegenseitigen Standpunkte achten und zusammenstehen, um in dieser schweren Zeit das Bestmögliche für unser Volk zu tun.»

Diese Worte beeindruckten die Sozialdemokraten sehr, und die Regierungsumbildung ging ohne Schwierigkeiten vor sich.

Doch der Sturz der Monarchie war nicht abzuwenden, und nach Ausbruch der Revolution fuhr mein Bruder nach Sibyllenort, um bei meinem Vater zu sein. Er entschloß sich jetzt, seinen nie aufgegebenen Wunsch zu erfüllen, Priester zu werden. Nach beendetem Studium wurde er vom Bischof von Meißen in Anwesenheit von uns allen und vielen Freunden und Bekannten in der lichten und strahlenden Barockkirche von Trebnitz zum Priester geweiht. Mein Vater und wir alle waren ergriffen, als sich der ehemalige Thronfolger unseres Hauses durch die Weihe des Bischofs ganz dem Dienste Gottes widmete.

Als noch höhere Erfüllung sah mein Bruder es an, in einen Orden einzutreten, um sich von allen irdischen Bindungen zu lösen. Seine Wahl fiel auf den Jesuitenorden des Heiligen Ignatius von Loyola. Er war nun Pater Georg von Sachsen SJ. Der Orden der Gesellschaft Jesu, wie er offiziell heißt, hat keine Klöster, sondern nur Niederlassungen, die mit Pfarrhäusern zu vergleichen sind; sie befinden sich fast ausschließlich in größeren Städten, auf die sich der Wirkungsbereich des Ordens erstreckt. Die meinem Bruder zugewiesenen Aufgaben betrafen die Seelsorge im allgemeinen, Abhaltung von Missionen, Wirken als Gastprediger sowie religiöse Vorträge. Diese Tätigkeiten führten ihn oft ins Ausland. Zuletzt war er in Berlin in der Niederlassung der Jesuiten in der Kantstraße. Da er französisch, englisch, italienisch und polnisch sprach, erstreckte sich die Seelsorge auch auf die dortigen Ausländer; viele katholische Diplomaten und ihr Personal wählten ihn zu ihrem Beichtvater.

In Sachsen gab es damals eine kleine Gruppe katholischer Geistlicher, die stark mit dem Gedanken sympathisierten, in der Heiligen Messe die lateinische Kirchensprache abzuschaffen und die deutsche Sprache einzuführen. Die Priester wagten als ersten Schritt, am Ende der Messe statt «Dominus vobiscum» «Der Herr sei mit euch» zu sagen. Mein Bruder lehnte diese Bestrebungen scharf ab:

«Sollte jemals die lateinische Sprache im Gottesdienst durch die Muttersprache ersetzt werden, so muß das unweigerlich zu einer Aufspaltung der Kirche in nationale Gruppen führen und damit die Einheit gefährden. Ich würde es für ein großes Unglück halten.»

Heute ist die katholische Kirche nach über 1900 Jahren bewährter Tradition diesen Weg gegangen. Ohne Zweifel erfolgte die Umstellung auch, um einen Schritt vorwärts zu tun zur Vereinigung der christlichen Kirchen. Doch galt es immer als ein einzigartiges hohes Gut, daß die heilige Messe auf dem ganzen Erdkreis in einer unveränderlichen Sprache gefeiert wurde und jeder Katholik sich in seiner Kirche überall zu Hause fühlte.

Zu ersten offiziellen ökumenischen Gesprächen, an denen die römisch-katholische Kirche teilnahm, kam es schon im Dritten Reich. Durch die nationalsozialistischen Verfolgungen rückten die Kirchen näher aneinander; angesichts des gemeinsamen Feindes und der bestehenden Gefahren wurde das Trennende zurückgestellt, man besann sich auf das Gemeinsame. Neben anderen wurde mein Bruder auf katholischer Seite für diese Gespräche bestimmt; das war eine gute Wahl, weil er als ehemaliger Kronprinz eines zu 95 Prozent evangelischen Landes viel Prestige mitbrachte. Einer seiner Hauptgesprächspartner war der evangelische Bischof Lilje aus Hannover, den er ganz besonders schätzte. Die Aussprache zwischen diesen geistig hochstehenden Männern verlief ausgesprochen harmonisch, und mein Bruder war mit den Ergebnissen sehr zufrieden.

Die Jesuiten in Berlin waren während des Krieges Haussuchungen und willkürlichen Verhaftungen ausgesetzt, und auch Pater Georg mußte jeden Tag damit rechnen. Das hielt ihn nicht ab, verfolgten und flüchtigen Christen, Juden und Ausländern zu helfen – eine Tätigkeit, die ohne Erbarmen mit der Todesstrafe geahndet wurde.

Im Jahre 1942 besuchte er mich in Moritzburg. Wir hatten lange und tiefe Gespräche, und ich war sehr gedrückt, als die Abschiedsstunde schlug. Eine starke Unruhe befiel mich. Werde ich ihn je wiedersehen? Auch er war sehr ernst und fühlte wohl meine Angst um ihn.

«Sorge Dich nicht, wenn ich einmal unauffindbar sein sollte», sagte er. «Ich habe Vorkehrungen getroffen, im Notfall zu verschwinden.»

Ich umarmte ihn und sah ihm lange nach.

Eine Woche später bekam ich aus Berlin einen Anruf von den Jesuiten in der Kantstraße. Man teilte mir mit, daß mein Bruder in einem See bei Berlin, wo die Jesuiten einen Badeplatz hätten, geschwommen sei und vermißt würde. Man habe seine Kleider gefunden, aber von ihm keine Spur. Es müsse befürchtet werden, daß er ertrunken sei.

Als erste Reaktion auf diese Mitteilung hörte ich wieder seine letzten Worte: «Ängstige Dich nicht.» An einen Unglücksfall konnte ich einfach nicht glauben; «er wird die Gestapo irregeführt haben», dachte ich. Er hat seine Kleidung am Badeplatz gelassen und sich in Sicherheit gebracht.

Ich fuhr sofort nach Berlin und erfuhr zu meiner Bestürzung in der Kantstraße, daß mein Bruder bereits im letzten Jahr Herzschwierigkeiten beim Schwimmen gehabt hatte, so daß er auf einer Insel längere Zeit ausruhen mußte. Ich besichtigte den Schwimmplatz und befragte Anlieger und die Polizei. Ein Mann hatte um die Zeit einen Hilferuf gehört, konnte ihn aber nicht lokalisieren. Es war auch ein Boot auf dem See gesehen, dessen Besitzer die Polizei angeblich nicht feststellen konnte. Sie lehnte auch Suchmaßnahmen ab und erklärte, das habe keinen Zweck. Das Ganze blieb unklar und dunkel. Nach vier Wochen wurde die Leiche im See gefunden, sie wies keine Verletzungen auf. Die volle Wahrheit wird niemals festgestellt werden, da keinerlei Zeugen vorhanden waren. Ein hoher Grad der Wahrscheinlichkeit jedoch spricht dafür, daß sein Herz beim Schwimmen versagte.

Wir bestatteten meinen Bruder in der katholischen Hofkirche in Dresden, wo er mit meinem Vater und meiner Frau in derselben Gruft ruht.

Kaisermanöver und Kaiserparade

Im Jahre 1911 fand in Sachsen das Kaisermanöver statt. Es war für uns von besonderer Bedeutung, weil daran ausschließlich sächsische Truppen teilnahmen, die beiden sächsischen Armeekorps, die die Königlich-Sächsische Armee bildeten. Das Manöver erfolgte im Herzen Sachsens, im Raume Meißen–Nossen.

Mein Vater bestimmte, daß ich als Zuschauer daran teilzunehmen hätte, weil es ein großes Ereignis war, aber auch, weil dadurch mein Interesse an militärischen Dingen gefördert werden sollte. Ich ritt mit meinem Erzieher, Major O'Byrn, auf dem Manöverfeld umher, wobei mir die wichtigsten und damals modernsten Vorgänge erläutert wurden. Ich sah den Kaiser, der die militärischen Vorgänge an den Brennpunkten mit großem Gefolge und Gästen beobachtete, wobei sein besonderes Interesse dem Eingreifen der Kavallerie zu Pferde galt. Es war für ihn selbstverständlich, daß das große Manöver mit einer schneidigen Kavallerieattacke zu enden hätte. Diese Attacken waren aber in der Zeit um 1911 bereits überlebt, da sie im Maschinengewehrfeuer zusammenbrechen mußten. Nach dem Manöver marschierten die beiden sächsischen Armeekorps zum Truppenübungsplatz Zeithain, wo vor dem König und dem Kaiser die Parade stattfand. Ich hatte daran teilzunehmen und bei der 9. Kompanie des Leibregiments einzutreten, zu der ich listenmäßig gehörte.

Auch 190 Jahre vorher, in der Regierungszeit Augusts des Starken, Kurfürsten von Sachsen und Königs von Polen, hatte in Zeithain eine Parade der gesamten kursächsischen Armee stattgefunden. Diese Veranstaltung, bei der allerdings die Parade nicht die Hauptrolle spielte, nannte sich «das Lustlager von Zeithain». Es war als allgemeines Vergnügen für den Hof, die zahlreichen Gäste und die Armee gedacht. Unter den Gästen befand sich damals der Sachsen unmittelbar benachbarte Monarch König Friedrich Wilhelm I. von Preußen mit seinem Sohn, Kronprinz Friedrich, dem nachmaligen Friedrich dem Großen. Es fanden Belustigungen statt, die für das 18. Jahrhundert typisch waren: Feuerwerke, beleuchtete Schiffe auf der Elbe, Festessen in Zelten und Tänze im Freien. Selbstverständlich floß der Alkohol in Strömen.

Die Zelte, in denen der König mit seinen Gästen und seinem

Gefolge tafelte, entstammten der Kriegsbeute, die der Vater des Königs, Kurfürst Johann Georg III. beim Entsatz von Wien gemacht hatte. Es waren dies 23 Zelte, darunter ein sehr großes mit leuchtenden Farben, das im türkischen Hauptquartier benutzt worden war. Ich kannte diese Zelte sehr genau. Eines der ganz großen wurde jedes Jahr auf der Vogelwiese in Dresden als Schießzelt benutzt. Nach alter Tradition gab mein Vater dort den ersten Schuß mit der Armbrust auf den großen hölzernen Vogel ab. Die anderen Zelte ruhten im Königlichen Garde Meubles (Möbel-Depot). Jedes Jahr wurden sie einmal gelüftet und ausgeklopft, was mich als Junge überaus interessierte. August der Starke wohnte während des Lustlagers mit seinen fürstlichen Gästen und seinem Gefolge in Moritzburg. Von dort aus fuhr man nach Zeithain.

Es ist überliefert, daß diese Tafelrunden sehr lange dauerten und daß an die Ausdauer und Trinkfestigkeit der Gäste große Anforderungen gestellt wurden. Es durfte nämlich niemand «kneifen», solange der König anwesend war, und das dauerte oft bis in die Morgenstunden. Das Hauptgetränk war Tokayer, von dem große Mengen noch zu meiner Zeit im Hofkeller im Schloß Dresden lagen. Darunter befanden sich Flaschen, die ganz bemoost waren und das kurfürstliche Wappen trugen.

Zu den eigentlichen Trinkfesten ließ der König keine Damen zu, obwohl er sonst weibliche Gesellschaft nie missen wollte. So gab es denn in Zeithain nur einige Bankette mit Damen, und sie durften nicht prüde sein; vor allem verlangte man von ihnen Schönheit und Charme. Dem biederen, äußerst soliden König Wilhelm I. war diese Atmosphäre bei seinem Nachbarn, König August dem Starken, unheimlich, und er sah Gefahren für seinen Sohn Friedrich. Deshalb schickte er ihn von Zeithain sehr plötzlich und vorzeitig nach Potsdam zurück.

Im Lustlager von Zeithain wurden für die Soldaten ganze Ochsen am Spieß gebraten, während die Mahlzeiten in den Zelten feiner und erlesener waren. Lieferbücher aus der Zeit, die ich in Moritzburg durchsah, ergaben, daß in Zeithain bei königlichen Tafeln allein 1600 Lerchen gegessen wurden. Dem Wildgeflügel wurde der größte Vorzug gegeben, dann folgten Hirschrücken und auch Fische. Das Lieblingsessen Augusts des Starken waren Krebsschwänze in Dill. Für die Soldaten wurden riesige Kuchen gebacken, die nur in sechsspännigen Wagen transportiert werden konnten. Um sie anzuschneiden, benützte man ein Meter lange Schlagmesser, die mit beiden Händen bedient werden mußten. Ein zeitgenössisches Bild des Kuchentransportes und ein Schlagmesser befanden sich noch in Moritzburg. Nach der Parade im Lustlager zu Zeithain wurden alle Soldaten besonders bewirtet, und jeder bekam einen Holzteller, der eigens dafür angefertigt worden war. Sodann mußte die gesamte Armee an der Elbe antreten, auf Kommando wurden alle Teller gleichzeitig in den Fluß geworfen. Hierzu wird vermerkt, daß dies die Zuschauer «höchstlichst ergetzte».

Doch nach diesem Exkurs in das 18. Jahrhundert zurück zur Kaiserparade 190 Jahre später, bei der der Nachfahre König Friedrich Wilhelms I., Kaiser Wilhelm II., ebenfalls in Zeithain weilte.

Es war ein warmer sonniger Tag, und auf dem großen flachen Gelände standen in Reih und Glied 16 Infanterie- und je acht Kavallerie- und Feldartillerie-Regimenter in Paradeuniform. Vor ihnen zu Pferd die Regiments-, Brigade- und Divisionskommandeure sowie die beiden Kommandierenden Generäle; alle Infanterie-Regimenter führten ihre Fahnen mit sich. Das Leibregiment stand auf dem äußersten rechten Flügel der Truppenaufstellung und ich am rechten Flügel der 9. Kompanie des Regiments. Da ich ganz vorn stand, hatte ich einen recht guten Überblick. Unsere Paradeuniform bestand aus langen weißen Hosen, einem dunkelblauen Waffenrock mit hohem silbergestickten Kragen, silbernen Epauletten, Schärpe und Helm mit Roßhaarbusch. Die verschiedenen farbigen Uniformen der Grenadiere, Infanteristen, Schützen-Jäger, Garde-Reiter, Husaren, Ulanen und der Feldartilleristen gestalteten die Parade zu einem höchst eindrucksvollen Bild.

Schon am frühen Morgen war jeder Mann, jedes Pferd und Geschütz eingehend unter die Lupe genommen worden, und eine Stunde vor Beginn standen wir in Reih und Glied. Alles war aufs genaueste vorbedacht, so daß ein reibungsloser Verlauf gewährleistet schien.

Aber mit des Geschickes Mächten ist kein ewiger Bund zu flechten. Es bestand nämlich eine Schwierigkeit: Der Anritt der Monarchen mußte über einen kleinen Hügel erfolgen, denn nur so hatte die Armee auf der Ebene gerade Platz. Dieser Hügel verhinderte aber für die höchste Führung die Sicht. Um den Mangel zu überwinden, hatte man darauf einen Mast errichtet, an dem eine große Kugel, weithin sichtbar, hochgehen sollte, sobald die Monarchen am Fuße des Hügels erschienen. Die 16 Kapellen der Infanterie-Regimenter hatten den Befehl, im Moment des Hochgehens der Kugel den Präsentiermarsch zu intonieren. Sobald die Monarchen sichtbar wurden, sollten alle Regimenter dreimal Hurra rufen. Soweit die Planung. Es wurde 10 Uhr, der festgesetzte Zeitpunkt des Beginns. Kurz danach ging die Kugel hoch. Alle höheren Führer riefen einer nach dem anderen: «Still-ge-standen! Das Gewerr – überr, Achtung präsentiert das Gewerr – Rumbrum», hörte man zweimal. Wir Offiziere zu Fuß hoben den Säbel und hielten ihn nach vorn über den Boden, sämtliche Kapellen spielten den Präsentiermarsch. Da dies naturgemäß nicht auf die Sekunde gleichmäßig erfolgen und beginnen konnte, ergab es keine einheitliche Harmonie, sondern ein wildes Durcheinander von Tönen. Aber diese Kakophonie war schon fast Tradition, seitdem der Präsentiermarsch eingeführt worden war. Wir alle starrten auf die Kugel, bereit, Hurra zu rufen, sobald die Monarchen erschienen. Aber es vergingen eine – zwei – drei – vier Minuten und nichts war zu sehen.

Plötzlich rief der Brigadekommandeur, der vor den zwei Grenadierregimentern hoch zu Roß stand: «Das Gewerr überr!» – Rum-brum war wieder zu hören, und die Musik hörte auf. Niemand wußte, was geschehen war, das Hochgehen der Kugel war offensichtlich aus Versehen erfolgt.

Aber jetzt erschien die Kavalkade der Monarchen auf dem Hügel. Ohne zu präsentieren riefen alle sofort «Hurra!», weil es so eingefuchst worden war. Die unabänderlichen heiligen Riten des militärischen Zeremoniells schienen einen furchtbaren Schlag bekommen zu haben, denn so etwas war noch nicht vorgekommen und war eine ewige Schande. Das Leibregiment vor seinem König und dem Kaiser ohne zu präsentieren! Beim dritten Hurra waren die Monarchen nurmehr 50 Meter vom rechten Flügel des Regiments entfernt. Da galoppierte der Kommandeur die Front des Regiments entlang und rief: «Präsentieren!», und als die Monarchen am rechten Flügel des Leibregiments angelangt waren, hatte alles glücklich präsentiert.

Nach einer Stunde begann der Vorbeimarsch im Parademarsch, wobei ich am rechten Flügel der 9. Kompanie vorbeimarschierte. Alles ging glatt. Man holte mich dann ab, damit ich den weiteren Vorbeimarsch sehen konnte.

Kurz nachdem ich eingetroffen war, ereignete sich ein weiterer Zwischenfall. Das an sich ruhige Pferd des betagten Feldmarschalls Bock von Polach stolperte, und dieser fiel vom Pferd, mit dem Helm zuerst in den Sand, wo er steckenblieb. Obwohl der General eine leichte Gehirnerschütterung erlitt, entbehrte der Vorfall nicht der Komik.

Auch König Ludwig III. von Bayern war bei der Parade anwesend, er war Chef des sächsischen Infanterie-Regiments Nr. 102. Der König war dafür bekannt, daß er zu lange Hosen trug, die außerdem so geschnitten waren, daß sie dauernd zerknittert waren. Dies trug ihm den Beinamen «Ludwig der Faltenreiche» ein. Es war Brauch, daß die Chefs der Regimenter bei Paraden ihre Truppen dem Monarchen vorführten. Sie mußten an der Spitze des Regiments vor der Musik reiten, dann in einem kurzen Galopp einschwenken und sich mit gezogenem Säbel neben den Monarchen stellen.

Da der König von Bayern betagt war und zur Fülle neigte, hatte man ihm ein außerordentlich frommes Pferd gegeben, um jedes Risiko auszuschließen. Das war alles ganz gut und schön, aber das Pferd war so lammfromm, daß es nicht in Gang zu bringen war. Der König setzte sich nun an die Spitze seines Chef-Regiments, aber – o Unglück – sein Pferd lief langsamer, als die Truppe marschierte. Und so näherte sich die Regimentsmusik immer mehr und mehr dem König. Niemand wagte einzugreifen, und auf einmal war König Ludwig von der marschierenden Regimentsmusik umschlossen, aus der er in der Mitte von Blasinstrumenten wie ein Denkmal herausragte. Der König gelangte nun alsbald in die 1. Kompanie des Regiments, die inzwischen auf der Höhe des Standpunkts des Kaisers angelangt war. Da griff ein beherzter Leutnant zu, der mit Aufbietung aller seiner Kräfte die Rosinante des Königs aus der Truppe zum Standpunkt des Kaisers führte. Damit hatte er die Situation gerettet, denn man hätte entweder das Regiment anhalten müssen, oder der König wäre durch das ganze Regiment nach rückwärts geschleust worden.

So sicher man den König von Bayern beritten gemacht hatte, so wenig Rücksicht hatte man auf meinen ältesten Bruder genommen, der als Chef das Regiment Nr. 104 vorzuführen hatte. Ihm hatte man die Stute Lissa gestellt, die mir in unangenehmster Erinnerung war, weil sie einmal mit mir auf einer belebten großen Überlandstraße durchgegangen war. Lissa war schon sehr unruhig gewesen, und als der Kronprinz angaloppieren wollte, stieg Lissa steil in die Höhe. Erst verlor mein armer Bruder den Säbel, dann den Helm, und schließlich mußte er mit beiden Armen den Hals des Pferdes umklammern, um nicht hinunterzufallen. Ein Offizier ergriff Lissa am Zügel und brachte sie schließlich ohne erneuten Zwischenfall bis zum Kaiser.

Nun neigte sich der Kaiser meinem Vater zu und sagte: «Du hast aber recht verschiedene Pferde in Deinem Marstall»; und er hatte mit dieser Bemerkung nicht unrecht, obwohl er nicht wußte, daß das Pferd des Königs Ludwig vom Pferdehändler Pfaff in Dresden ausgeliehen worden war. Dann verlief die Parade ohne weitere Zwischenfälle, und der Vorbeimarsch der berittenen Truppen Kavallerie und Feldartillerie war fesselnd und schön – besonders wegen des guten Pferdematerials.

Sehr eindrucksvoll war das Gardereiter-Regiment. Es trug weiße Hosen, hohe Kürassierstiefel, hellblauen Waffenrock mit Silberstickerei und den Kürassierhelm mit dem Meißner Löwen als Helmzierat. Die Pauken des Regiments stammten aus dem 18. Jahrhundert, waren aus Silber und mit dem kursächsischen Wappen versehen. Der Pauker trug nach alter Tradition einen doppelteiligen Backenbart und leitete die Zügel mit den Füßen.

Und als das 18. Husarenregiment vorbeimarschierte, dessen Chef mein Vater war und bei dem er seine militärische Jugend verbracht hatte, da strahlte das Gesicht meines Vaters. Der Kaiser, der es wußte, beugte sich zu meinem Vater hinüber und sagte: «Es ist ein prachtvolles Regiment.»

Ich lerne Foch kennen –
Beziehungen zu Rußland

Am Tage nach der Parade empfing mein Vater im Residenzschloß in Dresden die in- und ausländischen Gäste, die zum Kaisermanöver gekommen waren. Die anwesenden Mitglieder der Königlichen Familie mußten ihn dabei begleiten. Das waren mein Onkel Johann Georg und ich. Wir hatten uns im Empfangssalon meines Vaters einzufinden.

Die Gäste strömten in den großen Schloßhof. Die deutschen Generale mit ihren wehenden Helmbüschen dominierten. Daneben sah man die ausländischen Teilnehmer: Österreicher mit den knapp auf Taille gearbeiteten Uniformen, Engländer mit olivgrünen Waffenröcken, Russen mit breiten Achselstücken, Franzosen mit Käppis und viele andere Uniformen, von denen man nicht wußte, zu welchen Staaten sie gehörten.

Am Eingang zwischen dem Großen und dem Kleinen Schloßhof stand eine Ehrenwache des Garde-Regiments des Königs, und die Offizianten des Hofes in ihren langen hellblauen Röcken mit weißen Hosen wiesen den Gästen den Weg. Wie bei allen großen Anlässen wurde auch diesmal im Treppenhaus eine Essenz verspritzt, eine Mischung zwischen Lavendel und Weihrauch. Wir Kinder nannten das kurz den «Hofgeruch».

Pünktlich auf die Minute erschien mein Vater in Generalsuniform. Er begrüßte seinen Bruder mit einem lakonischen «Guten Morgen, Hans», gab mir einen Kuß und wandte sich dann seinem Gefolge zu, dem Oberhofmarschall, seinem Generaladjutanten, seinen Flügeladjutanten, dem diensttuenden Kammerherrn und dem wachhabenden Offizier der Garde-Reiter. Dieser trug beim Schloßdienst keinen Säbel, sondern einen Stab, wodurch seine Zugehörigkeit zum Hof bezeichnet wurde.

Wir im ersten Stock schritten bis zum Fahnensaal, wo der Garde-Reiter Posten präsentierte. Dann ging es die Große Haupttreppe hinauf zum zweiten Stock und durch die hohen Räume, ausgestattet mit Bildern, Gobelins, Barockmöbeln sowie Meißner und orientalischem Porzellan – bis zum Großen Ballsaal, in dem die Gäste sich aufhielten. Der Oberhofmarschall, der vorausging, kündigte durch Aufschlagen seines Stabes das Kommen des Königs an, und sogleich nahmen die militärischen Gäste Grundstellung ein. Mein Vater begrüßte den sächsischen Kriegsminister, die beiden Kommandierenden Generale der sächsischen Armee sowie den Chef des Großen Generalstabs aus Berlin. Sodann wurden ihm die zahlreichen ausländischen Offiziere, Militärattachés sowie Mitglieder von Militärdelegationen vorgestellt.

Ich selber hatte jetzt Gäste zu begrüßen. Als ersten nahm ich mir den Kriegsminister von Hausen zum Ziel. Er war der höchste sächsische Offizier und führte 1914 die 3. Armee, die ausschließlich aus Sachsen bestand. Ich sprach mit ihm über das Manöver und fragte ihn:

«Exzellenz, werden wir in absehbarer Zeit Krieg haben?»

«Das ist wohl möglich», antwortete er.

«Exzellenz, werden wir den nächsten Krieg bestimmt gewinnen?»

«Mein Prinz, solche Gedanken darf man nicht haben. Es ist selbstverständlich, daß wir jeden Krieg gewinnen, denn die deutsche Armee ist die beste der Welt.»

Dann begrüßte ich die Kommandierenden Generale und den Kommandeur des Leibregiments, dem ich angehörte. Schließlich ging ich auf die französische Delegation zu. Ich sprach recht gut französisch und empfand starke Sympathien für dieses Land, dessen Kultur einen so entscheidenden Einfluß auf Sachsen ausgeübt hatte.

Ein Oberst mit intelligentem, energischem Gesicht fiel mir auf. Er stellte sich mir vor: Colonel Foch de l'état major français. Damals noch Oberst und bis 1913 Militärattaché in Berlin, sollte dieser Offizier eine weltgeschichtliche Bedeutung erlangen, als er Oberkommandierender der Alliierten der Westfront wurde. Ich sprach mit Foch über seine Eindrücke bei dem Manöver und erklärte ihm dann, mein ganzer Wunsch sei eine deutsch-französische Allianz.

«J'espère, mon Prince» – ich hoffe es, war seine Antwort, aber es klang nicht sehr überzeugend.

Wenige Monate später lernte ich eine andere Persönlichkeit kennen, die ebenfalls eine prominente Rolle in den Wirren um und nach 1914 spielen sollte: den russischen Kriegsminister Souchomlinow. Er kam nach Dresden, angeblich als Tourist, aber seine

Generalsuniform war in seinem Gepäck. Rußland begann damals seine Beziehungen zu Sachsen zu intensivieren. Mit dem erzwungenen Eintritt in den Norddeutschen Bund 1866 wurde dem Königreich praktisch die außenpolitische Betätigung entzogen. Es wurde genötigt, seinen Vertreter in Petersburg zurückzuziehen, aber Rußland beharrte darauf, seinen Gesandten in Dresden zu belassen – sicher ein diplomatisches Kuriosum.

Souchomlinow bat um eine Audienz bei meinem Vater. Er wurde eingeladen und saß bei Tisch neben mir. Er war ein älterer Herr mit grauem Spitzbart und machte einen klugen, vielleicht auch etwas verschlagenen Eindruck. Er betonte seine Begeisterung für Dresden und Sachsen und wie erfreulich gute Beziehungen sein würden.

1912 ernannte der Zar meinen Vater zum Chef eines russischen Infanterie-Regiments, ein absolutes Novum in den beiderseitigen Beziehungen. 1913 überbrachte Tomatschewski eine Einladung des Zaren zu einem Staatsbesuch in Petersburg. Der Besuch kam im Frühjahr 1914 zustande. Mit dieser Einladung unterstrich Rußland deutlich, daß es Sachsen als selbständigen Staat betrachtete und nicht als einen Satelliten von Preußen-Deutschland. Das erregte in Berlin einiges Befremden, aber schließlich konnte man nichts dagegen tun.

Mein Vater fuhr nach Ostpreußen, wo ihn an der Grenze ein Hofzug des Zaren erwartete. In Petersburg holte ihn der Zar am Bahnhof ab und, von zwei Garde-Kavallerieregimentern eskortiert, fuhren die Monarchen zum Winterpalais. In den drei Tagen gab es großartige Veranstaltungen: ein Staatsbankett, eine große Parade der Petersburger Garnison, eine Gala-Aufführung, ein Familien-Diner mit der kaiserlichen Familie sowie die Besichtigung der Petersburger Sehenswürdigkeiten.

Mein Vater war außerordentlich beeindruckt von dem liebenswürdigen und großzügigen Empfang, den ihm der Zar und die Zarin bereiteten.

Kaiser Wilhelm II.

Ich habe den Kaiser fünfmal gesehen und gesprochen, zweimal in Dresden, einmal in Meißen beim Kaisermanöver, einmal an der Westfront, als er meine Division besuchte und mich danach einlud, und schließlich nach dem Krieg in Doorn.

Außerdem habe ich viel über den Kaiser von meinem Vater und von anderen Persönlichkeiten gehört. Vor 1914 war er in der Tat der Abgott eines großen Teils des deutschen Volkes, vor allem der Armee und der Jugend. Man muß es ihm lassen, daß er seinem Auftreten einen gewissen Nimbus zu geben verstand. Obwohl ich als Sohn eines Königs an die höfische Atmosphäre gewöhnt war, hat doch die Persönlichkeit des Kaisers auf mich im Alter von 12 bis 17 Jahren einen sehr starken Eindruck gemacht. Den Kaiser zu sehen und gar mit ihm zu sprechen war ein Erlebnis.

Über ihn ist sehr verschieden geurteilt worden. Sehr jung kam er zur Regierung, und das war bei seiner selbstherrlichen, impulsiven und sprunghaften Veranlagung bestimmt ein Nachteil. Auch sein verkürzter Arm mag bei ihm einen gewissen Minderwertigkeitskomplex hervorgerufen haben, den er durch Aufmachung und zur Schau gestellte Stärke überspielte. In seiner Jugend handelte er oft wenig überlegt und undiplomatisch, in ernsthaften Kriegszeiten jedoch lehnte er sich stark an seine Ratgeber an.

Sicher war er ein lauterer Charakter, der sich seiner Verantwortung gegenüber dem deutschen Volk bewußt war und immer das Beste gewollt hat. Er war tief religiös, ein vorbildlicher Christ und führte ein mustergültiges Familienleben. Es war tragisch, daß ihm die Verfassung zu große Rechte einräumte, vor allem in der Bestimmung der Außenpolitik und der alleinigen Entscheidung über Krieg und Frieden. Ein Hauptvorwurf, der ihm – gerade in Rechtskreisen – in Deutschland gemacht worden ist, war sein Übertritt nach Holland im Jahre 1918. Ich persönlich glaube, daß dem Kaiser gar nichts anderes übrigblieb und er damit bewußt oder unbewußt im Interesse Deutschlands handelte, da es keinen anderen Weg gab, die Revolution in legale Bahnen zu leiten. Die entscheidenden Fehler wurden 1917 und 1918 gemacht. Im Oktober/November 1918 war es zu spät, und zwar endgültig zu spät.

Das Verhältnis zwischen meinem Vater und dem Kaiser war gut

und freundschaftlich. Der Kaiser ließ jedoch die deutschen Bundesfürsten und ihre Häuser fühlen, daß er sie mehr oder weniger als Satelliten betrachtete und er alleiniger Herr im Reich war.

Mein erstes Zusammentreffen mit ihm war in Dresden, als er dort einen offiziellen Staatsbesuch machte. Es war das eine große Sache, und ganz Dresden war auf den Beinen. Man drängte sich, einen Blick auf den Einzug des Herrschers zu werfen. Die Straßen, die der Kaiser vom Hauptbahnhof bis zum Schloß durchfuhr, waren dicht beflaggt mit Schwarz-Weiß-Rot, Weiß-Grün und den Stadtfarben Schwarz und Gelb. Am Bahnhof stand ein Bataillon der 2. Grenadiere des Chefregiments des Kaisers, der mit meinem Vater im Daumont-Wagen, eskortiert von einer Schwadron der Gardereiter, unter stürmischen Hoch- und Hurrarufen der Menge ins Residenzschloß fuhr. Meine Brüder und ich hatten den Kaiser im Schloßhof zu erwarten. Wir sahen den Zug herankommen mit dem immer wieder so fesselnden Bild der trabenden Gardereiter-Schwadron in Paradeuniform, blau-weiß mit den Löwenhelmen. Dann fuhren die Wagen in den Schloßhof ein, wo eine Ehrenkompanie des Leibregiments stand und der preußische Präsentiermarsch ertönte. Nach dem Abschreiten der Kompanie, die mit den Fahnen des Regiments angetreten war, begrüßte er uns und sagte uns einige freundliche Worte. In seiner Begleitung befand sich der Kronprinz, schlank und hochgewachsen, in der Uniform der Totenkopf-Husaren. Nun traten wir in den Schloßeingang, wo der Hofstaat meines Vaters zur Begrüßung wartete. Darunter befanden sich einige ältere Herren in der Uniform der Gardereiter. Der Kaiser warf einen Blick auf sie und sagte mit seinem unverkennbar preußischen Akzent: «Donnerwetter noch einmal, das sind aber dicke Gardereiter.»

Für mich war das eine kalte Dusche, denn so etwas hatte ich vom Kaiser nicht erwartet. Es sollte ein Witz sein, aber diese Art Witze schätzte eben niemand.

Wir hatten den Kronprinz in sein Quartier zu begleiten. Er war sehr natürlich und sagte gleich: «Kommt, laßt uns den Krempel wegwerfen und eine Zigarette rauchen.» Er warf die Pelzmütze in die Ecke und den Säbel vor das Bett, zog seine Stiefel und den Waffenrock aus und setzte sich mit einer Zigarette auf das Bett.

«Kinder, Kinder», sagte er, «wie habt Ihr's gut. Vor allem habt Ihr einen großartigen Vater.»

Das nächste Mal sah ich den Kaiser während des Kaisermanövers in Meißen. Für ihn waren Zimmer in der Albrechtsburg eingerichtet worden, die sonst unbewohnt waren und nur Führungen dienten. Am Abend nach dem Diner verlieh er mir mit sehr freundlichen Worten den Schwarzen-Adler-Orden.

Von einem Dampfer aus sahen wir die Illumination der Stadt, und der Kaiser war sehr aufgeräumt und freute sich über das schöne Bild, das diese wunderbare Silhouette an der Elbe bot. Als der Dampfer wieder am Ufer lag, wollte mein Vater seinen kaiserlichen Gast zur Albrechtsburg begleiten. Aber der Kaiser war nirgends zu finden. Es wurde gesucht und gefragt, aber er blieb mit seinem engsten Gefolge vermißt. Nach einer Weile erfuhr mein Vater durch einen Adjutanten, Seine Majestät habe sich entschlossen, in seinem Hofzug zu übernachten und sei schon dort. Mein Vater war über dieses Verhalten zutiefst betroffen und stellte den Kaiser am nächsten Morgen. Was bekam er zur Antwort: «Du mußt mich entschuldigen, aber ich hatte noch zu arbeiten, und das kann ich nur in meinem Hofzug. Außerdem wollte ich Dich nicht weiter aufhalten, da es schon spät war.»

Was hätte der Kaiser wohl im umgekehrten Fall getan?

Erst im Felde sah ich ihn wieder, als er meine Division, die 24. Reservedivision, besuchte. Er lud mich zum Frühstück in seinen Salonwagen ein. Beim Einsteigen in den Wagen wollte er mir den Vortritt lassen, worauf ich sagte: «Euer Majestät, das geht nicht.»

«Los», sagte er, «wenn ich Dir sage, steig ein, dann hast Du eben einzusteigen.»

Gut, dachte ich, dann steige ich eben ein. Als ich auf der zweiten Stufe war, bekam ich einen mächtigen Schlag hinten drauf, und es ertönte die kaiserliche Stimme: «Donnerwetter, was hat der junge Mann für einen Durchmesser!» Ich schwieg und dachte mir meinen Teil.

Dieser Schlag blieb ohne Folgen, ganz im Gegensatz zu einem anderen, der ebenfalls im Krieg erfolgte. Mein Onkel, König Ferdinand von Bulgarien, besuchte den Kaiser im großen Hauptquartier in Spa in Belgien. Es war ein sehr schöner Tag. Der König verspürte während der Unterredung das Bedürfnis, kurz frische Luft zu schnappen. Er guckte also aus dem Fenster, so daß er dem Kaiser seine Hinterfront zuwandte. In diesem Moment erhielt der verblüffte Monarch vom Kaiser die Auszeichnung eines höchst persönlichen Schlags hinten drauf. König Ferdinand verließ ohne ein Wort das Zimmer seines Gastgebers. Der Kaiser wartete und wartete, aber der König kam nicht zurück. Er war in seinen Zug gestiegen und nach Sofia abgefahren. Aus Sofia hörte man nichts, weder eine Beschwerde noch irgendwelche Mitteilungen. Der deutsche Botschafter wurde beauftragt, die Lage zu sondieren. Als er sich um eine Audienz beim König bemühte, lehnte dieser ab. Der Kaiser beschloß, nach chinesischem Muster einen Sühneprinzen nach Sofia zu schicken, und hierzu wurde Prinz August Wilhelm ausersehen. In Begleitung des Generals und eines Botschafters traf er in Bulgarien ein, mußte jedoch drei Tage warten, bis der König ihn empfing. Er sagte, daß sein Vater in Spa nur einen Scherz gemacht habe. Der König möchte das doch verzeihen. Darauf erklärte König Ferdinand, dies sei nicht nur eine Beleidigung seiner Person, sondern auch des bulgarischen Staates gewesen; dies bedinge eine substantielle Wiedergutmachung, über die verhandelt werden müsse. Das Ergebnis der Verhandlungen bestand in der Hauptsache darin, daß Deutschland auf seinen Anteil an der Kriegsbeute in Serbien zugunsten von Bulgarien verzichtete. Der Klaps hinten drauf hatte sich für Bulgarien gelohnt.

Im Jahr 1935 besuchte ich den Kaiser in Holland. Innerhalb der Fürstenfamilien war es Usus, sich mit Du anzureden, auch wenn man nicht verwandt war. Als ich nach Doorn kam, begrüßte mich zuerst die Kaiserin Hermine. Sie sagte gleich:

«Wenn der Kaiser nachher kommt, dann rede ihn bitte mit ‹Euer Majestät› an und nicht mit Onkel. Er legt größtes Gewicht darauf, auch bei Mitgliedern der deutschen Fürstenhäuser.»

Der Kaiser war außerordentlich liebenswürdig und nett zu mir. Auf der Tafel stand ein silbernes Modell des 66-Enders aus Moritzburg, was er sich als besondere Aufmerksamkeit ausgedacht hatte. Nach dem Essen zog er mich in ein langes Gespräch über die Wiederherstellung der Monarchie. Dabei brachte er zu Ausdruck, daß nur die größeren Bundesstaaten wiederhergestellt werden könnten. Besonders beschäftigte ihn die Frage, wer in Zukunft berechtigt sein sollte, Orden zu verleihen. Wir anderen Mitglieder deutscher Fürstenhäuser, die in Deutschland wohnten, sahen andere Probleme als dieses.

1914–1919

Eine Schicksalsstunde der Weltgeschichte

Im Juli 1914 verlebten mein Vater, meine Schwestern und ich die großen Ferien in Taufers in Tirol. Taufers liegt in einem sehr reizenden Nebental des Pustertals, und man erreicht es von Bruneck aus. Wir wohnten dort im Schloß des Barons von Mengershausen, das in eine Pension umgewandelt war. Es lag auf einem Hügel mit einem wunderbaren Blick auf die Berge.

Der 40jährige Baron hatte eine sehr junge und hübsche Frau, und es ist bemerkenswert, wie es zu dieser Verbindung gekommen war. Eines Tages traf er ein kleines Tiroler Bauernmädchen von zehn Jahren, das ihm wegen seines Aussehens und seiner Intelligenz sehr gefiel. Er verabredete mit den Eltern, ihm das Kind zu überlassen. Das kleine Mädchen bekam eine besondere Erziehung, wurde auf das Gymnasium geschickt, machte sein Abitur, und als es 18 Jahre alt war, wurde geheiratet.

In Taufers machte mein Vater größere Wanderungen und Bergbesteigungen, bei denen ich ihn begleitete. Er war ein hervorragender, unermüdlicher Bergsteiger. Langsam ging er, Schritt für Schritt und so am Tag etwa acht bis zehn Stunden. Er trank wenig, auch bei großer Hitze, und die Mahlzeiten waren spartanisch einfach, mittags ein belegtes Brot und ein hartgekochtes Ei und abends auf der Hütte eine Erbsensuppe mit einem Stück Brot und ab und zu ein Gulasch. Mein Vater hatte einen besonderen Bergführer, den Kasper Sepp aus Kastelruth, den er überall mitnahm. Er kannte ihn nun schon seit Jahren, und der Kasper wußte genau, was er dem König zumuten konnte. Er war ein sehr verantwortungsbewußter Mann, und wenn ihm etwas zu gefährlich schien, sagte er: «Nein, Majestät, da dürfens nicht rauf», und mein Vater gehorchte, da er wußte, daß der Kasper Sepp gute Gründe dagegen hatte.

Die k. u. k. Bezirkshauptmannschaft fühlte sich selbstverständlich für den König verantwortlich. Daher folgten uns ständig auf 60 Meter Entfernung zwei Gendarmen mit geschultertem Gewehr und aufgepflanztem Seitengewehr. Mein Vater fand das ungemütlich und veranlaßte seine Wächter, mit ihm zu gehen. Er unterhielt sich mit ihnen über alles mögliche. Bei Gletscherüberquerungen mußten sie sowieso angeseilt werden, und schließlich nahmen sie auch an den gemeinsamen Mahlzeiten im Freien teil.

Unser Leben in Taufers war schön und friedlich, und niemand dachte daran, daß irgendwelche gefährlichen Entwicklungen eintreten könnten. Der Kaiser war ja auf seiner üblichen Nordlandreise; das war das sichere Zeichen, daß nichts Besonderes zu erwarten war. Wir wußten zwar, daß eine Spannung zwischen Österreich und Serbien bestand, weil die Donaumonarchie Genugtuung wegen der Ermordung des Erzherzogs Franz Ferdinand verlangte, aber wir glaubten, daß diese Frage ihre Regelung finden würde. Da kam eines Tages ein langes chiffriertes Telegramm aus Dresden mit der Nachricht, daß der Kaiser die Nordlandreise abgebrochen habe und nach Berlin zurückgekehrt sei. Österreich halte es für erforderlich, militärische Maßnahmen gegen Serbien zu ergreifen, und rechne damit, daß Deutschland ihm den Rücken decke, falls Rußland gegen Österreich vorgehen sollte.

Bald darauf traf ein weiteres Telegramm ein: Rußland treffe militärische Maßnahmen an der österreichischen Grenze, und der Kaiser tue alles, um den Ausbruch eines Konfliktes zu verhindern. Von da an jagte ein Telegramm das andere, und das Bild verdüsterte sich immer mehr. Mein Vater, der anfangs noch sehr optimistisch war, sah nun auch den Ernst der Lage und entschloß sich, kurzerhand nach Dresden zurückzukehren. An einem herrlichen, strahlenden Julitag verließen wir das schöne Taufers und fuhren nach Bruneck, wo unsere Salonwagen bereitstanden. Da die Abfahrt meines Vaters bekanntgeworden war, standen viele hundert Leute vor dem Bahnhof mit den Behördenvertretern und den Offizieren der Garnison. Eine Militärkapelle intonierte die sächsische Königshymne und die österreichische Kaiserhymne. Unser Extrazug setzte sich in Bewegung, und über den Brenner und München erreichten wir Dresden in knapp einem Tag.

Dort erfuhren wir, daß sich die Lage erheblich verschlechtert hatte. Österreich wollte unbedingt Serbien militärisch maßregeln, und Rußland schien entschlossen, dies als Vorwand für ein Vorgehen gegen Österreich zu benutzen.

In den nächsten Tagen überstürzten sich die Ereignisse, die schließlich zur allgemeinen Mobilmachung führten. Mein Vater wurde laufend durch die sächsischen Vertreter in Berlin orientiert, hatte aber – wie die anderen Bundesfürsten und die gewählten Vertreter des deutschen Volkes – bei dieser entscheidenden

Schicksalsfrage nicht mitzureden, da der Kaiser einzig und allein souverän über Krieg und Frieden zu entscheiden hatte. Obwohl ihm dieses Recht zustand, hätte er sicher richtiger und klüger gehandelt, wenn er in diesem überaus kritischen Moment die deutschen Bundesfürsten und den deutschen Reichstag zu Rate gezogen hätte, allein schon zu seiner eigenen Entlastung und Deckung.

Die Würfel fielen, und der Weltkrieg brach aus.

In Dresden war die Bevölkerung von den Ereignissen stark aufgewühlt; eine allgemeine Begeisterung brach aus, die zum Teil stürmischen Charakter annahm. So zogen Zehntausende zum Schloß und Theaterplatz, sangen das Deutschlandlied und die «Wacht am Rhein» und riefen so lange «Hurra», bis sich der König auf dem Balkon zeigte.

Die Mobilmachung war in vollem Gange, man nahm Abschied von Freunden, Verwandten und Bekannten. Meine Brüder kamen ihren Mobilmachungsbestimmungen nach, ebenso mein Onkel, Max von Sachsen, der als katholischer Priester Militärpfarrer der 23. Division aus Dresden wurde.

Mit Blumen geschmückt und begleitet von der Bevölkerung, marschierten die Regimenter der Dresdner Garnison in Feldgrau zu den Bahnhöfen, wo sie verladen wurden. Ich begleitete meinen Vater, der sie dort verabschiedete. Die Waggons waren von den Soldaten mit allen möglichen Aufschriften versehen worden. Eine davon ist mir unvergeßlich geblieben: «Paris muß sächsisch werden.»

Ein Erlaß besagte, daß alle Obersekundaner sofort nach einer Prüfung die Primareife erlangen konnten, wenn sie sich als Kriegsfreiwillige gemeldet hatten. Da meine ganze Klasse das ohne Ausnahme getan hatte, kamen wir nun noch einmal zusammen. Wir legten in zwei Tagen die Prüfung ab, wobei die Lehrer sehr großzügig waren. Dann gingen wir alle auseinander, jeder zu seinem Ersatztruppenteil.

Wie schnell hatte sich doch unser Leben gewandelt! Noch vor drei Wochen waren wir Pennäler, und jetzt waren wir bereits Soldaten. Darüber dachten wir aber nicht viel nach, denn wir waren alle froh, vorderhand der Schule entronnen zu sein. Und über den Krieg dachten wir noch weniger nach, jeder hatte nur die Angst, er könne schon vorüber sein, bevor die Ausbildung beendet wäre.

Ich kam zum Ersatzbataillon des Leibregiments. Dort tat ich sechs Wochen Dienst als Leutnant. Wir Mitglieder des Königlichen Hauses erhielten schon mit zwölf Jahren diesen Rang. Es war eine anstrengende Zeit, da der Dienst fast zehn Stunden dauerte. Aber das mußte sein, um so schnell wie möglich Ersatz für die Ausfälle der Fronttruppen zu schaffen.

Als Kriegsbestimmung bekam ich eine Stelle als Ordonnanzoffizier im Generalkommando des XIX. Armeekorps aus Leipzig, das sich zur Zeit in der Champagne östlich von Reims befand. Mit einem Ersatztransport der beiden Dresdner Grenadierregimenter verließ ich Dresden Mitte September 1914.

Wir fuhren über Luxemburg und Südbelgien nach Nordfrankreich, wo ich mich beim Kommandierenden General des XIX. Armeekorps, General von Laffert, meldete. Das Korps lag nach erfolgtem Rückzug nach der Marne-Schlacht in der Champagne pouilleuse, der Lause-Champagne, wie die Franzosen dieses Gebiet nannten. Es war ein völlig kahles, unfruchtbares und trostloses Gebiet. die Gegner lagen sich in ausgebauten Schützengräben gegenüber; bis auf gelegentlichen Artilleriebeschuß und kleinere Patrouillenunternehmungen war es ruhig an der Front.

Nach 14 Tagen wurde das Korps herausgezogen und nach Norden in Marsch gesetzt, wo es der Armee des Kronprinzen Rupprecht von Bayern unterstellt wurde.

Nach einigen Marschtagen näherten wir uns Lille. Diese Festung war von einer französischen Halbdivision besetzt, die den Auftrag hatte, die Stadt so lange zu halten, bis die englische Armee eingetroffen wäre. Wegen der Schwäche seiner Kräfte verzichtete der französische Befehlshaber darauf, die außerhalb der Stadt gelegenen Forts zu verteidigen; er entschloß sich, nur die alte Stadtbefestigung zu halten, die sich wegen des Wachstums der Stadt nun fast in ihrem Zentrum befand.

Unser Korps bekam den Befehl, die Stadt Lille zu nehmen. Es war die erste Kampfhandlung, die ich erlebte und die mich sehr beeindruckte. Der Kommandierende General handelte unverzüglich, zumal er genau darüber informiert war, wie es in Lille aussah: Bei uns erschien nämlich die Geliebte des Kommandierenden Generals des I. französischen Armeekorps, das in Lille seinen Sitz hatte. Es war dies eine Dame von etwa 35 bis 40 Jahren, die jugendlich und attraktiv wirkte. Sie war sehr geschäftstüchtig und seit geraumer Zeit Agentin des deutschen Nachrichtendienstes. Durch sie bekamen wir genaue Mitteilungen über Stärke und Verteilung des Gegners in Lille.

Nachdem diese «Dame» ihren Bericht erstattet hatte, wurde sie ziemlich anmaßend. Sie verlangte, zur Belohnung sofort in die Schweiz einreisen zu dürfen, von wo aus sie ihr Tätigkeitsfeld nach Frankreich verlegen wollte. Da sie aber unter dringendem Verdacht stand, Doppelagentin zu sein, wurde sie zwar entlohnt, aber ihr Wunsch wurde nicht erfüllt.

Drei unserer Brigaden wurden zum Angriff auf die Südfront von Lille eingesetzt, während eine vierte den Auftrag erhielt, die Stadt von Norden abzuriegeln, um ein Entweichen der französischen Halbdivision zu verhindern.

Die Artillerie erhielt den Befehl, die alte Befestigung und das umliegende Gebiet unter konzentriertes Feuer zu nehmen. Ich hörte das gewaltige Konzert der fast 150 Geschütze, die die alten Wälle, vor allem das Gebiet um die Porte de Douai, mit Granaten überschütteten, aber auch Schrapnells im Aufschlag verwendeten, durch die in den umliegenden Häusern Feuer entstand, das sich rasch ausbreitete. Bald sah ich in den betroffenen Stadtteilen große Flächenbrände.

Im Vorgelände der Porte de Douai kam ich zum erstenmal in Infanteriefeuer und sah auch die ersten Toten in diesem Krieg. Da es aber vorwärtsging und Erfolge in Aussicht standen, war ich davon wenig beeindruckt.

Das Regiment 181 aus Chemnitz erstürmte die Porte de Douai und drang von dort aus in die Stadt ein. Da weiterer Widerstand sinnlos war und nur zu unnützen Verlusten geführt hätte, kapitulierte der französische Befehlshaber, ein Brigadegeneral. Er wurde in einem Auto zu unserem Kommandierenden General gebracht, der ihn salutierend empfing, ihm Worte der Anerkennung für das tapfere Verhalten seiner Truppe sagte und ihm als symbolische Geste seinen Säbel zurückgab.

Ich bekam den Befehl, über die Gefangenen zu berichten und fuhr dazu durch die eben genommene Porte de Douai. Die Liller Feuerwehr war emsig bemüht, die großen Brände einzudämmen, und es war erstaunlich, wie schnell sie nach den Kampfhandlungen auf dem Plan war. Die Gefangenen bestanden aus 5000 Mann Infanterie aus Südfrankreich, fünf Feldbatterien und einem Regiment marokkanischer Spahis zu Pferde mit zauberhaften kleineren Vollblütern und orientalischen Sätteln und Halftern.

Als ich mich einer Kompanie näherte, fielen alle Soldaten schlagartig auf die Knie und riefen: «Ayez pitié avec nous, nous sommes des pauvres pères de famille.» (Haben Sie Erbarmen mit uns, wir sind arme Familienväter.) Anscheinend glaubten sie, daß sie erschossen werden sollten. Als ich erklärte, daß sie Kriegsgefangene seien und bis zum Kriegsende anständig behandelt werden würden, standen sie sichtlich erleichtert wieder auf.

Menschliche Kontakte an der Front

Nach der Einnahme von Lille kamen die militärischen Operationen zum Stehen; das Korps blieb 1914/15 in der gleichen Stellung nördlich von Lille, wo sich nichts Wesentliches mehr ereignete. Ich möchte jedoch von einem Vorgang berichten, der ganz ungewöhnlich war und den ich selber erlebt habe.

Flandern ist ein sehr flaches, tiefliegendes Gebiet mit hohem Grundwasserstand. Im Winterhalbjahr sind die Niederschläge sehr stark. Beim Ausbau der Schützengräben, besonders südlich von Armentières, stieß man bereits in sehr geringer Tiefe auf Grundwasser. So behalf man sich auf beiden Seiten damit, daß man die dem Gegner gegenüberliegende Außenwand erhöhte. Kurz vor Weihnachten erfolgten heftige Regenfälle, und in den Gräben stieg das Wasser. Weitere Maßnahmen wurden erforderlich, um es in den Stellungen aushalten zu können. Die Arbeiten waren kaum durchzuführen, ohne sich dem Gegner auszusetzen. Man mußte also etwas riskieren, und das taten nun beide Seiten. Ohne jede Verabredung ergab sich, daß man nicht mehr aufeinander schoß. Dann ging alles sehr schnell: Man arbeitete ohne Gewehre und sah sich an, winkte sich zu, begrüßte sich und bot gegenseitig Zigaretten an. Am Weihnachtstag besuchten sich die Sachsen und die Engländer in ihren beiderseitigen Stellungen und beschenkten sich. Ein mir bekannter Offizier ließ sich sogar jeden Tag bei den Engländern rasieren. Diese Idylle, die sich auf den Abschnitt von zwei Regimentern erstreckte, dauerte drei Wochen lang.

Ich habe mich selbst von diesem im Krieg sehr ungewöhnlichen Zustand überzeugt. In diesem Abschnitt herrschte völliger Friede, es fiel kein Schuß. Der mich begleitende Offizier forderte mich auf, aus dem vordersten Graben hinauszusehen, was ich nach einigen Bedenken tat. Ich sah auf etwa 80 Meter Entfernung einzelne Tommies ohne Waffen aus dem Graben herausgucken. Der mich begleitende Offizier rief laut: «Charly, Charly.» Nach einer Weile sah ich einen englischen Soldaten aus dem vor uns liegenden Graben steigen. Er kam auf uns zu, als ob es etwas ganz Natürliches wäre; und es war ein wirklich mehr als eigenartiges Gefühl, auf einmal einem «Feind» mitten im Krieg gegenüberzustehen, und zwar in der ganz friedlichen Absicht eines Besuches. Ich mußte dabei an den höchst unsympathischen Gruß denken, der gerade zu der Zeit in der Heimat eingeführt werden sollte: «Gott strafe England»; Antwort: «Er strafe es!» Das fand aber keinen Anklang in der Heimat, und an der Front erst recht nicht.

Charly, der Engländer, blieb vor unserem Graben stehen und grüßte militärisch, was alle Engländer taten, wenn sie einem deutschen Offizier begegneten. Ich begrüßte ihn mit «Good morning», was er mit einem «Good morning, Sir» beantwortete. Dann sagte er: «Please, come on.» Dieser Charly schien mir eine Art Fremdenführer zu sein, jedenfalls gefiel er sich in dieser Rolle.

Was nun folgte, war etwas ganz Sensationelles. Ich war mir bewußt, etwas zu erleben, was nur ganz wenigen beschieden ist, nämlich mitten im Krieg den Gegner zu besuchen. Im englischen Graben, der übrigens genauso aussah wie unserer, war eine Leiter aufgestellt, auf der wir in den «feindlichen Graben» hinabstiegen. Wir sahen mehrere Soldaten und Unteroffiziere, die uns alle kurz grüßten, sahen aber keine Offiziere. Das war sehr eigenartig. Es ist niemals während der drei Wochen dieses Waffenstillstands auch nur ein einziger englischer Offizier erschienen, obwohl ihnen die Situation genauestens bekannt war. Wir besichtigten einen englischen Unterstand, der sich von den unseren nicht unterschied. Auch die obligaten Mädchenbilder an der Wand fehlten nicht. Man bot uns Zigaretten an, und ein Engländer meinte: «It is a pity to fight, and it would be far better to play football, our regiment against yours.» Das war typisch englisch und zweifellos ehrlich gemeint.

Das einzige, was die Engländer nicht zuließen, war das Fotografieren, denn sie wollten keine Dokumente über diesen nicht kriegsmäßigen und höchsten Ortes völlig unerwünschten Zustand. Nach einer Viertelstunde brachte uns Charly wieder zu unserem Graben. Wir dankten ihm, und mit einem «Good bye» ging er zu seiner Stellung zurück.

Deutscherseits wurde nichts getan, um diesen Zustand der Waffenruhe zu beenden, denn wir befanden uns zu der Zeit im Westen in der Defensive und im Osten in der Offensive, weshalb im Westen jede Erleichterung begrüßt wurde. Aber in England wurde die Sache ruchbar. Es wurde befohlen, die Truppe sofort abzulösen. Die neuen Regimenter bekamen strikten Befehl, auf jeden Deutschen zu schießen, was auch geschah. – Damit endete dieser dreiwöchige inoffizielle Waffenstillstand.

Etwas Ähnliches erlebte ich 1917 in Galizien. Ich führte damals eine Kompanie des Reserveregiments 104. In unserem Divisionsabschnitt hatte die russische Infanterie das Feuer eingestellt – vermutlich aus Kriegsmüdigkeit. Die Russen ließen sich jedoch nicht sehen, und von kameradschaftlichem Fraternisieren, wie mit den Engländern, war keine Rede. Wir Deutschen konnten mit dem Zustand ganz zufrieden sein, denn es entstanden keine Verluste. Aber die russische Artillerie schoß nach wie vor weiter und ebenso die unsere. Es bestand das Prinzip der Vergeltung: Schießt du auf meinen Graben, so schieße ich auf deinen Graben. Das paßte aber der russischen Infanterie nicht, und über Verhandlungen mit der deutschen versuchte sie, unsere Artillerie zu beeinflussen. Wenn die Russen eine weiße Fahne aus dem Graben streckten, so war das ein Zeichen, daß sie mit uns verhandeln wollten.

Ich habe selbst eine solche Verhandlung geführt. Sowohl ich als auch der russische Offizier stiegen unbewaffnet aus dem Graben, jeder gefolgt von drei bewaffneten Soldaten. Genau in der Mitte zwischen den Gräben blieben wir auf drei Meter Entfernung stehen und salutierten. Dann begann die Verhandlung. In meinem Fall sprach der russische Offizier sehr gut deutsch; er beschwerte sich lebhaft über die Beschießung eines Anmarschgrabens zur ersten Linie gegenüber meinem Kompanieabschnitt. Ich erwiderte ihm, daß dies ausschließlich ein Vergeltungsfeuer gewesen sei, und riet ihm, darauf hinzuwirken, daß ein offizieller Waffenstillstand abgeschlossen würde. Im übrigen müßte ich den Fall weitermelden. Damit war die Sache beendet. Wir salutierten und gingen in unsere Gräben zurück.

Eines Tages hörte ich vor meinem ersten Graben deutsche Stimmen, sah aber nichts. Ich untersuchte die Sache, und was fand ich vor: Zwei meiner Männer saßen mit einem Russen in einem Granattrichter und spielten Skat. Der Russe hatte gerade ein «Grand» angesagt. Ich hätte alles andere erwartet, nur das nicht. Es stellte sich heraus, daß er Antonoff hieß und mehrere Jahre bei Krupp gearbeitet und so die deutsche Sprache und das Kartenspiel gelernt hatte.

An der Front bei Brzezany bestand ein großes Völkergemisch:

Deutsche, Österreicher, Ungarn, Kroaten, Bosniaken, Türken und schließlich unsere Gegner, die Russen. Alle hatten im vierten Kriegsjahr Mangel an irgend etwas, aber auch merkwürdigerweise irgendeinen Überfluß. So hatten die Deutschen kaum Zigaretten, aber dafür ziemlich viel Schnaps. Die Österreicher litten Mangel an Brot, besaßen aber genug Zigaretten, und die Russen hatten kaum Schnaps zur Verfügung, aber dafür sehr viel Brot.

Es entstand nun ein offizieller «Interfrontenhandel» zwischen den drei beteiligten Armeen. Zunächst lieferte die deutsche Armee Schnaps an die russische, im Austausch gegen Brot, dieses Brot ging an die Österreicher gegen Zigaretten. Für jeden Warentausch wurden bestimmte Einheiten berechnet und vorher Proben ausgetauscht, da jeder dem anderen mißtraute.

Ein höchst niederträchtiges Tauschgeschäft wurde mir eines Tages von russischen Mannschaften übermittelt, und zwar der Austausch des russischen Oberbefehlshabers, General Brussilow, gegen ein Faß Schnaps. Da die Russen wußten, daß der General die Front besichtigen würde, wollten sie ihn bei dieser Gelegenheit zu uns herüberzerren und ihn uns übergeben. Diese Gemeinheit habe ich glatt abgelehnt und mich auch geweigert, sie weiterzugeben. Später habe ich jedoch oft gedacht, daß man General Brussilow vor den Bolschewisten gerettet haben würde, wenn man dieses unwürdige Angebot angenommen hätte.

Der inoffizielle Waffenstillstand der Infanterie und der blühende «Interfrontenhandel» fanden ein Ende, als der russische republikanische Kriegsminister Kerenskij im Sommer 1917 seine große Offensive begann, deren Hauptstoß meine Division traf.

Kränze statt Bomben

Das Generalkommando des XIX. Korps, bei dem ich Dienst tat, lag auch 1915 im Liller Vorort Lambersart. Die Front war völlig ruhig, es ereignete sich nichts von Bedeutung. Ich möchte dafür über Luftkämpfe berichten, die sich an unserem Abschnitt ereigneten.

Eines Tages sah ich zwei englische Flugzeuge Lille anfliegen. Auf einmal stürzte sich aus größerer Höhe ein deutsches Flugzeug wie ein Raubvogel auf den einen Engländer – eine kurze Maschinengewehrgarbe, dann kippte die englische Maschine um und stürzte steil zu Boden. Ich fuhr dorthin und sah die Trümmer der abgeschossenen Maschine und daneben den deutschen Sieger, der bei seinem Opfer gelandet war. Es war der sächsische Leutnant Immelmann, der erste deutsche Jagdflieger, der mehrere Gegner abgeschossen hatte und dafür den «Pour le Mérite» bekam. Immelmann hatte seinen toten Gegner aus der Maschine herausgezogen und war gerade dabei, dessen Taschen zu leeren. Ich war bestürzt und fragte ihn: «Was machen Sie denn da?»

«Ja», sagte er, «sobald wir einen Gegner abgeschossen haben, nehmen wir seine Papiere, Fotos, Briefe, Uhr usw. an uns und werfen sie mit einem Bericht bei den Engländern ab; sie tun es auch.»

Im Jahre 1915 fiel Immelmann hinter unseren Linien. Ich nahm an der feierlichen Beisetzung in Douai teil. Es war ein schöner und klarer Tag. Als der Militärpfarrer mit seiner Rede begonnen hatte, hörte man das Summen von anfliegenden Maschinen. Als sie einen Kreis beschrieben, wurde die Feier unterbrochen, da ein Angriff auf die große Menschenansammlung befürchtet wurde. Die Engländer flogen niedriger und niedriger, und plötzlich lösten sich zwei Gegenstände von den Flugzeugen, die zunächst für Bomben gehalten wurden. Es waren aber zwei Kränze mit Widmung der Engländer für Immelmann. Alle Anwesenden und auch ich waren tief beeindruckt von dieser großzügigen und noblen Geste des Gegners. Man fragte sich nur, woher wußten die Engländer Ort und Zeit der Beisetzung? – Vielleicht durch den Nachrichtendienst, den sie in Frankreich unterhielten, oder gar durch unsere eigenen Flieger?

In unserem Abschnitt bei Lille wurde ein englischer Flieger zur Notlandung gezwungen, die glatt vor sich ging. Die deutschen Flieger nahmen den englischen Offizier gefangen und brachten ihn in ihr Quartier, einem Schloß südöstlich von Lille. Dort wurde er zunächst einmal zum Essen eingeladen und pokulierte abends mit seinen Gegnern im Fliegerkasino. Man freundete sich so mit ihm an, daß beschlossen wurde, seine Gefangennahme zu unterschlagen und ihn im Fliegerhorst zu behalten. Das gelang zwei Monate, dann kam die Sache auf, und der Offizier kam ins Gefangenenlager.

An einem sehr trüben und nebligen Herbsttag flog ein einzelner englischer Flieger im Tiefflug nach Lille ein und landete auf einer Wiese in einem Vorort. Militärpolizei und Flieger, die zur Landungsstelle stürzten, fanden das Flugzeug völlig intakt vor, von dem Piloten aber keine Spur. Es wurden zwei Landsturmbataillone alarmiert, die tagelang in dem Bereich alle Häuser absuchten. Obwohl die Militärpolizei große Belohnungen aussetzte, blieb der Flieger verschollen. Es handelte sich offensichtlich um einen bedeutenden Spion, denn sonst hätte man das Flugzeug nicht geopfert. Nach zwei Monaten erhielt der Kommandant von Lille, der württembergische General von Grävenitz, über Holland folgenden Brief:

«Euer Exzellenz!

Nach England zurückgekehrt, möchte ich Euer Exzellenz meinen besten Dank für die gewährte Gastfreundschaft in Lille sagen. Ich bin selbstverständlich nach meiner Landung nicht in diesem Bereich geblieben, und es war ein völlig unnötiger Aufwand, mich dort zu suchen. Wenn ich meine Aufgabe ungestört durchführen konnte, so lag das nicht an meiner Tüchtigkeit, sondern an dem Versagen der deutschen Militärpolizei. Ich hoffe, mich nach diesem Kriege mit Euer Exzellenz einmal über diese Frage unterhalten zu können.

Eurer Exzellenz sehr ergebener Mapelback

Captain in der britischen Luftwaffe.»

(Wohl Pseudonym = Mapel zurück.)

Mit dem berühmten Jagdflieger Manfred von Richthofen bin ich zwar persönlich nicht zusammengekommen, aber ich sah ihn im Kampf. Beim zweiten Somme-Einsatz meiner Division im Jahre

1916 wurde unsere Infanterie und Artillerie fast pausenlos von feindlichen Kampffliegern angegriffen, was unerträglich war. Wir bekamen diese Meldung und riefen die Gruppe an mit der Bitte um Abhilfe. Die Antwort: «Wir werden versuchen, die Staffel Richthofen zu bekommen, dann wird die Luft bald rein sein.» Dann folgte ein weiterer Anruf: «Die Staffel Richthofen startet soeben.» Von meiner Beobachtungsstelle aus sah ich die Staffel heranbrausen, vorne das nicht zu übersehende, knallrot angestrichene Jagdflugzeug des Staffelführers. Das war ein Trick wie bei den Eingeborenen in Afrika. Die rote Führermaschine sollte Schrecken einjagen, denn jeder Engländer und Franzose wußte sofort, mit wem er es zu tun hatte: mit dem Champion-Schützen Richthofen. Was nun geschah, war das Werk von wenigen Minuten. Die Staffel stürzte sich auf die zahlreichen über unserer Stellung kreisenden feindlichen Maschinen. Ich sah durch mein Glas den roten Jagdflieger wie einen Falken auf eine Maschine stürzen – kurz ratterte das Maschinengewehr, dann kippte das Flugzeug und flatterte wie ein welkes Blatt zu Boden.

Sofort gewann Richthofen wieder Höhe und griff erneut einen Gegner an, dessen Schicksal ebenso schnell besiegelt war. Bei diesem kurzen Einsatz schoß er zwei Gegner ab, seine Staffelkameraden weitere fünf. Die moralische Wirkung war so ungeheuer, daß sich zunächst einmal kein feindlicher Flieger mehr sehen ließ.

Richthofen war ein ganz ungewöhnlicher Schütze; er soll in jungen Jahren in Schlesien bei allen Jagden aufgefallen sein. Jedoch hörte ich von Fliegern, daß seine fliegerischen Leistungen mittelmäßig waren. Sein Falkenauge und seine ruhige Hand brachten ihm, dem «Roten» Jagdflieger, seine unwahrscheinlichen Erfolge.

Als Beobachter in Baumwipfeln – Mein Kommandeur in Examensnöten

Im Jahr 1916 nahm ich vier Monate Urlaub und machte mein Abiturientenexamen, das ich mit «gut» bestand.

Danach wurde ich zum Stab der 24. Reservedivision versetzt, bei der ich bis 1917 Dienst tat. Im Gegensatz zum Generalkommando, das mehr den Charakter einer Behörde trug, war der Divisionsstab der Truppe näher. Ich war nun auch schon zwei Jahre älter und hatte mehr Erfahrungen und Kenntnisse in militärischen Dingen, so daß ich einen Posten besser ausfüllen konnte als bisher. Ich wurde Ordonnanzoffizier, hatte die Feindnachrichten und Nachrichtenmittel zu bearbeiten und wurde als Divisionsbeobachter verwendet.

Bei der 24. Reservedivision habe ich mich außerordentlich wohl gefühlt. Das lag daran, daß im Stab lauter nette und natürliche Menschen waren, an der Spitze unser Kommandeur, Generalmajor Morgenstern-Döring, der immer hilfsbereit und freundlich war. Der Erste Generalstabsoffizier, Major Graf Vitzthum, war ebenfalls sehr sympathisch und besonders in schwierigen Situationen ruhig und überlegt. Der erste Ordonnanzoffizier, Oberleutnant Krüger, war außerordentlich kameradschaftlich, nahm sich meiner an und war stets zu allen Lustigkeiten bereit. Er wurde General und führte am Ende des zweiten Weltkriegs ein Panzerkorps. Auch heute noch haben wir freundschaftlichen Kontakt.

Ich traf bei der Division ein, als sie gerade vor ihrem Einsatz in die Sommeschlacht stand. Danach kam die Division in Ruhe, um dann erneut wieder an der Somme eingesetzt zu werden.

Bei beiden Kampfhandlungen war ich Divisionsbeobachter. Diese Tätigkeit erfolgte von hohen Baumhochständen aus, von wo man einen Überblick über den Frontabschnitt der Division hatte. Ein wesentliches Moment war die Beobachtung des feindlichen Artilleriefeuers, aus dem wichtige Schlüsse gezogen werden konnten. Von großer Bedeutung waren auch Sperrfeueranforderungen der eigenen Infanterie und die Beobachtung feindlicher Kräfte. Es ist mir jedoch nur einmal gelungen, den Anmarsch von zwei französischen Bataillonen festzustellen.

Alle meine Beobachtungen hatte ich durch Fernsprecher der Division zu melden, aber ich bekam auch Anfragen von ihr. Beim zweiten Einsatz an der Somme kostete mich die Beobachtung fast mein Leben, als eine schwere Granate unmittelbar unter meinem Hochsitz einschlug. Mein Baum, eine riesige Ulme, wurde getroffen, und sie wankte so stark, daß ich jeden Moment erwartete, mit ihr umzufallen. Außerdem wurde die Leiter zersplittert, aber auf einer neuen gelang es mir, unangefochten den Boden zu erreichen.

Auch anderen Gefahren entging ich in dieser Zeit. Bei einer Fahrt zum Gruppenkommando schlugen kurz nach der Abfahrt zwei ganz schwere Granaten vor mir auf der Straße ein, so daß ich fast vom Sitz geschleudert wurde. Mein Fahrer wurde am Kopf verletzt und das Auto so zertrümmert, daß es nicht mehr benutzt werden konnte.

Ein andermal wurde ich um ein Haar von einem englischen Jagdflugzeug erschlagen, das mitten in einem Dorf 20 Meter vor meinem Wagen auf der Straße zerschellte.

Während der Sommeschlacht ereignete sich ein Vorgang, den ich nicht vergessen kann. Unser General, den wir alle sehr gern mochten, hatte eine militärische Schwäche: Er konnte sich komplizierte artilleristische Kampfmaßnahmen nicht merken, und deren gab es sehr viele. Wir unterstanden nun einem sehr gefürchteten, eisern strengen Oberkommandierenden, General Fritz von Below. Selbst ungeheuer geistig auf der Höhe und mit einem Gedächtnis sondergleichen, pflegte er die Divisionskommandeure einer persönlichen Prüfung zu unterwerfen, und wer ihr nicht standhielt, wurde sofort, wie es militärisch heißt, «abgesägt».

Eines Morgens erreichte uns die Hiobsbotschaft: General von Below kommt um zwei Uhr. Unser armer General stürzte sich sofort auf die Artilleriekarten, aber er war einfach nicht in der Lage, sich die komplizierten Eventualmaßnahmen zu merken. Da ließ mich um zwölf Uhr der Generalstabsoffizier, Graf Vitzthum, kommen und eröffnete mir folgendes:

«Unser General ist in höchster Gefahr, nur Sie können ihn noch retten. Wenn General von Below kommt, dann bleiben Sie an seiner Seite, gehen Sie unter keinen Umständen fort. Lernen Sie sofort alle artilleristischen Eventualmaßnahmen an Hand der Karte auswendig. Ich werde ihm jetzt sagen, daß er, sobald die Frage über die Artillerie kommt, dem General von Below sagen soll: ‹Euer Exzellenz, Seine Königliche Hoheit hat besondere Kenntnisse in diesen Maßnahmen, und es wird Euer Exzellenz sicher interessieren, diese von ihm zu hören.› General von Below kann dies einem Königlichen Prinzen gegenüber nicht ablehnen, ohne unhöflich zu sein.»

Punkt zwei Uhr kam der Oberkommandierende. Ich wurde ihm vorgestellt. Nach einigen einleitenden Worten kam es: «Herr General, ich möchte Sie allein sprechen, bringen Sie Ihre Karten mit.» Ich blieb aber neben meinem General und war entschlossen, nicht zu weichen und schwerhörig zu sein. Ein spitzer Blick Belows traf mich, er sagte jedoch nichts. Nach zwei Minuten kam der erwartete Schlag: «Herr General, erklären Sie mir mit Einzelheiten die artilleristischen Maßnahmen bei Angriffen auf Ihre Nachbar-Division.» Unser General sah mich freundlich an, dann sagte er, was Graf Vitzthum ihm nahegelegt hatte. Sowohl den General als auch mich traf ein vernichtender Blick des Oberkommandierenden, und ich wußte gleich, er hatte alles durchschaut. Ohne erst die Zustimmung von Below abzuwarten, ergriff ich die Karte und hielt einen schwungvollen Vortrag über all die vorgesehenen Maßnahmen. Als dieser beendet war, sagte Below: «Königliche Hoheit sind sehr gut orientiert (dies hatte einen doppelten Sinn), aber eigentlich wollte ich das alles von Ihrem Kommandeur hören. Jetzt muß ich weiterfahren», salutierte und ging.

General Morgenstern-Döring war gerettet.

Mit den Türken in Galizien

Von der Somme aus kamen wir nach Arras an die Front und dann nach Gent. Von dort aus ging es im Frühjahr 1917 durch ganz Deutschland nach Oberschlesien und über Krakau und Lemberg nach Brzezany in Ostgalizien.

Es war ein sehr schönes Land, hügelig, mit riesigen, prachtvollen Buchenwäldern, in denen starke Rehböcke und viele Sauen ihre Fährte zogen. Kleinere Flüsse und viele Bäche, in denen es von Krebsen wimmelte, die sich durch ihre Größe auszeichneten, durchzogen das Land. Die Dörfer waren klein und etwas primitiv, es wurde sehr viel Mais, Kukuruz genannt, angebaut. Das war auch wohl der Grund, weshalb dort so unendlich viel Geflügel gehalten wurde, Hühner, Enten und Gänse.

Es war wirklich das Land, in dem Milch und Honig floß. Alles war in Ostgalizien äußerst billig. Ich kaufte einmal für mein Bataillon 10000 Eier ein, für die ich 400 Mark zu zahlen hatte.

Die Bevölkerung waren Ruthenen, die zu den Ukrainern gehören, und nur, weil sie auf österreichischem Boden wohnten, eine Sonderbezeichnung bekamen. Sie hatten den orthodoxen Ritus, waren aber doch mit Rom vereinigt. In den Städten und kleinen Marktflecken überwog die jüdische Bevölkerung.

Brzezany war Sitz einer Bezirkshauptmannschaft und Garnison eines Bataillons. Der Stab unserer Division kam nach Raj, dem Schloß eines Grafen Potozki, eines sehr bekannten alten polnischen Geschlechts. Und wer beschreibt das Erstaunen, als ich dort im Speisesaal zwei Porträts meiner Vorfahren fand, des Königs August III. und seiner Frau Maria Josepha, Kurfürstin von Sachsen! Und in einem Salon daneben war ein Bild Augusts des Starken. So strahlte die Verbindung Sachsen – Polen weit aus – bis in dieses Gebiet, das eigentlich nicht polnisch war. In dieser Hinsicht erlebte ich 1927 auch in einer kleinen Stadt in Tennessee in den USA etwas Erstaunliches. Der dortige katholische Pfarrer bat mich, früh zur Kirche zu kommen, da es für die kleine isolierte Gemeinde von Bedeutung sei. Nach der Messe stellte mir der Pfarrer eine Frau polnischer Abkunft vor, die acht Stunden gelaufen war, um einen Nachkommen von zwei polnischen

Königen zu sehen. Ich hatte nicht gedacht, daß so etwas möglich sein könne.

Die Front der Division erstreckte sich beiderseits der Slota Lipa. Nördlich von uns hatten wir eine k. u. k.-Division, während sich südlich das XV. Türkische Korps anschloß. Es war interessant, mit den Türken in Verbindung zu kommen, jedoch war die Verständigung sehr schwierig, da nur wenige Offiziere französisch sprachen. Der Kommandierende General war 60 und seine beiden Divisionskommandeure 35 Jahre alt. Bei der Kerenskij-Offensive, die auch uns traf, liefen die beiden mit umgehängtem Karabiner und einem Messer im Mund in die Front, wo sie mitkämpften und erst nach drei Tagen wieder im Gefechtsstand der Division erschienen.

Die Russen hatten große Angst vor den Türken, da diese keine Gefangenen machten, sondern jedem, der ihnen in die Hände fiel, die Kehle durchschnitten, woran sich sogar die Divisionskommandeure beteiligten.

Die Zusammenarbeit mit den Türken war nicht leicht, weil sie oft die Befehle des Armeeoberkommandos nicht verstanden oder sich nicht daran hielten. So preschte bei der Offensive, die nach dem großen russischen Angriff erfolgte, ein türkischer Verband 40 Kilometer vor, und als er seinen Irrtum bemerkte, marschierte er ohne Benachrichtigung seiner Nachbartruppenteile einfach in den Westen zurück. Hierbei stieß er auf eine im Vormarsch befindliche deutsche Kavalleriebrigade, die, in der Meinung es seien Russen, sofort mit ihrer reitenden Artillerie in die Marschkolonne schoß, wobei die Türken 150 Mann Verluste erlitten.

Sie waren aber ausgezeichnete Soldaten, tapfer, zuverlässig und genügsam. Bei unserem Vormarsch 1917 griff ich in einem Buchenwald drei türkische Soldaten auf, die offensichtlich den Anschluß an ihre Truppe verloren hatten. Sie trugen Kochgeschirre mit ganz erkaltetem Essen bei sich. Ein türkischer Verbindungsoffizier klärte mich dahingehend auf, daß die beiden ihren Offizieren Verpflegung bringen sollten, aber seit drei Tagen abhanden gekommen wären und selbst nichts gegessen hätten. Diese Soldaten hungerten also schwer und rührten doch das Essen nicht an, das für ihre Offiziere bestimmt war.

Während meiner Zeit als Kompanieführer der 9. Kompanie des Reserve-Infanterieregiments 104 bekam ich an der Front den

Besuch des türkischen Oberbefehlshabers im Kaukasus. Er unterhielt sich mit mir über alles mögliche und überreichte ein Gastgeschenk von 1000 Zigaretten. Sodann besichtigte er eine eingebaute Feldküche, hielt sich darin längere Zeit auf und kostete auch das Essen. Als er wieder herauskam, verkündete ein Dolmetscher mit lauter Stimme: «Das Gebet seiner Exzellenz lautet: ‹Das Essen ist gut und schmackhaft, und wenn der deutsche Kaiser ein so gutes Essen gibt, dann muß er siegen.›»

Ganz so einfach, wie die türkische Exzellenz das formuliert hatte, lag der Fall nun doch nicht.

Ich bekam auch eine türkische Kriegsauszeichnung, die Goldene Imtiaz-Medaille, die den Inhaber berechtigt, drei Frauen zu halten; so wurde mir jedenfalls gesagt. Aber die Rechtsgültigkeit dieser Vielehe erstreckte sich nur auf das Territorium des Osmanischen Reichs. Man sagt, Orden werden verliehen, weil sie entweder «erdient», «verdient», «erdienert» oder «erdiniert» sind. Da ich keine Heldentaten bei den Türken vollbracht habe, dürfte meine Imtiaz-Medaille unter «erdiniert» einzureihen sein.

Ereignisreiches Brzezany

Im Juni 1917 übernahm ich die Führung der 9. Kompanie des Reserve-Infanterieregiments 104. Nach einem Einsatz an der Front kam das III. Bataillon, dem ich angehörte, als Divisionsreserve nach Brzezany. Dort hatte ich für eine kurze Zeit das Bataillon zu führen, weil der Kommandeur auf Urlaub gegangen war.

Das Armeeoberkommando der Südarmee ordnete an, daß in Brzezany ein sogenanntes Verbrüderungsfest der Offiziere der Verbündeten stattzufinden hätte. Ich erhielt den Befehl, das Fest zu organisieren. Die Hauptsache war, daß Musik und Menü klappten. Neben unserer Regimentskapelle bekam ich die ausgezeichnete Zigeunerkapelle unserer ungarischen Nachbardivision. Bei der Frage des Menüs mußte ich auf die Mohammedaner Rücksicht nehmen. Ich half mir, indem ich als Vorspeise kalten Fisch und als Hauptgericht Hammelbraten, das Nationalgericht der Türken, nahm. Den Saal ließ ich mit Fähnchen der verschiedenen Nationen, deutschen, österreichischen, ungarischen und türkischen, ausschmücken, denn andere Mittel standen mir zur festlichen Ausstattung des Raumes nicht zur Verfügung.

Gegen acht Uhr kamen meine etwa hundert so verschiedenartigen Gäste. Der schneidig intonierte Marsch unserer Regimentskapelle und die Zigeunerkapelle mit dem Radetzki-Marsch machten gleich Stimmung. Alle schienen erfreut zu sein, einmal für ein paar Stunden den Kriegsproblemen entrinnen zu können. So bat ich denn meine Gäste zu Tisch, wobei ich möglichst die Nationen durcheinandermischte.

Nach Beendigung der nun einmal erforderlichen Reden und Höflichkeiten schlug die Atmosphäre ins Kameradschaftliche um. Man erhob sich vom Tisch, die Zigeunerkapelle der Ungarn spielte zündende Weisen, es folgten alle möglichen improvisierten Darbietungen, nationale Tänze und Volkslieder, und der reichlich gebotene Alkohol förderte die gute Laune immer mehr. Um Mitternacht schlug die Begeisterung hohe Wogen, und die Offiziere der einzelnen Nationen fanden sich zueinander. Um zu demonstrieren, daß ich kein Spielverderber sei, dirigierte ich die Zigeunerkapelle (was nicht das erste Mal war), und zwar meine Lieblingsoperette, die Czardas-Fürstin. Ich erntete rauschenden Beifall, und ein Ungar brachte ein Hoch auf den Dirigenten aus.

Als ich das Podium verließ, kam der Bataillonsadjutant zu mir und raunte mir zu: «Draußen ist ein Meldegänger von der Division.» – «Ach was», sagte ich, «erledigen Sie das, ich dirigiere jetzt weiter.» – «Nein», sagte er, «das kann ich nicht, denn es ist für den Bataillonsführer persönlich.» Nun ging ich hinaus und sah einen Meldegänger im Stahlhelm stehen, der mir einen Befehl übergab. Ich las und glaubte im ersten Moment, nicht richtig gesehen zu haben. Doch hier stand klar und deutlich: «Es wird in den frühen Morgenstunden mit einem größeren russischen Angriff gerechnet. Das Bataillon hat sofort nach der zweiten Kampfstellung zu marschieren, wo es dem Infanterieführer zur Verfügung steht.»

Ich stand hier als 21jähriger plötzlich vor einem sehr schwierigen Entschluß. Im Saal feierten meine Offiziere, die meisten in fortgeschrittener Stimmung und durch Alkohol animiert. Eine Auswahl konnte ich ja nicht unter ihnen treffen, und ich war mir klar, daß das Offizierskorps als Ganzes jetzt nicht vor die Mannschaften treten durfte. Mir schoß durch den Kopf, daß ein Bataillon ohne Offiziere eigentlich eine Unmöglichkeit war, aber was sollte ich tun? Der Befehl mußte ausgeführt werden, und die einzige Lösung war, ohne Offiziere abzumarschieren. So bestimmte ich einen Offiziersstellvertreter zu meinem provisorischen Adjutanten und lief mit ihm zur unweit gelegenen Kaserne, wo das Bataillon untergebracht war.

Aus der Entfernung hörte ich noch das Summen der Festmusik, als ich bereits den Hof der Kaserne betrat. Was gibt es doch für schnelle Szenenwechsel im Leben! Ich gab Alarm, und nach kurzer Zeit stürzte alles aus der Kaserne. Munition und Handgranaten wurden gefaßt und die Kompanien neu eingeteilt. Offiziersstellvertreter und Feldwebel bekamen die Führung und Unteroffiziere die übrigen Offiziersstellen.

Dann gab ich eine kurze Erklärung ab: Auf Befehl des Armeeoberkommandos fände ein Treffen der Offiziere der verschiedenen Verbündeten statt, die Offiziere des Bataillons dürften dasselbe nicht verlassen, daher erfolgte die Neueinteilung. Dann marschierte ich mit dem Bataillon ab. In der Ferne hörte man ab und zu vereinzelte Schüsse und hin und wieder stiegen Leuchtraketen auf.

Wir erreichten das Grabensystem der zweiten Kampflinie, wo das Bataillon sich in den Unterständen in Bereitschaft halten mußte.

Ein schöner Julimorgen kündigte sich an, und mehr als erleichtert atmete ich auf, als ich sah, daß alles ruhig war und der erwartete russische Angriff ausblieb. Es wäre ja nicht einfach gewesen, ohne Kompanieführer in Kampfhandlungen zu geraten, zumal wir ja auf meine Verantwortung ohne Offiziere abmarschiert waren.

In Brzezany lag unmittelbar am Stadtrand ein sehr schöner, großer See, der in dem heißen Sommer willkommene Gelegenheit zum Schwimmen bot. Ich schwamm dort eines Tages mit einem Offizier meiner Kompanie, Leutnant Löffler. Plötzlich sah ich in einiger Entfernung einen Kopf auftauchen und gleich wieder verschwinden. Ich kraulte sofort dorthin, nochmals sah ich den Kopf über Wasser und dann langsam versinken. Ich tauchte und ergriff unter Wasser einen Körper, den ich auftauchend vor mir herschob, bis ich das seichte Wasser erreichte. Es war Leutnant Löffler. Er war mit den Füßen in Schlingpflanzen geraten, hatte dann versucht, sich mit der rechten Hand davon zu befreien, wodurch der rechte Arm mit verwickelt wurde und er jede Bewegungsmöglichkeit, sogar das Gleichgewicht, verlor. Er war in ziemlich schlechtem Zustand, aber durch die vorgeschriebenen Hilfeleistungen kam er allmählich wieder in Ordnung. Ich verbot ihm, darüber zu reden, weil ich keine Anerkennung wünschte. Es war ja selbstverständlich, Löffler aus dieser Lage zu befreien. Er machte trotzdem Meldung, wohl aus Dankbarkeit für seine Rettung. Nun war das Verhängnis nicht mehr aufzuhalten. Ich wurde im Regiments- und Divisionsbefehl lobend erwähnt. Der Divisionskommandeur meldete es meinem Vater, die Sache kam in die Presse, und der Dresdner Schwimmverein ernannte mich zu seinem Ehrenvorsitzenden. Das sächsische Ministerium des Innern verlieh mir «nach Prüfung des Sachverhalts» die Bronzene Lebensrettungsmedaille, für eine Rettung ohne eigene Lebensgefahr. Das sagte mir überhaupt nicht zu, denn schließlich schwamm ich durch dieselben gefährlichen Schlingpflanzen, die Löffler fast das Leben gekostet hätten. Ich lehnte daher die Annahme der Bronzenen

Lebensrettungsmedaille mit Begründung ab. «Nach erneuter Prüfung des Sachverhalts» trug mir nun das Ministerium die Silberne Lebensrettungsmedaille an, die ich akzeptierte.

Der Vormarsch in Galizien – Die Bier-Revolte der Bayern

Meine Zeit als Kompanieführer war abgelaufen, und ich hatte wieder meine Aufgaben bei der Division zu übernehmen. Einige Zeit darauf erfolgte die sogenannte Kerenskij-Offensive. Es war der letzte Versuch der republikanischen russischen Regierung, durch einen militärischen Erfolg nationales Prestige zu erlangen. Sie scheiterte unter schweren Verlusten; der Hauptstoß traf unsere Division und die Türken. Kurze Zeit danach begannen die Russen an unserer Front den Rückzug, und wir verfolgten sie.

Der Vormarsch erfolgte bei großer Sommerhitze, die täglichen Marschziele waren erheblich. Am zweiten Tag setzte der Nachschub für besondere Versorgungen aus, jedoch war die Lebensmittelfrage absolut gesichert.

Unserer Division war eine bayerische Landsturmbrigade unterstellt worden, deren Mannschaften ausschließlich aus Münchnern bestanden. Sie war bisher ständig im Stellungskrieg an ruhigen Nebenfronten verwendet worden, wobei sie täglich mit ausreichend Bier aus der Heimatstadt versorgt wurde. Am zweiten Vormittag erschien der bayerische Brigadeadjutant bei uns und sprach über alles mögliche herum. Ich merkte, daß er etwas auf dem Herzen hatte, aber gehemmt war, es zu sagen. Schließlich fing er an, die Regimenter hätten immer Bier bekommen, ohne Bier könnten nun einmal die Münchner nicht leben und die von dort stammenden Landsturmmänner auch nicht. Am ersten Tag des Vormarsches sei das Bier ausgefallen, da habe man die Männer auf heute vertröstet. Nun sei es aber heute auch nicht eingetroffen, daher sei die Stimmung in der Brigade jetzt mehr als schlecht. Wir sollten nicht vergessen, daß die Brigadeangehörigen ältere Männer seien, die zeitlebens an ihr Bier gewöhnt seien.

Hauptmann von Kirchenpauer, der zweite Generalstabsoffizier, der zur Zeit den ersten vertrat, bemerkte: «Sagen Sie doch ruhig, was los ist.» – «Gerade heraus gesagt, unsere Männer streiken und marschieren nicht mehr weiter, weil sie kein Bier bekommen.» Wie sich das auf die ganze Brigade erstrecken könne, bei schließlich 24 Kompanien, wollte Kirchenpauer wissen. Der Adjutant wurde jetzt gesprächiger: «Erst merkten wir, daß immer mehr und mehr

Männer zurückblieben und über Fußschmerzen, Durst und Erschöpfung klagten. Dann blieb eine der vorn marschierenden Kompanien stehen. Es hieß: ‹Mir kenn nimmer, des is unmenschlich bei so einer Hitzen zu morschieren, un nix zu trinkn.› Vergeblich versuchten die Kompanieführer, die Leute zum Weitermarschieren zu bewegen. Es kam zu einer allgemeinen Stockung, überall wurden dieselben Stimmen laut und dazu noch: ‹Jo, wem mir unsa Bier häddn, wo uns zustähd, do wär des scho leichdr, un die Hallodri die fun der Edobbn san zu faul, uns unsa Bier nachzfarn.›»

Nichts nützte, weder das Zureden der Kommandeure noch das des Generals. Tatsächlich war das offene Gehorsamsverweigerung, auf die im Krieg die Todesstrafe stand. Aber das Ganze entbehrte nicht der Komik.

Vom Divisionsstab waren zur Zeit nur Kirchenpauer, Krüger und ich anwesend, während der Kommandeur sich auf Grund besonderen Befehls mit dem ersten Generalstabsoffizier noch im alten Stabsquartier befand, 60 Kilometer von uns entfernt, ohne Verbindung mit der marschierenden Division. Aber wir hatten den ausgezeichneten Infanterieführer Graf Wuthenau bei uns. Er war der Schwager des ermordeten Erzherzogs Franz Ferdinand, Rennreiter, großer Tangotänzer, Charmeur und ein Frontsoldat, wie es nur wenige gab. Wochenlang lag er im Trenchcoat – und nie ohne Monokel – im größten Dreck der vordersten Linie; seine Männer gingen buchstäblich für ihn durchs Feuer.

Bei der Beratung mit Wuthenau kamen wir zu dem Ergebnis, daß die Landsturmbrigade nur Ballast für uns sei und wir von seiten der Division nichts in der Sache tun könnten. Daher müßten wir die Brigade sich selbst überlassen. Das eröffneten wir dem Brigadeadjutanten der Bayern und rieten ihm, die Brigade bis auf weiteres rasten zu lassen. Wir würden melden, daß die Landsturmmänner erschöpft seien und mit unserer Infanterie nicht mehr Schritt halten könnten, was ja tatsächlich der auch Fall war.

So endete die Bier-Revolte in Ostgalizien.

Unser Vormarsch ging glatt und ungestört vor sich, die Russen waren weit vor uns. Aber wir wurden von Kavallerie beschattet, meist von Kosaken, die ziemlich dreist waren und sich manchmal in kleinen Trupps bis in unsere unmittelbare Nähe wagten. Als wir einmal an einer kleinen Schlucht entlangritten, erschienen plötzlich in der Talsohle sechs Kosaken, die 150 Meter parallel von uns abgaloppierten und verschwanden. Wir ritten, wie es die Vorschrift verlangte, an der Spitze der Vorhut, als plötzlich der Vortrupp Feuer aus einem kleinen isolierten Haus, ungefähr 800 Meter vor uns, bekam. An dem Haus waren vier Pferde angebunden. Die Batterie der Vorhut galoppierte vor, ging in Stellung und feuerte. Ich beobachtete das Gefecht mit dem Feldstecher. Als die erste Granate neben dem Haus einschlug, sprangen vier Kosaken aus den Fenstern des ersten Stocks in die Sättel und galoppierten davon. Es war das eine großartige Leistung, und wir alle waren begeistert von diesem Bravourstück.

Am zehnten Tage des Vormarsches kamen wir am Sbrutsch an, der die Grenze zwischen Österreich und Rußland bildete. Einige Kilometer vor dem rechten Ufer stießen wir auf starken Widerstand. Es waren Teile einer sibirischen Division, die sich dort flüchtig eingegraben hatte.

Am nächsten Morgen wurden die Stellungen von unserer Artillerie systematisch beschossen. Die Wirkung war grauenhaft. Als unsere Infanterie dann vorging, begegnete sie keinem Widerstand und erreichte einen kleinen Graben, in dem Mann neben Mann die Toten und Verwundeten lagen. Ich selber ritt am Nachmittag daran vorbei und sah, wie unverantwortlich und rücksichtslos die russische Führung vier Bataillone sinnlos geopfert hatte.

Als wir den Sbrutsch erreicht hatten, bekam ich den Auftrag festzustellen, wie es an unserer rechten Flanke aussähe. Wir befanden uns nämlich in einer Schleife zwischen dem Dnjestr und dem Sbrutsch und hatten keinerlei Anschluß nach Süden. Dort aber in der Bukowina südlich des Dnjestr hing die Vormarschfront weit nach.

Ich nahm ein Auto der Division und fuhr über Feldwege in ein Niemandsland. Plötzlich gab es einen Krach, das Auto kam zum Stehen, und der Fahrer stellte fest, daß die Kardanwelle gebrochen war. Ich hatte aber Glück und traf kurz darauf in dieser völlig gottverlassenen Gegend eine kleine Kavalleriepatrouille von vier Mann. Ich ließ einen Mann absitzen und wies ihn an, mit meinem Fahrer zur Division zu laufen. Ich nahm sein Pferd und ritt mit der Patrouille weiter. So gelangte ich auf einen Berg und hatte dort einen großartigen Überblick. Links sah ich den Sbrutsch und am

Zusammenfluß mit dem Dnjestr, etwa sechs Kilometer vor mir, die Stadt Chotin; den Dnjestr entlang und unmittelbar südlich des Flusses marschierten, soweit das Auge reichte, eine russische Kolonne nach der anderen auf Chotin zu. Es mußten mehrere Divisionen sein, und für sie war Chotin wohl die einzige Stelle, wo sie den Dnjestr überschreiten und entweichen konnten. Ich sah sofort die Notwendigkeit, Chotin anzugreifen oder zum mindesten die Brücke mit Artillerie unter Feuer zu nehmen. Ich befahl der Patrouille, weiter zu beobachten und ritt auf schnellstem Wege zur Division, wo ich meine Feststellungen meldete. Weder der Divisionskommandeur noch der Generalstabsoffizier waren zu bewegen, in Richtung Chotin anzugreifen. Man erkannte die Chance, den Russen den Rückzug in Chotin abzuschneiden, aber man wollte nicht eigenmächtig handeln und den zugewiesenen Abschnitt verlassen. Nachdem wir zwei Tage vorher die russischen Deckungstruppen auf dem rechten Sbrutschufer total vernichtet hatten, bestand meiner Meinung nach keine Gefahr eines russischen Gegenangriffs. Da ich aber nichts erreichen konnte, entkamen zwei russische Armeekorps mit 40 000 Mann.

Das tote Flandern

In Galizien zog ich mir eine Darminfektion zu, wegen der ich zwei Monate lang in der Heimat lag, bis ich wieder einsatzfähig war.

Ich hatte mich nun lange genug in Stäben aufgehalten und drängte danach, zur Truppe an die Front zu kommen. Ich wußte genau, warum wir drei Söhne nicht an die Brennpunkte der vordersten Front kommen durften. Die Thronfolge Sachsens ruhte allein auf uns dreien, fielen z. B. zwei aus und der dritte hatte keine Söhne, so erlosch unser Haus, und eine andere Familie wäre in Sachsen auf den Thron gekommen.

Ich bat meinen Vater, mich nach meiner Genesung zur Artillerie zu versetzen, und zwar als Artilleriekommandeur einer Division. Von dort aus könne ich zur Ausbildung abkommandiert werden, um dann eine Batterie zu übernehmen. Mein Vater billigte den Vorschlag, denn beim dritten Sohn wurde, wie ich erfreut feststellte, die Verwendung nicht mehr so auf die Goldwaage gelegt.

Mein Vater ließ mich zur 58. Division versetzen, deren Kommandeur, Graf Vitzthum, sein besonderes Vertrauen genoß. Dieser Verband lag in Belgisch-Flandern im Raum von Ypern, und ich wurde sofort zur Artillerieschule nach Thimougies bei Kortrijk in Belgien abkommandiert, wo ich theoretisch und praktisch in dieser interessanten Waffe ausgebildet wurde.

Dann wurde mir die Führung der 9. Batterie des Artillerieregiments 115 übertragen, die mit 10,5-Haubitzen ausgerüstet war. Ich übernahm sie bei Poelkapelle vor Ypern. Wir hatten dort einen minimierten Unterstand, in dem die Batteriebesatzung vor Beschuß mit schweren Kalibern verhältnismäßig sicher war. Wir lebten darin wie Kaninchen im Bau. Wenn nichts zu tun war, saßen wir in den schmalen kleinen Räumen mit schlechter Luft, beleuchtet durch Acetylenlampen. Es gab einen Haupteingang und einen kleinen Nebennotausgang. Als wir eines Tages wegen starken Beschusses der Batterie durch schwere englische Kaliber «unten» waren, hörten wir plötzlich einen schweren Schlag, der den ganzen Stollen erzittern und wanken ließ. Eine Druckwelle löschte alle Lampen aus. Es war stockfinster, auch im Eingangsstollen. Dann hörten wir ein Rieseln, das immer mehr zunahm. Wir stürzten hinaus und stellten im Schein der Taschenlampe fest, daß unser

Eingangsstollen einen schweren Volltreffer abbekommen hatte und wir verschüttet waren. Um nicht durch die ständig nachrutschende Erde auch vom Nebenausgang abgeschnitten zu werden, «fuhren wir sofort durch den Notausgang aus», wie man das bei Kaninchen bezeichnet hätte. Die Batterie war in Ordnung, nur viele kleine Einschläge waren festzustellen; das Telefon war auch unterbrochen. Als wieder Ruhe war, gingen wir sofort an die Arbeit, den Eingang freizuschaufeln.

Der Gegner kannte die Batterie natürlich genau durch Beobachtung, Schall- und Lichtanpeilung. Wir erhielten regelmäßige Abreibungen, die uns nach Möglichkeit ausschalten sollten.

Ich bekam den Befehl, einen englischen Bataillonsstab durch Gas zu erledigen. Diese Aufgabe war mir höchst unsympathisch, aber Befehl ist Befehl. Ich war auf Gasverwendung und Gasschutz geschult worden, und zwar in der Gasschule in Berlin-Moabit und praktisch in Jüterbog. Ich beobachtete also den britischen Befehlsunterstand und schoß mich mit Brisanzgranaten genau ein. Als der Betonblock besetzt war, schoß ich zunächst mit Reizgas und sodann mit dem tödlich wirkenden Grünkreuz, wodurch die Besatzung erledigt wurde, zu meinem Trost vermutlich sehr schnell.

So merkwürdig es klingt, es war eine Genugtuung, daß der Gegner uns ebenfalls ständig nach dem Leben trachtete, sonst hätte man das Gefühl gehabt, zu morden. Haß und Abneigung gegen den sogenannten Feind kannte man nicht. Hier standen sich Menschen gegenüber, die beiderseits die leidenschaftslose Pflicht hatten, sich gegenseitig zu zerstören. Welch ein Wahnsinn!

Von Poelkapelle kam die Batterie in den Houthoulster Wald, unweit Langemarck. Dies war das Gebiet, in dem 1914 die deutschen Kriegsfreiwilligen-Regimenter in beispiellosem Einsatz, das Deutschlandlied singend, vor den kampferfahrenen englischen Truppen verblutet waren. Im gleichen Abschnitt fand 1915 der erste Gasangriff statt, der die dort eingesetzten Franzosen völlig unvorbereitet und schutzlos traf. Dann tobte dort die Flandernschlacht: das gewaltige Artilleriefeuer pflügte den ganzen Boden um und verwandelte das Gebiet in ein einziges Trichterfeld. Gasgranaten taten das übrige. Im Houthoulster Wald gab es keinen Baum, der nicht zersplittert und abgestorben war. Kein Busch schlug aus, es gab weder Gras noch Blumen, die Vögel mieden das Gebiet vollständig. Die Furie des Krieges hatte nicht nur den Menschen geschlagen, sondern auch alles andere Leben ausgelöscht. Der Tod breitete sich über die ganze Landschaft aus.

Als ich später diesen Hades verließ, staunte ich, als ich anderswo wieder belaubte Bäume, Blumen und Tiere sah. Ich lebte auf bei dem Gedanken, daß es noch etwas anderes gab als nur den Tod.

Neben der neuen Feuerstellung im Houthoulster Wald fand ich einen kleinen Infanteriebunker mit nur 25 Quadratmeter Grundfläche vor. Als ich ihn abends betrat, sah ich am Eingang ein merkwürdiges phosphoreszierendes Leuchten am Boden. Wir untersuchten das am nächsten Morgen und stellten fest, daß es sich um einen Gefallenen handelte, der vielleicht seit 1914 dort lag und mit Erde nur leicht bedeckt war. Als wir jedoch die Leiche aufhoben, um sie zu beerdigen, zerfiel der Körper in Staub. Ich dachte an das, was katholische Geistliche am Aschermittwoch den Gläubigen beim Aschenkreuz sagen: «O Mensch, gedenke, daß du Staub bist und zum Staub zurückkehren wirst.»

Der Houthoulster Wald war eine windige Ecke. Wir erhielten allerhand Beschuß, sehr häufig von mittlerer Artillerie mit Gasgranaten. Die offene Gasmaske wurde zu unserer ständigen Begleiterin. Einmal lagen wir nachmittags bis in die Nacht hinein unter Gasbeschuß und mußten die Gasmaske ständig tragen. Das war fast unerträglich, weil das freie Atmen sehr beschränkt war; es war warm unter der Maske und dumpfig und roch nach Leder und Gummi. Die Alternative war aber, diese Unannehmlichkeiten zu erdulden oder auf der Stelle zu sterben.

Oft griffen englische Flieger die Batterie aus 50 Meter Höhe an. Sie warfen zahlreiche kleine Bomben in nur Flaschengröße ab. Ich beschoß sie selbst mit dem Maschinengewehr mit Kreiskorn, es kam aber zu keinem Abschuß, obwohl ich bei der geringen Höhe sicher Treffer erzielte.

Am allerunangenehmsten war der Beschuß der sogenannten Klauengeschütze. Das waren Langrohrgeschütze von 28 Zentimetern, die auf Eisenbahnwagen aufmontiert waren. Mit diesen großen Koffern wurden wir mehrfach beehrt, die Einschläge lagen oft nur 30 bis 50 Meter von unserem Bunker entfernt, der dann jedesmal in seinen Grundfesten erzitterte und schwankte. Nach dem ersten Beschuß erhöhten wir das Bunkerdach mit Steinen um zwei Meter, es war aber anzunehmen, daß bei einem Volltreffer solchen Kalibers der ganze Bunker aufplatzen würde. Doch schützte er gegen Splitter und gegen Schrapnells, mit denen wir oft beschossen wurden.

Bei nur fünf Quadratmetern Grundfläche und einer Höhe von etwa zwei bis zweieinhalb Metern gelang es mir, 25 Mann unterzubringen. Wir standen so eng beisammen, daß sich kaum jemand rühren konnte. Abwechselnd mußten jede Nacht vier Mann sitzen, wir nannten es die Proszeniumsloge. Ich war der einzige, der niemanden über sich hatte, denn ich hatte Telefon und Karten neben mir und mußte oft nachschreiben, wenn ein Befehl eintraf. Dafür aber lag ich sozusagen an der Brust eines meiner Geschützführer, dessen Arme wiederum auf mir lagen. Wir schliefen so fast drei Wochen lang. Dieser brave Unteroffizier war Bergmann im Lugau-Ölsnitzer Revier. Wir führten lange Gespräche; ich kannte bald sein ganzes Leben. Das war eben die Frontkameradschaft. Alle hatten die gemeinsamen Sorgen, befanden sich ständig in der gleichen Gefahr, und jeder war auf den anderen angewiesen. Man lebte von heute auf morgen, keiner dachte an die Zukunft und an die Vergangenheit. Nur der Augenblick regierte.

März 1918. Mein Vater saß an seinem Arbeitstisch im Residenzschloß in Dresden. Sein Blick schweifte über den Schloßplatz, über die Augustus-Brücke und die Elbe. Seine Gedanken aber waren im Westen, im fernen Frankreich, wo seit Jahren der mörderische Kampf tobte, ohne eine wirkliche Entscheidung zu bringen. In dieses fürchterliche Ringen um zerpflügte Grabenstücke, um einzelne Hügel, ja um jeden Granattrichter waren auch die Söhne seines Landes verstrickt. Tag für Tag gingen Verlustlisten ein und kündeten von dem nicht endenden Leiden.

Der Vorsitzende des Gesamtministeriums, Minister Graf Vitzthum, hatte für den heutigen Tag um eine dringende Audienz gebeten. Es mußte sich um etwas wirklich Besonderes handeln, da der Minister erst gestern Vortrag beim König gehalten hatte. Der diensttuende Adjutant trat ein. «Euer Majestät, Minister Graf Vitzthum.» Der König erhob sich und ging seinem Minister entgegen, dessen schmales, fast asketisch anmutendes Gesicht heute einen besonderen Ernst zeigte. «Kommen Sie, Vitzthum, setzen Sie sich, was gibt's?» Es war die Gepflogenheit meines Vaters, den Problemen und Fragen ohne Umschweife entgegenzutreten und einleitende Gespräche zu vermeiden.

«Euer Majestät», sagte der Minister, «ich habe heute eine Angelegenheit vorzutragen, die für Euer Majestät und für ganz Deutschland von höchster Bedeutung ist. Der Bundesratsbevollmächtigte Hamburgs ist höchst vertraulich mit mir in Verbindung getreten und hat mir folgendes mitgeteilt: Der Senat der Freien Hansestadt ist der Auffassung, daß der Krieg nicht gewonnen werden kann und Gefahr besteht, daß er verloren wird, wenn nicht bald politische Schritte zu seiner Beendigung ergriffen werden. Die Ersatzfrage wird von Tag zu Tag ernster, desgleichen die Materialfrage. England, Frankreich und vor allem die USA sind uns an Material und Produktion weit überlegen, und die USA verfügen über unerschöpfliche Reserven an Mannschaften. Bevor sie in voller Stärke in Frankreich auftreten, sind wir noch in der Lage, einen ehrenvollen Frieden zu erlangen. Der richtige Moment zum Handeln ist gekommen.

Der Senat der Freien Hansestadt Hamburg hält folgenden konkreten Vorschlag für erforderlich:

1. Bedingungslose Räumung des von Deutschland besetzten französischen und belgischen Gebietes.

2. Räumung der Reichslande Elsaß-Lothringen von deutschen Truppen und ihre Besetzung durch schweizerische Truppen, wobei angenommen wird, daß die Schweiz bereit sein wird, ihre guten Dienste hierbei zur Verfügung zu stellen.

3. Abstimmung in Elsaß-Lothringen unter Schweizer Kontrolle über drei Möglichkeiten:

a) Verbleib bei Deutschland

b) Anschluß an Frankreich

c) Bildung eines eigenen Staates.

Diese harten Zugeständnisse müssen gemacht werden, weil nur dadurch den Alliierten die Ablehnung des Friedensangebotes und Fortsetzung des Krieges unmöglich gemacht wird. Hamburg weiß, daß dieser Vorschlag bei dem dominierenden Einfluß von Ludendorff sehr schwer beim Kaiser durchzusetzen sein wird. Es wendet sich daher an Sachsen, an Eure Majestät, um Unterstützung und denkt an eine ganz vertrauliche Sondierung im Bundesrat. Seine Majestät der Kaiser hat zwar das alleinige Recht, über Krieg und Frieden zu entscheiden, aber die Einstellung der Deutschen Bundesstaaten zu einer so vitalen Frage ist ein Politikum erster Ordnung. Daher muß es das Ziel sein, möglichst viele Bundesstaaten für den Vorschlag zu gewinnen. Die vorgesehene Demarche beim Kaiser möchte also von einer Gruppe von Bundesstaaten ausgehen und nicht von Hamburg allein.»

Nach diesem Vorschlag herrschte eine Weile lautlose Stille. Dann sagte der König: «Das ist eine äußerst schwerwiegende Angelegenheit, zu der ich im Moment nichts sagen kann und will. Ich werde die ganze Frage überdenken und mit Ihnen erneut darüber sprechen.»

Als der Minister gegangen war, blieb der König noch lange in seinem Arbeitszimmer. Es war ein schweres Problem. Für ihn als Monarchen war es weit schwieriger, den geplanten Schritt zu tun, als für die republikanische Regierung in Hamburg. Der entscheidende Einfluß General Ludendorffs war nur zu gut bekannt, er hatte eine ganz einseitige, sture Sieg-Einstellung.

Würde es möglich sein, andere Bundesfürsten für den Vorschlag zu gewinnen? Bestand irgendeine Aussicht, daß der Kaiser ohne oder gegen Ludendorff eine Entscheidung treffen würde? Würde eine solche Aktion zum Zerwürfnis mit dem Kaiser führen und der König von Sachsen zum Defaitisten gestempelt werden? Zu den drei Punkten stellte mein Vater folgende Überlegungen an: Die bedingungslose Räumung Nordfrankreichs und Belgiens war ohne weiteres zu vertreten. Die von vielen Seiten, besonders von der Marineleitung gestellte Forderung nach Schaffung einer deutschen Marinebasis in Zeebrügge auf dem Boden eines suzeränen flämischen Staates mußte abgelehnt werden, da das einen Kampf auf Leben und Tod mit England bedeuten und einen Verständigungsfrieden ausschließen würde.

Die größte Schwierigkeit verursachte meinem Vater die Frage der Volksabstimmung in den Reichslanden. Konnte ein deutscher König einen Vorschlag unterstützen, der das rein deutsche Elsaß in Frage stellte? Bei der derzeitigen Stimmung bestand eine hohe Wahrscheinlichkeit, daß die Mehrheit in Elsaß-Lothringen für Frankreich stimmen würde. Konnte man nicht den deutschfeindlichen Teil Lothringens den Franzosen anbieten und das deutsche Elsaß beim Reich belassen? Aber Frankreich konnte einer solchen Teillösung nicht zustimmen, weil es auch das Elsaß als Bestandteil seines Staates betrachtete.

Der Entschluß meines Vaters wurde auch noch erschwert durch die verschiedenen Aspekte, die die Informationen über die militärische Lage ergaben. Die Oberste Heeresleitung versprach sich von der Frühjahrsoffensive 1918 einen entscheidenden Sieg über die Engländer und Franzosen. Zuverlässige Nachrichten über Meutereien in der französischen Armee bestärkten den Optimismus. Man hielt die amerikanische Armee für ungefährlich, da es ihr an ausgebildeten Unterführern fehlte und sie außerdem keinerlei Erfahrungen und Tradition habe. Demgegenüber stand die Tatsache, daß das Gelingen oder Scheitern der großen Frühjahrsoffensive über Sieg oder Niederlage entschied. Die bisherigen Erfahrungen im Westen hatten aber gezeigt, daß die operative Ausnützung eines Durchbruchs sehr geringe Chancen haben würde. Ersatz- und Materialmangel konnten nicht beseitigt werden und wurden immer bedrohlicher. Schließlich verfügte das international gut unterrichtete Hamburg über Informationen aus den USA, wonach deren Streitmacht in Frankreich ab Frühherbst 1918 eine solche Stärke erreichen würde, daß dagegen nicht anzukommen wäre.

Auch am folgenden Tag rang mein Vater um den Entschluß. Immer mehr gewann der Gedanke die Oberhand, daß es absolut erforderlich sei, dieses für Deutschland gefährlich gewordene Ringen durch einen Verständigungsfrieden zu beenden, um weitere furchtbare Blutopfer zu ersparen. So entschied er schließlich, sich den Vorschlägen Hamburgs anzuschließen und den Sondierungen im Bundesrat zuzustimmen. Dem Minister Vitzthum sagte er dazu:

«Es soll eine diskrete Sondierung sein, keine offizielle Besprechung im Bundesrat. Ich bin dafür, daß sich die Sondierung auf alle Bundesstaaten erstreckt, somit auch auf Preußen, wodurch der Vorschlag sofort dem Kaiser bekannt wird, was ich auch für erforderlich halte. Ob wir Erfolg haben werden, ist fraglich. Sollte die Aktion erfolglos bleiben, so ist sie doch von hohem Wert für die Beteiligten. Wir haben dann unser möglichstes getan, um eine Niederlage mit all ihren furchtbaren Folgen abzuwenden, und wir werden vor der Geschichte und vor dem deutschen Volk gerechtfertigt dastehen. Über 800 Jahre haben meine Vorfahren über einen Teil des Reiches regiert. Ich bin verantwortlich für das Wohl meines sächsischen Volkes, aber auch moralisch mitverantwortlich für das des ganzen deutschen Volkes. So habe ich nicht nur das Recht, sondern auch die Pflicht, für das Reich zu sprechen.»

Der König stand auf, ging auf seinen Minister zu, gab ihm die Hand und sagte: «Wir haben unsere Pflicht gegenüber Deutschland zu tun, und wir werden sie jetzt tun.» Damit war das Ringen um einen großen Entschluß beendet.

Sachsen, Hamburg und die beiden Fürstentümer Reuß brachten den Vorschlag vor. Er wurde von allen anderen Bundesstaaten verworfen mit der Begründung, der Sieg im Westen stünde unmittelbar bevor, das deutsche Volk dürfe nicht um die Früchte seines Kampfes gebracht werden. Eine Infragestellung von Elsaß-Lothringen sei untragbar. Der Kaiser erfuhr selbstverständlich von dem Schritt. Er vermied es, dem König einen Vorwurf zu machen, weil er wohl von der Loyalität der Beweggründe überzeugt war, oder weil er vielleicht trotz des Druckes von Ludendorff im Innersten dem König zustimmte.

Der positive Friedensvorschlag von Hamburg und Sachsen wurde nie veröffentlicht, die Beteiligten hielten sich strikt an das Versprechen, den Schritt geheimzuhalten. Erst drei Jahre nach Beendigung des Krieges erzählte mir mein Vater auf einem langen Spaziergang in Sibyllenort alle Einzelheiten dieses Friedensvorstoßes.

Anfang April 1918 nahm meine Division an einem Angriffsunternehmen teil, das sich etwas großsprecherisch «Tannenberg» nannte. Als Ablenkung für den Großangriff an der Somme sollten sechs Divisionen den Ypernbogen abschneiden.

Wir schossen stundenlang Vernichtungsfeuer auf die Infanteriestellungen des Gegners. Als unsere Infanterie dann zum Sturmangriff vorging, fand sie die Stellungen geräumt. Die Engländer hatten durch ihren Nachrichtendienst das Unternehmen in Erfahrung gebracht und den sehr richtigen Entschluß gefaßt, den ganzen Ypernbogen zu räumen. Ich hatte die Aufgabe, mit meiner Infanteriebegleitbatterie der Infanterie zu folgen, was in dem Trichtergelände eine sehr schwierige Sache war. Ein Zug Pioniere war mir zugeteilt, der über Zugbrücken und Geräte verfügte. Es war nicht leicht, in der Dunkelheit überhaupt vorwärtszukommen, so daß die Pioniere öfter eingreifen mußten. Eines meiner Geschütze fiel in einen großen wassergefüllten Granattrichter, wobei die Stangenpferde halb mit versanken. Unter Wasser mußten die Stränge abgeschnitten werden, um die Pferde herausziehen zu können. Nach eineinhalb Stunden Arbeit hatten wir das Geschütz wieder flott. Im Morgengrauen gelangte ich auf eine nach Süden führende Straße und bekam die Mitteilung, daß das Infanterieregiment, dem ich zugeteilt war, 1200 Meter vor dieser Straße läge. Ich ging dort in Stellung. Wir standen völlig offen da, aber eine andere Möglichkeit gab es einfach nicht. Das Wetter war kühl, nebelig und regnerisch, infolgedessen die Sicht wechselnd. Am Vormittag traten die Engländer zum Gegenangriff an, hauptsächlich gegen unsere rechte Nachbardivision, die zurückwich. Da mir gegenüber durch Leuchtkugeln Sperrfeuer angefordert wurde, so schoß ich sehr vorsichtig, da es unmöglich war die Stellung der eigenen Infanterie genau festzustellen. Plötzlich sah ich in etwa zwei Kilometer Entfernung eine englische Batterie auffahren. Die Pferde blieben hinter einer Hecke, während die Mannschaften die

Geschütze einrichteten. Ich eröffnete sofort das Feuer im direkten Schußverfahren und sah gute Einschläge um die Geschütze. Dann verdeckte eine Nebelwand für einige Zeit die Sicht, aber ich setzte natürlich das Feuer fort. Als die Sicht sich wieder besserte, sah ich zwei Geschütze, sonst nichts, so daß anzunehmen war, die Geschützstellung wäre zum mindesten geräumt worden. Meine Munition war auf wenige Granaten zusammengeschmolzen, und von einer Munitionskolonne war nichts zu sehen.

Inzwischen hatten aber die Engländer meine Batterie ausgemacht und belegten sie systematisch mit schweren Kalibern. Von meinen vier Geschützen – Anni, Betty, Cecilie und Dolly, die vier kalten Mädchen genannt – wurde Dolly schwer beschädigt, und eines meiner beiden Maschinengewehre für Fliegerabwehr flog 20 Meter weit fort. Darauf schlug eine Granate zwischen meine Leute und verursachte erhebliche Verluste. Wir waren völlig hilflos der Vernichtung ausgesetzt und lagen mit dem Gesicht nach unten, den Stahlhelm im Nacken, lang auf dem Boden. In dieser Lage drang ein 30 bis 40 Zentimeter langer Granatsplitter zwischen meinem linken Arm und dem Brustkorb ein, ritzte jedoch nur meine Uniform. Mein Vater pflegte in solchen Fällen zu sagen: «Er hatte einen Schutzengel wie einen Hausknecht.»

Ich beschloß, die Feuerstellung unverzüglich zu räumen. Schießen konnten wir wegen Munitionsmangels nicht mehr, ein Verbleiben hätte nur zu weiteren völlig unnützen Verlusten geführt. Als ich nach meinen Männern sah, schlug eine ganz schwere Granate dicht neben mir ein, hob mich in die Höhe und warf mich mit dem Kopf voraus auf den weichen Boden. Ich war für Minuten völlig benommen und in meiner Entschlußkraft gelähmt. Ich sammelte meine Mannschaft, brachte sie aus der unmittelbaren Feuerlinie heraus und bezog am nächsten Tag eine neu gedeckte Feuerstellung.

Mein Abteilungskommandeur, der während der Kampfhandlung nicht zu sehen war, sagte dazu: «Wenn Sie nicht Königlicher Prinz wären, würde ich Sie vor ein Kriegsgericht stellen lassen.» Ich erwiderte: «Herr Major, ich würde das sehr begrüßen, dann würde die Frage geklärt, ob ein Batterieführer für das Leben seiner Leute verantwortlich ist oder nicht.» Der Major sagte nichts mehr.

Nach einiger Zeit wurde die Division aus der Front herausgezogen. Der Divisionskommandeur, Graf Vitzthum, eröffnete mir, daß er die Absicht habe, mich zum Artillerie-Kommandeur zu versetzen. Ich war tief betroffen und bat ihn, davon Abstand zu nehmen. Darauf erklärte er mir: «Die Verluste bei dem Einsatz ‹Tannenberg› waren auch bei der Artillerie erheblich, ich bin froh, daß Sie heil zurückgekehrt sind. Die Dynastie ruht auf sechs Augen, und ich bin seiner Majestät gegenüber verantwortlich.»

Schweren Herzens gab ich meine Batterie ab und bat meinen Vater, mir die Führung einer Schwadron beim Garde-Reiterregiment zu geben, das im Osten in Rußland lag. Ich wollte nicht im Stab fünftes Rad am Wagen sein. Mein Vater stimmte zu; ich bekam im Mai 1918 den Befehl, mich in Stary Bychow am Dnjepr beim Regiment zu melden. So wurde ich Chef der 1. Schwadron, dieses stolzen Regiments, das mit unserem Hause und Sachsen so eng verbunden war.

Diese Gegend in Weißrußland war ein unendliches Flachland mit Wäldern, kleinen slawischen Dörfern und breiten sandigen Straßen, von Birken umsäumt. Wir lagen in einem Gebiet, das gemäß des Friedensvertrages von Brest-Litowsk Schritt für Schritt gegen Zahlungen in Gold an die Sowjetunion herausgegeben werden mußte: es war in Landkreise eingeteilt, die eine zivile Verwaltung hatten und den Gesetzen der Sowjetunion unterstanden. Jedoch hatte ein Truppenoffizier mit seiner Einheit uneingeschränkte Vollmacht, für die Aufrechterhaltung von Ordnung und Sicherheit zu sorgen.

Der Gutshof, in dem ich wohnte, grenzte an einen riesigen Staatsforst von 40 000 Hektar; nur ein Zehntel davon war forstlich genutzt, das übrige völlig undurchdringlicher Urwald. Ich hatte noch nie einen Urwald gesehen, er faszinierte mich besonders als Jäger. Das Forstamt wurde von einem akademischen Forstmeister geleitet, der sehr gut deutsch sprach. Er schätzte den Wildbestand in diesem riesigen Gebiet auf einige Stück Elchwild, 50 Stück Rehwild sowie reichlich Auer-, Birk- und Haselwild, zwei bis drei Bären und eine unbestimmte Anzahl Wölfe. Da das Schalenwild selten und ungewöhnlich stark war, kamen die Wölfe nachts auf die umliegenden Weiden und jagten Pferde, Rinder und Schafe. Um sie zu vertreiben, zündeten die russischen Bauern Feuer auf den Wiesen an. Trotzdem rissen sie immer wieder Haustiere. Abends begegnete ich einmal Wölfen, als ich meinen Wagen kutschierte. Am Straßenrand sah ich ihre leuchtenden Augen, und meine beiden Pferde stiegen sofort hoch. Auf Anraten des Forstmeisters veranstaltete ich eine große Treibjagd auf Wölfe. Dabei hatte ich vier dicht vor mir in einem großen Brombeerdickicht. Da sie Wind von mir bekamen, rührten sie sich nicht, bis die Treiber nahe heran waren. Dann aber brachen sie im letzten Moment durch die Kette der Treiber, die ihnen respektvoll eine Gasse ließen. Schließlich habe ich einen Wolf angeschossen, der auf dem Luder stand und große Batzen Fleisch aus ihm herausriß. Ich war so aufgeregt, daß ich nicht gut abkam. Der Wolf quittierte den Schuß mit einer Riesenflucht und verschwand im angrenzenden Urwald, wo eine Nachsuche unmöglich war.

In diesem Urwald gab es Pilzmengen, wie ich sie nie wieder woanders gesehen habe. Das Flugwild war zahm, weil es mit den Menschen nicht in Berührung kam. Ich drang einmal hundert Meter in den Urwald ein und setzte mich an den Fuß eines großen Baumes. Da kamen drei Schnepfen angelaufen, die überhaupt nicht auf mich reagierten, sondern um meine Füße liefen und mich mit ihren ausdrucksvollen Augen ansahen.

Alle drei Wochen bekam ich den Besuch des katholischen Divisionspfarrers, der gebürtiger Oberschlesier und Franziskanerpater im Kloster Carlowitz bei Breslau war. Er kam aus Stary Bychow und mußte ungefähr 30 Kilometer mit dem Wagen zurücklegen. Er fuhr wie ich in der sogenannten Brettdroschke, einem ganz leichten Fahrzeug mit vier Rädern und einem Brett in der Mitte. Die zwei Pferde waren im Tandem angespannt, d. h. eines hinter dem anderen. Der Pater sollte verabredungsgemäß gegen vier Uhr nachmittags eintreffen. Aber er kam nicht, auch nicht am Abend. Es ängstigte mich. Auch am Morgen und am Vormittag blieb er aus, mittags endlich hörte ich das Traben seiner Pferde; er traf ein. Sein Bericht hat mich sehr beeindruckt. Als er nach 20 Kilometern, von Stary Bychow kommend, gerade im Begriff war, die große Nord-Süd-Straße zu kreuzen, fiel sein Spitzenpferd in Schritt und blieb an der großen Straße stehen. Es war durch nichts zu bewegen weiterzugehen, auch nicht durch Schläge. Schließlich legte es sich nieder. Der Pater erzählte weiter:

«Ich entschloß mich, auf ein Fahrzeug zu warten, aber niemand kam. Es war nichts als eine große Waldeinsamkeit um mich. Schließlich sah ich von weither aus nördlicher Richtung ein kleines Bauernfahrzeug anrollen. Als es auf meiner Höhe war, rief ich dem Bauern zu, anzuhalten, was er jedoch nicht tat. Ich zog meine Pistole und feuerte einen Schuß über seinen Kopf, was seine Wirkung nicht verfehlte. Er hielt an, und ich befahl ihm, mich nach Tschigirinka zu fahren und meine Pferde mit Wagen hinten anzubinden. Das Spitzenpferd war jetzt völlig willig und trabte hinter dem Bauernwagen her. Ich unterhielt mich mit dem Bauern auf polnisch und fragte, woher er käme. Er sagte, daß er 40 Kilometer südlich von hier in einem isolierten polnischen Dorf lebe, wo eine schwere Grippeepidemie ausgebrochen sei und mehrere Leute in Lebensgefahr nach dem katholischen Priester verlangen würden.

Der einzige Pfarrer in dieser Gegend wohne etwa 80 Kilometer nördlich. Er sei gestern dort hingefahren, aber hatte ihn nicht angetroffen. Er käme erst in einigen Tagen zurück. Und nun kehre er ohne Priester heim in sein Dorf. Welch eine Fügung Gottes! Ich gab mich als katholischer Priester zu erkennen und fuhr mit dem Bauern in sein Dorf, wo ich gerade noch richtig ankam, um mehreren Leuten den geistlichen Beistand zu leisten und ihnen die letzte Ölung zu spenden.»

Offensichtlich eine Fügung Gottes! Skeptikern und Nicht-Gottgläubigen dürfte es schwerfallen, Argumente zusammenzubringen, die hier auf einen Zufall hinweisen.

Reise nach dem Baltikum und Finnland

Ende Juli 1918 erhielt ich einen Brief von meinem Vater, der mich beauftragte, die sächsische Division des Generals von Kotsch in Dorpat und das sächsische Karabinierregiment in Finnland zu besuchen. Ich war sehr beglückt darüber, weil ich zwei besonders schöne Länder kennenlernen würde, die mich schon immer sehr interessiert hatten.

Mein erstes Ziel war Riga. Diese deutsche Stadt, fern vom deutschen Volksgebiet, faszinierte mich sehr wegen ihrer alten Kultur. Ich sah das herrliche Schwarzhäupter-Haus, die alten Kirchen und schönen Bürgerhäuser. Das war eine Kultur, wie sie auch in Lübeck zu finden war und die nicht das geringste mit Rußland zu tun hatte, mit diesem riesigen, uns wesensfremden Land. Und dann die Balten, diese aufgelockerten Deutschen, die uns nahestanden, obwohl ein Abstand fühlbar war. Bei den für mich veranstalteten Empfängen und Diners lernte ich sehr sympathische, intelligente und tüchtige Menschen kennen, sowohl aus dem Adel als auch aus dem Bürgertum. Letzteres stellte hervorragende evangelische Geistliche, Gelehrte und Geschäftsleute, aber auch sehr gute Handwerker. Der Adel stellte einige Universitätsprofessoren und Wissenschaftler, vor allem jedoch Offiziere und Diplomaten.

In Dorpat besuchte ich die sächsische Division und den Baron Lipphardt auf seinem Schloß Ratshof bei Dorpat, der eine großartige Kunstsammlung besaß, vor allem Handzeichnungen und Graphiken. Er war ein hervorragender Kenner auf diesen Gebieten.

Dann fuhr ich weiter nach Reval. Es gefiel mir besonders gut wegen seiner schönen Kirchen, der Paläste und der schönen Lage an der See. Dort veranstaltete der estländische Adel zu meinen Ehren einen sehr eleganten Ball. Die Räume des Adelshauses strahlten von Kerzen, die Herren im Frack, die Damen in großer Abendtoilette mit Schmuck, eine elegante Gesellschaft – trotz des Krieges.

Es unterliegt keinem Zweifel, daß die Balten besonders gut aussahen, und das wußten sie auch. Einem Fürsten Lieven wird der Ausspruch zugeschrieben: «Wenn ich mich im Spiegel sehe – ich könnte rasend werden, wie anständig ich aussehe.» Die anwesenden Frauen und jungen Mädchen waren meist von einer besonderen, vornehmen Schönheit. Unter all den jungen Damen fiel mir eine Gräfin S. besonders auf, deren hinreißendes Aussehen und großer Charme mich gleich völlig gefangennahmen. Sooft ich konnte und soweit es im Rahmen eines solchen Festes möglich war, tanzte ich mit ihr. Seit meiner ersten Jugendliebe hatte mir noch kein anderes junges Mädchen einen solchen Eindruck gemacht. Natürlich dachte ich darüber nach, wie es möglich sein könnte, sie wiederzusehen. Aber ich war leider nicht mein eigener Herr, am nächsten Tag sollte ich nach Finnland fahren und dann zurück zur Schwadron. Gegen Ende des Balls sagte ich ihr, nach dem Krieg würde ich wieder nach Reval kommen, ob ich sie dann wiedersehen könne. Sie erwiderte mir mit einem «Ja, sehr gern», und in ihren Augen sah ich, daß es auch ihr Wunsch war. Ich küßte ihr die Hand, was einem jungen Mädchen gegenüber damals nicht üblich war und nahm Abschied von ihr. Der unglückliche Ausgang des Krieges machte das beabsichtigte Wiedersehen in Reval unmöglich.

Balten erzählten mir, daß sie erst in Deutschland gewesen sei und dann in die USA übergesiedelt wäre, jedoch wußten sie ihre Adresse nicht.

Eine Privatjacht brachte mich von Reval nach Helsingfors, wo ich dem finnischen Ministerpräsidenten und dem deutschen Befehlshaber, Graf Goltz, meinen Besuch machte. Die finnische Regierung stellte mir den Hofzug des unglücklichen Zaren Nikolaus zur Verfügung, um das Karabinierregiment zu besuchen und etwas vom Land zu sehen. Das war eine Liebenswürdigkeit, die ich nicht ablehnen konnte. Der Zar hatte diesen Hofzug von Petersburg aus in glücklichen Zeiten viel benutzt; er war dann in Viborg, wie man mir sagte, erbeutet worden. Der Führer des Zuges, der deutsch sprach, berichtete mir, daß Zar Nikolaus im Jahr zuvor, 1917, den Zug noch benutzt hätte. Gerade vor vier Wochen hatte sich in Jekaterinenburg ein furchtbares Drama ereignet: Der Zar und seine ganze Familie waren von den Bolschewisten kaltblütig ermordet worden.

Ich betrat den Zug mit einem Gefühl der Scheu und dem Gedanken, daß dieser Zug dem Zaren gehört hatte, dem liebenswürdigen Monarchen, der vor vier Jahren meinen Vater in Petersburg so ungemein herzlich aufgenommen hatte. Der Zugführer geleitete mich in einen Salon und erklärte, dies sei mein Aufenthaltsraum zur Tageszeit. «War das etwa der Salon des Zaren?» – «Ja, hier wohnte Seine Majestät», erzählte er, «und hier saß er auch mit Ihrer Majestät und den kaiserlichen Kindern. Man unterhielt sich oft mit Gesellschaftsspielen, und die jungen Großfürstinnen tollten auf dem Gang.» Ich sah im Geiste diese so überaus glückliche Familie, die vor so kurzer Zeit ein fürchterliches Ende gefunden hatte. Dann wurde mir mein Schlafzimmer gezeigt – mit der Bemerkung: «Dies war das Schlafzimmer Seiner Majestät.» Über dem Bett hing eine Ikone, vor der der Zar und die Zarin ihr Abendgebet verrichtet hatten. Ich konnte das Gefühl nicht loswerden, daß ich in die private Sphäre des Zaren eindrang.

Als ich mich nach dem Abendessen in das Schlafzimmer zurückzog und die Ikone in einem gedämpften Licht schimmern sah, da wurde ich sehr bewegt. Ich kniete am Bett nieder angesichts des Heiligenbildes, vor dem der Zar und seine fromme Gattin so oft in Andacht verharrt hatten, und betete für die Seelenruhe des Zaren und seiner Familie.

Die Fahrt ging nun durch endlose Fichtenwälder und an vielen Seen vorbei nach dem Standort des Karabinierregiments, eines unserer ältesten sächsischen Kavallerieregimenter. Von dort brachte mich der Hofzug über Viborg wieder nach Helsingfors. Ich überquerte erneut den finnischen Meerbusen und gelangte über Reval nach Iwangorod, wo mir die Militärverwaltung einen kleinen Dampfer nach Pleskau zur Verfügung stellte.

Dieses Schiff war genau das, was man mit einem «alten Kasten» bezeichnet. Als wir mitten im Peipus-See waren, nahm das Schiff plötzlich scharf Kurs nach Westen, und der Kapitän, ein deutscher Soldat, meldete mir, daß der kleine Dampfer ein Leck hätte und das Wasser unaufhörlich in das Schiff eindringen würde. Das war nun keine sehr angenehme Nachricht, zudem ich feststellte, daß der Kahn weder Funkgeräte noch Rettungsboote hatte. «Wir werden kaum die Küste erreichen und müssen uns auf ein längeres Schwimmen vorbereiten», ließ sich der Kapitän vernehmen. «Aber wir haben vier Rettungsringe», setzte er zum Trost hinzu. Die Fahrt zur Westküste wurde auf 40 Minuten berechnet, aber nach 15 Minuten lag der Dampfer schon ziemlich tief im Wasser, und nach weiteren zehn Minuten gurgelte das Wasser bereits um die Stühle und Sessel der Kabine. Acht Minuten später war die ganze Kabine überschwemmt, und der Kapitän erklärte, daß wir unmittelbar vor dem Absinken stünden. Im gegebenen Moment würde er das Schiff stoppen, und wir müßten alle in den See springen. Das wurde uns aber erspart, denn plötzlich gab es ein Knirschen, und unser kleiner Dampfer war glücklicherweise aufgelaufen. Nach einer Stunde nahm ein Fischerboot Kurs auf uns und brachte uns an Land. Nach diesem Fiasko strengte man sich sehr an und schickte mir ein Schiff, in dessen Salon ich bis nach Pleskau tatsächlich trocken sitzen konnte.

Pleskau ist eine der heiligen Städte Rußlands, und die gesamte Innenstadt schien nur aus Zwiebelturmkirchen zu bestehen. Der Patriarch empfing mich dort und führte mich in seine Kathedrale, die ihren Ursprung im 17. Jahrhundert hatte.

Er war ein alter Mann mit schneeweißem Haar und Bart und machte einen sehr intelligenten und klugen Eindruck. Nach der Besichtigung wünschte er, mit mir allein zu sprechen. In seiner Stadt Pskow hatte vor einem Jahr Nikolaus II. abgedankt. Er erzählte mir: «Ich habe den Zaren und die Zarin gut gekannt, und während der kritischen Tage sprach der Zar sich oft mit mir aus. Während ich auf dem Standpunkt stand, der Monarch müsse unter allen Umständen versuchen, durch persönliches Eingreifen einen Widerstand zu organisieren, hielt er die Aufrechterhaltung der Monarchie für aussichtslos. Ich habe den Zaren beschworen, nicht in das bereits durch die Revolution verseuchte Petersburg zurückzukehren, sondern unter allen Umständen zu versuchen, sich in eine noch loyale Provinz zu begeben, um dort ihm ergebene Truppen und Kreise an sich zu ziehen. Ich rang mit ihm, aber ich konnte ihn nicht überzeugen. Als letztes sagte ich ihm, daß er für die Zukunft seines Volkes und besonders auch der Kirche mitverantwortlich sei und aus diesen Gründen unter keinen Umständen abdanken dürfe.»

Während der Patriarch so sprach, traten Tränen in seine Augen. Dann sagte er ganz leise: «Nun hat er ausgelitten, und ich weiß ihn bei seinem Gott, dem er und die Zarin mit ganzer Seele ergeben waren. Was dem heiligen Rußland noch bevorsteht, wird schrecklich sein. Wir können nur noch beten.»

Nachdem dieser so fromme, sympathische und charaktervolle Mann mir seinen Segen gegeben hatte, verließ ich erschüttert die Sakristei.

Über Minsk fuhr ich zurück zu meiner Schwadron nach Stary Bychow. Sie bekam jetzt eine andere Verwendung, und zwar die Absicherung der Demarkationslinie mit den Sowjets unmittelbar südlich von Mohilew. Ein Teil der Schwadron lag in einem Gutshaus direkt am Dnjepr, der dort wohl 80 Meter breit war. Eine ungefähr 80 Kilometer lange Demarkationslinie am Dnjepr hatte ich zu beaufsichtigen; dies erfolgte durch berittene Patrouillen. Von meinem Schlafzimmer aus konnte ich das gegenüberliegende Gebiet übersehen, eine riesige, völlig flache Wiesenfläche, Hunderte von Hektar groß. Eigentlich gehörte dieses Gebiet zu unserem Gut, wurde aber von den Sowjets bewirtschaftet. Berittene in Uniform beaufsichtigten dort zahlreiche Frauen und Männer, die im Heu tätig waren. Ich sah es mit eigenen Augen, wie die Berittenen denen, die nach ihrer Auffassung nicht fleißig genug waren, einfach eins mit der Nagaika über den Rücken klatschten. Das war mein erster Eindruck von diesem sogenannten «Arbeiterparadies».

Nach drei Wochen kamen wir wieder nach Tschigirinka zurück. Es war nun Herbst geworden. Von unseren Urlaubern und vom Regiment hörten wir, daß die Stimmung sich sehr verschlechtert hätte und daß es gerade im Osten zu Unbotmäßigkeiten und Disziplinlosigkeiten, besonders auf den Bahnhöfen, gekommen wäre. Da wir weder Telefon noch Telegraf, noch regelmäßige Postverbindung hatten, waren wir sehr schlecht orientiert. Immerhin informierte mich das Regiment Anfang November, daß die Lage äußerst kritisch geworden sei, so daß die Ereignisse des 9. November mich wenigstens nicht unvorbereitet trafen.

Am 11. November erreichte mich die Nachricht, daß die Revolution ausgebrochen und der Kaiser nach Holland übergetreten sei und überall Arbeiter- und Soldatenräte gebildet würden.

Ich war mir sofort darüber im klaren, daß dies auch für meinen Vater die Schicksalsstunde sein würde. Aber erst am 14. erfuhr ich, daß mein Vater als König abgedankt hatte und daß alle Offiziere und Mannschaften von ihm von ihrem Fahneneid entbunden worden waren.

Eine Flut von Gedanken und Sorgen ging durch meinen Kopf. Wie hatte mein Vater das alles überstanden? Wo mag er jetzt sein?

Und wie mag es meinen fünf Geschwistern gehen? Es war schwer, in einem solchen Augenblick das seelische Gleichgewicht wiederzufinden. Auch erinnerte ich mich an die Prophezeiungen meines ältesten Bruders, der vor einem Jahr für 1918 den Verlust des Krieges und die Beseitigung der deutschen Monarchen angekündigt hatte. 830 Jahre hatte meine Familie in ununterbrochener Folge in Sachsen regiert, und jetzt sollte dies von heute auf morgen sein Ende gefunden haben! Ich empfand es in diesem Moment, wo alles wankte, als eine Fügung, daß ich als Schwadronchef eine Aufgabe und damit einen Halt hatte.

Die Mitteilung von der Abdankung meines Vaters war nämlich gleichzeitig mit einem Befehl des Regiments eingetroffen, unverzüglich nach Bobruisk zu marschieren, wo ich weitere Befehle erhalten würde.

Am 13. November klopfte nachts mein Wachtmeister an meine Tür und wollte mich dringend sprechen. Fast alle Mannschaften und Unteroffiziere hätten sich zusammengefunden und einen Soldatenrat von vier Mann unter der Leitung des Sergeanten Schönfelder gewählt, der mir nun bestimmte Bedingungen mitzuteilen hätte. Ich blieb völlig ruhig und stellte mich sofort auf einen demokratischen Boden, indem ich erklärte, letzten Endes müsse die völlig isolierte Schwadron ihre eigenen Geschicke in die Hand nehmen, besonders, da wir vermutlich alle vom Fahneneid entbunden seien. Was ich tun würde, wisse ich noch nicht. Vielleicht würde ich allein nach Hause zurückkehren, vielleicht auch mit meinen beiden Offizieren. Im übrigen hätte ich keine Lust, mitten in der Nacht mich weiter mit der Frage zu befassen. Wenn der Sergeant Schönfelder etwas wünsche, dann könne er mich um neun Uhr morgens aufsuchen.

Punkt neun Uhr war Schönfelder bei mir. Er klappte die Hacken zusammen und meldete: «Herr Rittmeister (dienstliche Anrede bis 9.11.: Königliche Hoheit), Sergeant Schönfelder als Obmann des Soldatenrates gewählt.» – «So», sagte ich, «Schönfelder, da haben Sie ja eine große Stellung bekommen. Und was wollen Sie von mir?» – «Herr Rittmeister», fing er an zu stottern, «jetzt ist alles anders geworden.»

«Ja, ja», sagte ich, «das kommt mir auch so vor. Im übrigen, Schönfelder, hat ja die Schwadron in Ihnen einen ausgezeichneten

Führer, der alle gut und heil in die Heimat bringen wird. Ich werde wahrscheinlich heute nachmittag mit meinen Offizieren nach Stary Bychow reiten und mich dem Regimentsstab anschließen.»

Schönfelder, Angestellter in der Bienertmühle in Dresden, Mitglied der Fortschrittlichen Volkspartei und bedingter Republikaner, machte ein Gesicht wie der Ochse, wenn es blitzt. Dann fing er an: «Herr Rittmeister, Herr Rittmeister, das geht doch nicht, aber das kommt überhaupt nicht in Frage.»

«Was denn?»

«Daß Herr Rittmeister fortgehen.»

«Ja, warum denn nicht?»

«Herr Rittmeister, weder die Unteroffiziere noch die Mannschaften werden je einem Sergeanten gehorchen. Das kann furchtbare Folgen haben, gerade, wo die Schwadron auf sich selbst gestellt ist im weiten Rußland und dazu noch im Winter.»

«Schönfelder», sagte ich, «das glaube ich auch; ich wäre bereit, die Schwadron nach Hause zu führen, aber nur unter folgenden Bedingungen, die einstimmig anzunehmen sind:

1. Niemand trägt ein rotes Abzeichen.
2. Alles bleibt wie bisher, Disziplin, Gehorsam und die Befugnisse des Rittmeisters, auch dessen Strafgewalt. Die Offiziere werden gegrüßt wie bisher.
3. Der Rittmeister ist einstimmig als Schwadronsführer zu wählen.
4. Der Soldatenrat übernimmt die Fragen der Verpflegung und des Quartiermachens.

Jetzt gehen Sie zur Schwadron, und wenn alles klar ist, dann hat die Schwadron um zwölf Uhr feldmarschmäßig vor dem Gutshaus anzutreten. Im übrigen ist ein Befehl des Regiments eingetroffen, wonach die Schwadron unverzüglich nach Bobruisk an der Beresina zu marschieren hat, da mit einem Vormarsch der Sowjets über den Dnjepr zu rechnen ist.» Letzteres setzte ich hinzu, um den Eindruck zu verschärfen. Tatsächlich traten die Sowjets, sobald Gebiete von uns geräumt wurden, den Vormarsch an.

Inzwischen war Herr Schwarz vom russischen Landratsamt eingetroffen, der mich mit todernstem Blick ansah und bat, ihn mitzunehmen, denn er stehe auf der schwarzen Liste der Bolschewisten. Wohin es gehe, sei ihm gleich. Als Jude und Freimaurer komme er überall durch. Da ich mit Herrn Schwarz zusammengearbeitet und einen guten Eindruck von ihm hatte, entschloß ich mich, ihn mitzunehmen.

«Noch eins, Herr Schwarz, ich habe eine kleine Bedingung, die ich an Ihre Mitnahme knüpfe.»

Herr Schwarz wurde sichtlich unruhig.

«Als Jude werden Sie in meinem Auftrag mit den Juden über Lieferungen für die Schwadron verhandeln und mir Nachrichten übermitteln, die Sie von den Juden erfahren.»

Herr Schwarz zog sehr zufrieden ab.

Punkt zwölf Uhr war die Schwadron angetreten und wurde mir vom Wachtmeister gemeldet. Ich trat vor die Front und sagte: «Der Obmann des von Ihnen gewählten Soldatenrates, Sergeant Schönfelder, hat Ihnen die Bedingungen mitgeteilt, unter denen ich bereit bin, die Schwadron nach Hause zu führen. Wir alle sind vom Fahneneid entbunden, auch ich. Wir sind aber nicht entbunden von der Pflicht gegenüber unserem Vaterland und unserer Heimat. Daher müssen wir in voller Disziplin, wie früher, den Rückmarsch durchführen. Hierfür sind Gehorsam und Pflichterfüllung die Grundlage. Wir beginnen unseren Rückmarsch morgen früh völlig auf uns selbst gestellt, in einem Lande, das uns feindlich gesinnt ist, ohne geregelte Verpflegung, mit der Roten Armee im Rücken und den Unbilden des russischen Winters ausgesetzt. 1812 ging in diesem Gebiet die Große Armee Napoleons, ebenfalls auf dem Rückmarsch, elend zugrunde, zum guten Teil, weil jeder nur an sich selbst dachte und die Disziplin aus den Fugen ging. Ich werde alles für die Schwadron tun, was in meinen Kräften steht, aber ich verlange auch, daß die Schwadron ganz hinter mir steht. Sie alle kennen meine Bedingungen. Ich fordere Sie auf, zum Zeichen der Annahme den rechten Arm zu erheben. Sie können sich entscheiden, wie Sie wollen, wer aber den rechten Arm nicht hebt, der hat unverzüglich die Reihen der Schwadron zu verlassen.»

Alle 140 Mann hoben den Arm ohne Ausnahme.

Eisiger Rückmarsch auf den Spuren der Grande Armée von 1812

Am nächsten Morgen um zehn Uhr erfolgte der Abmarsch. Durch die vielen Wagen, die wir mitführten, war es eine Kolonne von fast 300 Metern Länge. Wir hatten 10 Grad Kälte, und es war viel Schnee gefallen. Daher mußten wir die schweren Wagen entlasten. Das geschah durch Umladen auf sogenannte Panjewagen, deren Besitzer gezwungen wurden, eine Weile mit uns zu fahren. Zeitweise begleiteten uns bis zu 20 solcher Panjewagen. Neben den leichten Maschinengewehren führten wir vier schwere russische Beute-Maschinengewehre mit, die unsere Feuerkraft außerordentlich erhöhten. Ich bestieg meinen schönen Vollblut-Schimmelhengst New Sancy, setzte mich an die Spitze meiner Schwadron und kommandierte Eskadron Marsch. Die Kälte nahm zu, ebenso ein unangenehmer Nordwind. Daher ließ ich nach zwei Stunden absitzen, und wir führten die Pferde. An diesem Tag legten wir etwa 35 Kilometer zurück und bezogen Quartier in einem kleinen Dorf. Am folgenden Tag hatten wir bereits über 20 Grad Kälte und anhaltenden eisigen Nordwind. Wir marschierten auf kleinen Nebenstraßen durch fast unbewohnte Sumpf- und Moorgebiete und erreichten gegen Abend die große Straße Mohilew-Bobruisk. In einem Dorf wenige Kilometer östlich der Beresina übernachteten wir.

Dort erschien am Abend plötzlich ein Auto mit Schneeketten. Ihm entstieg ein Soldat, geschmückt mit einer roten Kokarde und einem roten Band. Dieser Herr begrüßte mich jovial mit «Guten Abend» und sagte dann:

«Sie unterstehen ab jetzt dem Landwehrregiment Lüttwitz, dessen Führung, Soldatenrat und Kommandeur sich in der russischen Kaserne in Bobruisk befinden. Kommandeur ist der Kamerad Lüttwitz (Oberst von Lüttwitz).» Nun konnte ich mich nicht mehr enthalten zu fragen: «Warum nicht gleich Genosse Lüttwitz?» Lüttwitz sei parteilos, war die Antwort. Spät am Abend hörte ich von Schwarz, daß die Juden in Bobruisk – 30000 wohnten dort – den Einmarsch der Roten Armee spätestens in zwei Tagen erwarteten. Diese Nachricht ließ mich aufhorchen. Ich meldete mich am nächsten Morgen beim Obersten von Lüttwitz, der einen völlig apathischen Eindruck auf mich machte. Als ich ihn fragte, ob er Befehle für mich hätte, sagte er: «Noch keine, weil der Soldatenrat noch nicht zugestimmt hat. Ich kann keinen Befehl ohne seine ausdrückliche Zustimmung erteilen und muß mit ‹Euer Kamerad Lüttwitz› unterschreiben.» Ich teilte ihm mit, was ich von Herrn Schwarz erfahren hatte. Der inzwischen eingetroffene Soldatenrat nahm bequem Platz. Die Herren grüßten durch Zuwinken und schenkten Wodka ein.

«Na, lieber Kamerad Lüttwitz, was gibt's denn nun schon wieder?» Nach langem Hin und Her wurde folgender Beschluß gefaßt: Meine Schwadron sollte östlich der Beresina den Zugang zur Brücke so lange sichern, bis das Regiment Lüttwitz aus Bobruisk abmarschiert sei. Ich erkannte sofort, daß meine Schwadron zugunsten des revoltierenden Regiments Lüttwitz geopfert werden sollte. Für mich bestand die Gefahr, von starken russischen Kräften angegriffen und eventuell umzingelt zu werden. Daher widersprach ich und verlangte, daß zwei Kompanien mit schweren Maschinengewehren die Brücke sofort sichern sollten. Der Soldatenrat versprach es hoch und heilig. Ich ging zurück zu meiner Schwadron und sah, daß die Beresina Eisschollen führte. Mir wurde unheimlich zumute, und ich erinnerte mich an Bilder, die ich in meiner Jugend gesehen hatte. «Napoleons Kavallerie versinkt in der Beresina, die Eisschollen führt.» Um zwei Uhr 30 war ich wieder an der Brücke. Von den Lüttwitzschen Kompanien war weit und breit nichts zu sehen. Nun zog ich meine Schwadron ganz nahe an die Brücke heran, bezog dort Quartier und stellte einige Posten und ein schweres Maschinengewehr auf. Bald darauf erschien ein Bote des Kameraden Lüttwitz und teilte mit, daß das Regiment geschlossen um acht Uhr morgens die Stadt verlassen würde. Da ich jedoch diesem Boten nicht traute, ließ ich meine Schwadron um 6 Uhr «stellen» und um 6 Uhr 30 die Brücke überschreiten. Für alle Fälle hatte ich die schweren Maschinengewehre auf Wagen bringen lassen, um jederzeit meine volle Feuerkraft entfalten zu können.

In der Stadt brannte schon überall das Licht, und ausgerechnet meine Abmarschstraße war schwarz von Menschen, die alle kleine Sowjetfähnchen in der Hand hielten. Da hörte ich ein mehrfaches Pfeifen, und unterhalb von uns sah ich einen Panzerzug mit großer roter Sowjetfahne über die Eisenbahnbrücke rollen. Jetzt ließ ich sofort abmarschieren. Es war ein großes Problem, durch die Menschenmassen hindurchzukommen. Die Schwadron trug Lanzen, und ich ließ antraben. Es entstand eine Art Panik, einige Frechlinge bekamen die flache Lanze zu spüren, ein sehr probates Mittel. Auf jeden Fall kamen wir vorwärts. Der nächste kritische Punkt war der Bahnhof, an dem wir vorbei mußten und der inzwischen von der sowjetischen Infanterie besetzt worden war. Ich gab Befehl, die schweren Maschinengewehre in Richtung Bahnhof feuerbereit zu machen, aber nur dann zu schießen, wenn wir selber Feuer bekämen. Gottlob ging alles gut ab. Die russische Infanterie stand 40 Meter von uns entfernt und benahm sich hier ganz friedlich, was sie durchaus nicht immer tat. Vom Regiment Lüttwitz war, wie ich später feststellen konnte, der Soldatenrat zuerst getürmt, und zwar in einem Auto am Abend vorher. Dann hatte sich das Regiment aufgelöst, und viele kleine Gruppen strebten dem Nordwesten zu. Der Oberst selbst setzte sich am frühen Morgen in einem Pferdewagen ab, der Soldatenrat hatte es nicht für gut befunden, ihn im Auto mitzunehmen.

Mit der Besetzung von Bobruisk durch die Rote Armee verloren wir unsere Verpflegungsbasis. Vor uns dehnte sich eine ganz dünn besiedelte Gegend aus mit Mooren und Sümpfen, ungefähr 300 Kilometer bis Slonim, von wo eine Verladung in die Heimat möglich war. Diese Strecke mußte bei der eisigen Kälte von minus 20 bis 25 Grad zu Fuß zurückgelegt werden, zum Teil in tiefstem Schnee. Mit einer Tagesleistung von mehr als 25 Kilometern war kaum zu rechnen. Sehr große Sorge machte mir die Frage der Verpflegung und der Fütterung der Pferde. Eine zuständige Dienststelle für die Verpflegung gab es in diesem Gebiet nicht mehr, von Feldpost war gar nicht zu reden. Wir mußten aus dem Lande leben, hauptsächlich von Schweinefleisch und Fett. Ich stellte eine Gruppe meiner Leute auf, die alle paar Tage Schweine schlachteten und aufbereiteten. Brot und Zucker gab es nur ab und zu in ganz kleinen Mengen. Diese Lebensmittel kauften wir von Juden, die in dieser Hinsicht wahre Meister waren. Für die Pferde mußten die Bauern sorgen, bei denen wir uns einquartierten.

Es stellte sich bald heraus, daß wir diese 300 Kilometer keinesfalls, wie erwartet, in zwölf Tagen bewältigen konnten; die tägliche Marschleistung war bei der hohen Kälte und dem tiefen Schnee äußerst anstrengend. Zudem fiel immer mehr Schnee. Ich mußte mich entschließen, Rasttage einzulegen, schon weil die Zugpferde über Gebühr angestrengt wurden. Zeitweise mußte Pferdefutter requiriert werden, was größere Umwege erforderte, da unser Marschgebiet ganz schwach besiedelt war. Auch Schlachttage waren nötig. So kamen wir nur Schritt für Schritt vorwärts. Die Rote Armee bedrängte uns hier nicht, denn das Gebiet war uninteressant für die Sowjets. Ich hatte nur zwei Zusammenstöße. Der eine verlief relativ harmlos, als uns Bauern in einem Dorf mit Eisenstangen, Holzknüppeln und Messern angriffen, wohl in der Meinung, daß wir sie ausplündern wollten. Sie konnten nur mit Lanzenschlägen abgewehrt werden, aber ich mußte meine ganze Autorität aufwenden, um zu verhindern, daß meine Leute die Bauern erschossen, und einem meiner Unteroffiziere mußte ich die Pistole aus der Hand schlagen.

Der andere Zusammenstoß war weitaus gefährlicher. Er erfolgte ausgerechnet an meinem Geburtstag, dem 9. Dezember. Wir trafen abends in einer kleinen Stadt ein und bezogen Quartier. Niemand war zu sehen. Da kein Bürgermeister vorhanden, ließ ich den Arzt des Ortes rufen und trug ihm auf, überall in der Stadt zu verkünden, daß jeder Ausgang in der Nacht verboten sei; bei Zuwiderhandlung werde scharf geschossen. Ich brachte die gesamte Schwadron auf einem großen Gut unter, das unmittelbar am Eingang der kleinen Stadt lag. Von dem hohen Gutsgebäude aus hatte man einen sehr weiten Überblick über die Felder und die Hauptstraße des Städtchens. In dem oberen Stockwerk postierte ich mit einer starken Wache zwei schwere Maschinengewehre, eins auf einem Balkon nach den Feldern und das andere nach der Hauptstraße zu. Nachdem ich diese Maßnahmen getroffen hatte, legte ich mich halbangezogen nieder, hatte aber das unangenehme Gefühl, daß in dieser Nacht etwas passieren könnte. Von innerer Unruhe getrieben, stand ich auf, ging noch einmal an mein Fenster. Hellster Mondschein lag über den weiten, verschneiten Feldern. Nichts zeigte sich, nichts rührte sich, auch der Ort lag in tiefster Ruhe. Ermüdet durch den Marschtag und die große Verantwortung, die ich als Zweiundzwanzigjähriger zu tragen hatte, legte ich mich etwas beruhigter wieder hin. Aus diesem ersten Schlaf fuhr ich hoch, als eine laute Stimme «Alarm, Angriff» rief. Blitzartig war ich hellwach, zog meinen Waffenrock an und stürzte zum ersten Stock hinauf. Da hörte ich auch schon das laute Bellen des einen MGs. Etwa 50 bis 80 Mann in Schneehemden, entweder Rotarmisten oder Partisanen, versuchten, über die Felder zu unserem Gutshaus vorzudringen. Nachdem sie völlig unerwartet ungefähr 200 Meter vor dem Gutshaus Maschinengewehrfeuer erhielten, warfen sie sich teils in den Schnee, teils liefen sie nach allen Seiten auseinander. Der Angriff in Schneehemden mitten in der Nacht war nicht schlecht ausgedacht, denn es war anzunehmen, daß wir der offenen, ganz übersichtlichen Feldseite wenig Aufmerksamkeit schenken würden. Der Überfall hätte uns allen das Leben kosten können, wenn wir nicht so weitgehende Vorsichtsmaßnahmen getroffen hätten und die Wache nicht so aufmerksam gewesen wäre.

Wir blieben den weiteren Teil der Nacht in Alarmbereitschaft, doch blieb alles ruhig. Am nächsten Morgen untersuchten wir die Angriffsstelle, fanden aber nichts als zahlreich Fußstapfen, die der neu einsetzende Schneefall zu bedecken begann. –

Wir machten nicht nur schlechte Erfahrungen. In einem Ort bei Grosow, wo wir in Quartier lagen, war die Bevölkerung polnisch und brachte uns Sympathien entgegen. Jedenfalls ergab sich am Abend ein Zusammensein mit jungen Leuten, die – den ganzen Ernst der Lage vor Augen – noch einmal fröhlich sein und alles vergessen wollten. Es wurde Musik gemacht und getanzt, wobei wir uns in den polnischen Nationaltänzen versuchten. Von den jungen Mädchen des Ortes erschien mir die 25jährige Lehrerin, Jagna mit Namen, besonders hübsch und nett. Da sie etwas französisch sprach, konnten wir uns unterhalten und kamen uns dadurch näher. Ihr stand eine ungewisse Zukunft unter der Roten Armee bevor und mir die meiner Rückkehr. Diese außergewöhnlichen Umstände führten uns schneller zueinander, als es unter normalen Umständen der Fall gewesen wäre. Leider mußte das Zusammensein um elf Uhr abgebrochen werden, da uns am nächsten Morgen ein sehr früher Abmarsch bevorstand. Ich war noch gegen zwölf Uhr wach und las bei Kerzenlicht den Urfaust, den ich den ganzen Krieg mit mir führte. Ein leises Knacken ließ mich aufhorchen, ich sah meine Türe sich ganz langsam öffnen. Da ich einen Überfall befürchtete, sprang ich auf und griff zu meiner Pistole, die immer schußbereit neben mir lag. Aber es war kein Partisan, sondern Jagna, die ich vor einer Stunde so ungern verlassen hatte. Ohne etwas zu sagen, kam sie auf mich zu und umschlang mich. Lange lagen wir uns in den Armen. Dann sagte sie:

«Ich mußte Dich noch einmal sehen, noch einmal, bevor alles zu Ende ist.» Sie küßte mich und verließ mich mit den Worten: «Que Dieu te Protège» – Möge Gott Dich beschützen.

Unser Rückmarsch ging von Grosow nach Nieswiesch, dem Stammsitz der Familie Radziwill, und dann nördlich von Baranowici nach Slonim, unserem Ziel, das wir nun glücklich nach fünf Wochen erreichten. Dort wurde die Schwadron im russischen Kasernenkomplex untergebracht und dem schlesischen Landwehrkorps des Generals von Britzke unterstellt, dessen Generalkommando mit dem dazugehörenden Soldatenrat dort ebenfalls untergebracht war. Als ich dort einmarschierte, wußte ich nicht, daß die Stadt in den Händen von Berliner Kommunisten war. Meinen Leuten wurde von anderen Soldaten in der Kaserne die Kunde gebracht, daß es hier ein Soldatenheim gäbe, in dem Alkohol ausgeschenkt werde und wo man mit deutschen Mädchen tanzen könne. Es war kein Wunder, daß von meinen 140 Mann über 100 am Abend dort hingingen. Das Soldatenheim war von Berliner Kommunisten ins Leben gerufen worden, die dort die zurückkehrenden Truppen aufhetzten. Seine Betreuer waren geschickte rote Agitatoren und die deutschen Mädchen Berliner Huren. Das Heim unterstand dem Polizeipräsidenten von Slonim, der ebenfalls Kommunist war und über eine rein kommunistische Schutztruppe verfügte. Das eigentliche Ziel dieser Berliner bestand darin, alle Bahnknotenpunkte im Osten, aber auch in Ost- und Westpreußen, in die Hand zu bekommen, um später sowjetische Truppen unangefochten nach Berlin zu schleusen.

Meine Leute wurden zunächst in dem Heim unter Alkohol gesetzt und dann aufgehetzt. Es wurden ihnen alle möglichen Lügen serviert, hauptsächlich die, daß der General von Britzke die neu eintreffenden Truppen hier für dauernd als Garnison haben wolle und daher entschlossen sei, jedweden Heimtransport zu verhindern. Darum müsse der General sofort beseitigt werden, und zwar noch in dieser Nacht, weil er den Befehl gegeben habe, morgen früh den Bahnhof durch Artillerie zu zerstören.

Es wurde auch verlangt, mich sofort zu beseitigen, einer dieser Kerle schrie: «Ihr werdet Euch doch nicht von einem Volksausbeuter und Aristokraten kommandieren lassen!» Da stieg einer meiner Männer, obwohl betrunken, auf den Tisch und rief: «Das geht Euch einen Sch ... dreck an. Unser Rittmeister ist in Ordnung. Wir sind glücklich, durch alles durchgekommen zu sein, und fürs Essen hat er auch immer gesorgt.» Daraufhin ging die Agitation erneut gegen den General.

«Wir gehen jetzt alle zur Kaserne und nehmen ihn als Geisel mit, dann sollt ihr sehen, wie schnell ihr nach Hause kommt.» Ein Zug grölender und betrunkener Soldaten, darunter ein Teil meiner Garde-Reiter, setzte sich zur Kaserne in Marsch, an der Spitze die Kommunisten. Als sie sich jedoch dem Eingang des großen Kasernenhofs näherten, blitzte ein Scheinwerfer auf, und der Soldatenhaufen sah hinter Stacheldraht Männer mit Stahlhelmen und Maschinenpistolen. Es waren die Marburger Jäger, denen der Schutz der Kaserne aufgetragen worden war. Ein Gebrüll ging los.

«Laßt uns hier durch, wir wollen das Schwein, den General holen.»

Aber eine eiserne Stimme antwortete ihnen: «Wenn Ihr Euch dem Stacheldraht nähert, dann wird sofort geschossen.» Das wirkte abkühlend, nach einiger Zeit verlief sich der Haufen. Schließlich wurden die nüchtern gewordenen Garde-Reiter, von denen sich einige mit rotem Band geschmückt hatten, unter Aufsicht der Marburger Jäger in die Kaserne eingelassen.

Ich hatte von dem ganzen Vorfall nichts gemerkt, da ich in der Kaserne geschlafen hatte. Am Morgen wurde mir alles gemeldet. Ich war betroffen, enttäuscht und wütend über meine Männer, die nach einigen Gläsern Schnaps den Beschluß der Schwadron und jedwede Haltung über Bord geworfen hatten. Ich befahl das Antreten der Schwadron um elf Uhr auf dem Kasernenhof, entschlossen, meinen Leuten eine Lektion zu erteilen. Vorher meldete ich mich beim General von Britzke. Das erste, was er sagte, war: «Na, Ihre Leute wollten mich heute nacht ausheben.»

«Exzellenz», sagte ich, «ich bin aufs tiefste beschämt über die Haltung eines Teils meiner Leute, die bisher tadellos waren. Aber sie wurden von den Kommunisten aufgehetzt. Ich werde die Schwadron zusammenstauchen. Können Euer Exzellenz nicht diese Kommunisten durch die Marburger Jäger festnehmen lassen?»

«Nein, das kann ich nicht. Ein solcher Beschluß könnte nur vom Soldatenrat meines Armeekorps gefaßt werden, aber diese Herren machen das nicht.»

Inzwischen war die Schwadron angetreten. Ich trat vor die Front und sagte:

«Ein sehr großer Teil von Euch hat sich gestern abend saumäßig benommen. Ihr habt Euch, von Huren und Kommunisten animiert, vollaufen lassen, und dann habt Ihr Euch daran beteiligt, den General ausheben zu wollen. Ihr habt den Namen des alten Garde-Reiterregiments, auf das Ihr stolz wart, geschändet. Ihr habt alle feierlich gelobt, Gehorsam zu wahren, Disziplin zu halten und keine roten Abzeichen zu tragen. Ihr habt Euer Wort gebrochen. Ich sehe hier einige rote Abzeichen. Herunter damit! Wer das nicht sofort tut, wird aus der Schwadron ausgestoßen, und zwar sofort.

Jetzt fordere ich alle auf, die nicht bedingungslos bereit sind, mir zu gehorchen und sich voll bei jedem Befehl einzusetzen, vor die Schwadron zu treten. Auch sie werden sofort aus der Schwadron ausgestoßen.»

Niemand trat vor, die roten Abzeichen, die etwa 15 Mann trugen, wurden abgelegt. Ich befahl, daß die Schwadron in Alarmbereitschaft in der Kaserne zu bleiben hätte und niemand ohne Befehl die Kaserne verlassen dürfte. Dann ging ich zum Soldatenrat des Korps und ließ mich beim Vorsitzenden melden. Ich wurde in ein Zimmer eingelassen, in dem sich ein Leutnant und ein Gefreiter befanden, die sich als Schlageter und Schlegelmilch vorstellten. Der Gefreite mit dem schönen Namen Schlegelmilch sagte zu mir:

«Ich freue mich, Sie kennenzulernen. Ich bin Breslauer und von Beruf Malermeister, alter SPD-Mann, aber von der ruhigen Sorte. Ihr Herr Vater ist ja jetzt in Sibyllenort, und ich hoffe, daß er sich bei uns in Schlesien wohl fühlen wird.»

Das war die erste Nachricht, die ich über meinen Vater bekam und die mich sehr beruhigte. Dann fragte Schlegelmilch:

«Was können wir für Sie tun?»

«Die Vorgänge von gestern abend sind Ihnen sicher bekannt geworden.»

«Ja, ja.»

«Sie wissen auch sicher, daß man den General beseitigen will, und Sie wissen auch, daß die Berliner Kommunisten Soldaten unter Alkohol setzen und dann aufhetzen – und das unter der Leitung des sogenannten Polizeipräsidenten.»

«Ja –»

«Sie wissen auch, daß die sogenannte Polizei von Slonim am laufenden Band Pogrome gegen Juden veranstaltet, sie an den Bärten aus den Häusern schleift, mißhandelt und ausraubt.»

«Ja, das haben wir auch gehört.»

«Ich glaube, es ist an der Zeit, diesen kriminellen Polizeipräsidenten in Haft zu nehmen, und das ist Ihre Sache, da der Soldatenrat für die Aufrechterhaltung von Ruhe und öffentlicher Ordnung verantwortlich ist.»

Schlageter und Schlegelmilch ergingen sich nun in Ausflüchten aller Art. Es müsse erst der große Soldatenrat der Ostfront gefragt werden, es könne nämlich zu unliebsamen Zwischenfällen kommen und ähnliches mehr.

Nun brachte ich meinen Trumpf. «Wissen Sie, jeder ist schließlich verantwortlich für Ruhe und Ordnung. Ich sehe, daß Sie nichts unternehmen werden, daher werde ich den sogenannten Polizeipräsidenten und seinen Stellvertreter verhaften und das Soldatenheim schließen lassen. Sollte mir dabei Widerstand geleistet werden, werde ich von der Waffe Gebrauch machen.»

«Aber nein, das werden Sie nicht tun», sagten die beiden. Darauf ich: «Wenn Sie es nicht tun, dann handle ich. Überzeugen Sie sich, daß meine Schwadron alarmbereit ist. Im übrigen ist es jetzt zwölf Uhr 30. Wenn Sie bis ein Uhr 30 den Polizeipräsidenten nicht verhaftet haben und das Soldatenheim nicht geschlossen ist, dann marschiere ich, unwiderruflich.»

Zu meinem immerhin großen Erstaunen verhaftete der Soldatenrat den Polizeipräsidenten, brachte ihn um ein Uhr in die Kaserne, wo er erst einmal eingesperrt wurde. Auch das aufrührerische Soldatenheim wurde geschlossen.

Drei Tage später wurde die Schwadron zur Heimfahrt verladen. Als wir zum Bahnhof ritten, fielen vier Schüsse auf uns, die aus einem kleinen Haus neben dem Bahnhof abgegeben wurden. Ohne Zweifel hatten die Schüsse mir gegolten; ein direkt hinter mir reitender Garde-Reiter erhielt einen Oberschenkelschuß. Wir stürmten sofort das Haus, fanden aber niemanden mehr vor. Nur die Hülsen lagen am Boden. Als Täter kam einer der Kommunisten in Frage, die natürlich bestens darüber unterrichtet waren, wer den Schlag gegen sie geführt hatte.

Einmal verladen, glaubten wir in zwei bis drei Tagen zu Hause zu sein. Aber unsere Erwartungen wurden getäuscht. Da die Polen Kongreßpolen mit Warschau in die Hand bekamen, dort überdies 600 Lokomotiven erbeuteten, mußten alle Transporte, auch die aus der Ukraine, über Ost- und Westpreußen geleitet werden, was zu Stockungen führte. Außerdem waren einfach zu wenig Loks vorhanden. Um Unruhen und Übergriffe der Truppen zu vermeiden, verfiel man auf das System, immer zwei bis drei Transporte mit einer Lok zu fahren, d. h. man fuhr jeden Zug täglich nur ein Stück.

Unser erster Stop war Bialystok, wo sechs Militärtransporte festlagen und meine Schwadron neben einer der bayerischen Chevaulegers stand. Diese hatte – wie, das blieb ein Rätsel – eine solche Menge an Kakao und Kondensmilch organisiert, daß sie meine ganze Schwadron dazu einlud. Das steigerte die Sympathien für die Bayern bis zur Siedehitze.

Über dem Bahnhof befand sich eine Zitadelle, in der alle möglichen Vorräte eingelagert waren. Eine preußische Pionierkompanie versuchte, diese Vorräte zu plündern, worauf die dortige Wache das Feuer eröffnete, das von den Pionieren erwidert wurde. Im weiteren Verlauf schlugen mehrere Geschosse bei den Chevaulegers ein, die nun aus leichten MGs und Karabinern die Zitadelle beschossen, was die inzwischen verstärkte Besatzung der Zitadelle veranlaßte, den Zug der Bayern zu beschießen. Jetzt bekamen wir ganz Unschuldigen ebenfalls Feuer und mußten über eine Stunde flach auf den Waggonböden liegen, weil die Geschosse über uns in die Waggons einschlugen. Gottlob traten bei uns keine Verluste ein, während die Bayern drei Verwundete hatten.

Von Bialystok ging es nach Ostpreußen. An der Grenze verlangten mit roten Kokarden und Bändern geschmückte Soldaten, angeblich im Auftrag der Volksbeauftragten, die Abgabe aller Waffen, was ich mit dem Hinweis auf unsere feuerbereiten MGs ablehnte, worauf die Roten sich entfernten. Dann ging es durch Ost- und Westpreußen bis Konitz. Hier erwartete mich eine neue Sensation. Weil einer meiner Männer aus dem Zug gefallen war –

was ohne Schaden abgegangen war –, mußte ich mit dem Bahnhofskommandanten sprechen. Dieser gehörte dem Soldatenrat an und war SPD-Mann. Die Wartesäle waren überfüllt mit bewaffneten Soldaten, Matrosen und Zivilisten, die alle rote Abzeichen trugen. Der Bahnhofskommandant gab mir Aufschluß darüber.

«Sehen Sie, Herr Rittmeister, das sind 600 Kommunisten aus Berlin, die ein Bataillon bilden. Sie haben den Auftrag, in Ostpreußen und im Grenzgebiet Bahnhöfe zu besetzen, um die Einfahrt der Roten Armee nach Deutschland zu sichern. Da ich hier keine Truppe habe, auf die ich mich verlassen kann, habe ich diesen Leuten einfach die Lok genommen und sie einem nach Westen gehenden Truppenzug gegeben. Jetzt warten die Kommunisten darauf, einer Truppe die Lok zu nehmen, um nach Osten weiterzufahren.»

Ich beeilte mich, zu meiner Schwadron zu kommen, und kam auch unbehelligt durch das kommunistische Bataillon hindurch. Meine Leute wurden sofort alarmiert und unsere MGs gegen die Wartesäle in Stellung gebracht.

Es dauerte gar nicht lange, da kamen drei rote Soldaten und verlangten im Auftrag der Volksbeauftragten in Berlin unsere Lokomotive. Ich erklärte ihnen, daß ich dies ablehne und mit unseren MGs sofort das Feuer eröffnen würde, falls die roten Soldaten den Bahnsteig betreten sollten. Um ihnen zu beweisen, daß das kein Bluff war, zeigte ich ihnen die in Stellung gebrachten MGs und die Bedienungen, die dahinter in Stahlhelmen knieten.

Die russischen Beute-MGs haben mir auf dem Rückzug viel geholfen, obwohl sie nur ein einziges Mal in Aktion traten. Aber sie übten eine große moralische Wirkung aus, vor allem auf die deutschen Kommunisten.

Ohne weitere Zwischenfälle erreichten wir Guben auf dem Weg nach Dresden. Da der Volksbeauftragte für Militärwesen in Sachsen mich inzwischen als Schwadronschef abgesetzt hatte und ich die bisherige Residenz meines Vaters unter roten Vorzeichen nicht betreten wollte, verabschiedete ich mich in Guben von meiner Schwadron und übergab sie Oberleutnant Graf Platen. Ich drückte jedem die Hand, und jetzt wurde mir erst klar, was sich alles für mich geändert hatte. Nie wieder würde ich eine Garde-Reiter-Schwadron sehen, da die Auflösung des Regiments beschlossene

Sache war. Mit diesem Abschied in Guben riß die letzte Verbindung mit der alten Zeit ab; eine ganz neue Periode meines Lebens begann.

Als ich mich verabschiedet hatte, bat Sergeant Schönfelder, der Obmann des Soldatenrates, um eine kurze Unterredung.

«Königliche Hoheit», sagte er (ab 9.11.1918 titulierte er mich normalerweise als Herr Rittmeister), «ich muß Ihnen etwas gestehen. Die Erfahrungen und Erlebnisse der letzten Wochen haben mich ganz verändert. Ich bin wieder für die alte Ordnung und die Monarchie.»

Wir verstanden uns und drückten uns kräftig die Hand. Ich fuhr nun nach Breslau, wo ich im Januar 1919 am Tag der Wahl zur Nationalversammlung eintraf, und von dort nach Schloß Sibyllenort zu meinem Vater. Der Weltkrieg war beendet, ich zog die Uniform der Königlich-Sächsischen Armee aus.

Hindenburg – Ludendorff – Hoffmann

Zurückblickend auf den ersten Weltkrieg, möchte ich meinen Erinnerungen auch die Eindrücke beifügen, die ich von diesen drei Persönlichkeiten gewann. Ich hatte Gelegenheit, mich mit jedem einzelnen eingehend zu unterhalten. Hindenburg widmete mir einen halben Tag, Ludendorff und Hoffmann je zwei bis drei Stunden.

Hindenburg war der typische preußische Offizier von der besten Klasse, seine Loyalität gegenüber dem König und Kaiser war über jeden Zweifel erhaben, obwohl seine Haltung gegenüber dem Kaiser während des Zusammenbruchs vielfach schwer kritisiert wurde. Bis in das höchste Alter war Hindenburg ein klarer Kopf. Im Jahre 1918 sah er sich als Paladin des Kaisers in einer ausweglosen Situation. Der Kaiser konnte die Revolution nicht mehr unterdrücken, es gab nur den einen Weg, die Revolution in geordnete und legale Bahnen überzuleiten. Das haben Hindenburg und Prinz Max von Baden getan, indem sie Ebert und seine Anhänger anerkannten und unterstützten. Damit haben sich beide ein großes und dauerndes Verdienst um Deutschland erworben. Hindenburg war nicht in der Lage, den Thron der Hohenzollern zu retten, aber es entstand ihm eine andere verpflichtende Aufgabe: das Deutsche Reich zu retten.

In weiten Kreisen wurde die Meinung vertreten, Hindenburg sei ein guter alter Mann, aber Ludendorff sei sein Kopf. Diesen Eindruck habe ich nicht gehabt. Hindenburg sah die Dinge sehr klar. Bis ins hohe Alter hatte er ein unerhörtes Gedächtnis und konnte sich an jeden Vorgang erinnern. Er wußte jeden Ort und Tag, wo er 1866, 1870 und im ersten Weltkrieg gewesen war. Am erstaunlichsten war es, daß er sich auch genau des Ortes und Datums entsinnen konnte, an dem er jemanden kennengelernt oder getroffen hatte.

Ein Mann mit einer so klaren Auffassung aller Vorgänge und einem so guten Gedächtnis muß auch konstruktive Fähigkeiten besessen haben – und die hatte er auch. Es ist nicht die Aufgabe des Feldherrn, jeden Befehl auszuarbeiten und sich um jedes Detail zu kümmern. Dazu hatte er seine Mitarbeiter: den Chef des Stabes und die Generalstabsoffiziere. Er muß den letzten Entschluß fassen und damit die Verantwortung für die Folgen tragen. Feldherr in diesem Sinne war Hindenburg. Er trug die Verantwortung für seinen immerhin sehr riskanten Entschluß, fast alle verfügbaren Kräfte gegen die Armee Samsonow einzusetzen, ungeachtet der Bedrohung seiner Flanke durch die Armee Rennenkampf.

Ich habe das Gesicht Hindenburgs sehr genau studiert. Er hatte eine hohe Stirn und klare Augen, mit denen er seinen Gesprächspartner durchdringend ansah. Seine Stimme war tief, er sprach langsam, überlegt und gemessen. Im Alter war er weise geworden, er hatte Abstand zu den Ereignissen gefunden.

Temperament, Können, Wagemut und Entschlußkraft – das hatte General Hoffmann, der Ia der Armee des Generals von Prittwitz (I. Armee). Nachdem Prittwitz und sein Stabschef abgesetzt worden waren, weil sie die im Schlieffen-Plan vorgesehene Räumung von Ostpreußen in die Wege geleitet hatten, blieb Hoffmann in seiner Stellung als Ia, d. h. als Generalstabsoffizier, der die Operationen auszuarbeiten hatte. Der neue Oberbefehlshaber war Hindenburg und Ludendorff sein Stabschef. Ich glaube, man geht nicht fehl, wenn man den eigentlichen spiritus rector der genialen Operation von Tannenberg in der Person von Hoffmann sucht.

Hoffmann sprühte von Temperament, Ideen und Plänen. Dabei war er anpassungsfähig und von logischer Schärfe und im Gespräch liebenswürdig – Eigenschaften, die Ludendorff fehlten.

General Ludendorff machte äußerlich einen unnahbaren und verschlossenen Eindruck, sein Gesichtsausdruck hatte etwas Verbissenes und Starres, um es trivial auszudrücken: es war nicht gut Kirschen essen mit ihm. Aber er war ein ungeheuer fleißiger, pflichttreuer und gewissenhafter Mann, was er im Generalstab bewiesen hat. Wenn man mit ihm sprach, so stellte man seelenlose Augen fest, in denen man weder Güte, Sympathie noch Gemütsbewegungen erkennen konnte. Im besonderen Ausmaß verwendete er die sachliche Ausdrucksweise des Generalstabsoffiziers. Ich persönlich halte es für ausgeschlossen, daß Ludendorff jemals wirklich große militärische Konzeptionen gehabt hat. Denn dazu gehört Temperament, und das hatte Ludendorff nicht.

Zum Generalquartiermeister ernannt, wurde er in der Tat Chef des Generalstabes. Er baute seine Stellung systematisch aus und begab sich auch auf das Gebiet der Politik. Schließlich wurde er ein inoffizieller Diktator, dessen Augen aber vor der militärischen und politischen Wirklichkeit verschlossen waren. Seine Stellung baute sich auf der Hierarchie des Generalstabs auf, als deren Spitze er praktisch über das gesamte Heer gebot. Seine Stellung und sein Einfluß wurden dadurch außerordentlich.

Der zivile Sektor folgte nach. Bei allen wichtigen Entschlüssen erörterte man die Frage: «Was wird Ludendorff dazu sagen?» Seine starre, unbeugsame und inkonziliante Haltung verschaffte ihm Respekt, und man fürchtete ihn. Er glaubte, alle Fragen durch Gewalt lösen zu können. Als ersichtlich wurde, daß der Kaiser von Österreich von sich aus Friedensschritte ergriffen hatte, war seine erste Reaktion: Deutschland muß Wien militärisch besetzen. Dabei waren Kaiser Karls Friedensschritte erst erfolgt, nachdem dieser wiederholt in Berlin deswegen vorstellig geworden war, aber immer wieder Ablehnungen erfahren hatte.

Durch seine Haltung hat Ludendorff es immer wieder verstanden, wirklich ernsthafte Friedensschritte zunichte zu machen, wodurch er eine große Schuld auf sich geladen hat. Als aber 1918 das deutsche Heer im vollen Rückzug war und der Zusammenbruch sich offen abzeichnete, da verlangte er ungeduldig Verhandlungen mit den Gegnern und beschuldigte andere, daß dies noch nicht erfolgt sei.

1919 – 1933

Sibyllenort

Mein Großonkel, König Albert, war mit dem Herzog von Braunschweig-Öls sehr befreundet. Der Herzog war ein reicher Junggeselle, der die Herrschaft Öls in Schlesien mit dem großen dortigen Schloß als Lehen von der preußischen Krone erhalten hatte. Daneben besaß er persönlich die Herrschaften Sibyllenort bei Breslau, Guttentag in Oberschlesien und Medzibor in Posen. Insgesamt waren es 21 große Güter und 17000 Hektar Wald. Zudem hatte er noch ein ansehnliches Barvermögen. Man konnte ihn als einen sehr reichen Mann bezeichnen.

Da das Schloß Öls mitten in der Stadt lag und zudem nur Lehen war, baute der Herzog das Schloß Sibyllenort und legte dort einen großen parkartigen Garten und einen riesigen Außenpark an. Das Schloß wurde im Windsor-Stil erbaut, und die Dachfläche war über 10 000 Quadratmeter groß. Im Schloß war ein sehr großer Saal, der den ganzen Bau teilte. Der Speisesaal hatte, was ich noch nie woanders gesehen habe, eine Decke aus Glasplatten, die mit Goldleisten eingefaßt waren. Dieser Saal hatte den Namen «der Plattensee». Der Plattensee ist an sich ein See in Ungarn, aber in diesem Falle hatte er seinen Namen von der Tatsache, daß sich die Glatzen in der Decke spiegelten. Bei Diners sahen die Wissenden verstohlen nach oben und lächelten, während die Nicht-Wissenden sich wunderten, was es zu sehen gäbe.

An der linken Seite des Schlosses war ein Reit- und Fahrstall mit Reithalle, während sich auf der rechten Seite ein regelrechtes Theater befand. Es verfügte über etwa 100 Plätze, und der Bühnenraum nahm die Hälfte des Gebäudes ein.

Das Schloß hatte zahlreiche Wohnquartiere für Gäste, sie waren für den Herzog die Hauptsache im Leben. Er tat, was er nur konnte, um seinen Freunden den Aufenthalt in Sibyllenort so unterhaltsam wie möglich zu gestalten. Es wurden Theaterstücke aufgeführt, wozu die Schauspieler aus Berlin und Breslau kamen. Er hielt sich ein kleines Kammerorchester und bestimmte selbst, was aufgeführt werden sollte. Seine Passion war das Ballett, und er war schließlich dazu geschritten, sich ein eigenes und besonders gutes Ensemble mit den schönsten und begabtesten jungen Tänzerinnen aufzubauen. Er selber reiste umher und engagierte die jungen Damen, nachdem er jede einzelne zum Essen eingeladen hatte, um einen genauen Eindruck von ihr zu bekommen. Darunter waren schwarze Ungarinnen, blonde Schwedinnen, Wienerinnen, Französinnen und Deutsche. Diese jungen Damen des herzoglichen Balletts hatten aber noch eine andere Aufgabe als zu tanzen. Sie mußten nämlich mithelfen, den Gästen des Herzogs die Zeit zu vertreiben. Während der Tanzaufführungen konnte der Herzog unschwer feststellen, welche junge Dame einen Gast am meisten beeindruckte. Wenn die Aufführung beendet war, ging der Herzog hinter die Bühne, nahm dort eine brünette Französin am Arm und sagte zu ihr:

«Françoise, der Prinz X ist Dir zugeneigt. Wir spielen jetzt bis Mitternacht im großen Saal. Geh schon hinauf in sein Wohnzimmer. Ich werde für Dich Champagner und Erfrischungen bestellen, und Du wartest bis er kommt. Er wird beglückt sein, gerade Dich zu sehen.»

Wenn der Herzog sich dann später von seinen Freunden verabschiedete, bemerkte er:

«Ich habe Ihnen noch Schokolade auf Ihr Zimmer geschickt.»

Betrat der Gast sein Wohnzimmer, sah er zu seinem Erstaunen und seiner Freude diejenige junge Dame auf ihn warten, die ihm auf der Bühne so sehr gefallen hatte.

Zu dieser sybaritischen Gastfreundschaft gehörte auch das abendliche Glücksspiel im Schloß. Der Herzog forderte seine Gäste zum Bakkarat auf, das allerdings nur eine ganz bestimmte Zeit dauern durfte. Das hatte seinen Grund darin, daß er seinen Gästen nicht nur die Gewinne auszahlte, sondern auch die Verluste zurückerstattete. Er stand auf dem Standpunkt, daß es unehrenhaft sei, seinen Gästen in seinem Hause Geld abzunehmen.

Es konnte auch nach Belieben geritten und gejagt werden. Er selbst war jedoch kein Jäger, aber er fuhr herum, um das Wild zu sehen. Dabei bekam er Anwandlungen, die zum mindesten ans Eigentümliche grenzten. So fuhr er einen Rehbock an, stieg aus dem Wagen, lüftete seinen Hut und sagte:

«Bonjour, Monsieur, saluez Madame votre épouse de ma part.» Guten Morgen, mein Herr, bitte grüßen Sie Ihre Gattin von mir. Dieses großzügige Leben des Herzogs zehrte natürlich an seinem Vermögen. Als er starb, ergab sich, daß nicht nur sein flüssiges Vermögen verbraucht, sondern auch noch fünf Millionen zusätzliche Hypothekenschulden entstanden waren. Seinen gesamten Besitz vermachte er König Albert, der viel bei ihm zu Gast gewesen war. Der König mußte, da er in Preußen Privatmann war, eine sehr hohe Erbschaftssteuer bezahlen, zumal er mit dem Herzog nicht verwandt war. Deshalb verkaufte er die Herrschaft Medzibor, allerdings zu einem sehr schlechten Preis. Der Käufer verkaufte die Herrschaft mit einem Gewinn von zwei Millionen sogleich weiter.

König Albert vermachte den schlesischen Besitz seinem Bruder, dem nachmaligen König Georg, der ihn meinem Vater hinterließ.

Spuk im Gutshaus Nährschütz

Als ich im Laufe des Januars 1919 in Sibyllenort ankam, schloß mein Vater mich in seine Arme, überglücklich, mich gesund wieder bei sich zu haben. Er hatte wochenlang nichts von mir gehört, denn bei den chaotischen Verhältnissen im Osten war die Feldpost mit untergegangen. Mein Vater sah älter aus, war sehr ernst und nervös. Auch meine Geschwister traf ich alle an, so daß die Familie nach langen Jahren wieder vereint war; das half uns über viele schwere Dinge hinweg.

Ich hatte den Antrag gestellt, als Offizier in die Baltische Legion übernommen zu werden, denn ich fühlte mich unter den veränderten Verhältnissen in der Heimat nicht mehr wohl. Auch glaubte ich, daß es die Pflicht jedes gesunden jungen Deutschen sein, den Kampf für die Behauptung des Deutschtums fortzusetzen. Mit den Westmächten war Waffenstillstand geschlossen, aber im Osten führte die junge deutsche Republik mit Freiwilligen den Krieg weiter, denn die Polen griffen nach Oberschlesien und die Bolschewisten nach dem Baltikum und seinen deutschen Städten.

Mein Antrag, in die Baltische Legion einzutreten, wurde zu meinem großen Leidwesen abgelehnt. Nach einem Aufenthalt von einigen Wochen in Sibyllenort entschloß ich mich, Landwirtschaft zu studieren, und ließ mich in Breslau immatrikulieren. Man riet mir, ein praktisches Jahr zu absolvieren und empfahl mir einen besonders tüchtigen und geeigneten Landwirt, Herrn Strach in Nährschütz, Kreis Steinau in Schlesien. Ich begrüßte diese Empfehlung sehr, da ich dort größeren gesellschaftlichen Inanspruchnahmen entgehen konnte, was eine konstruktive Arbeit natürlich sehr beeinträchtigt hätte.

Nährschütz war ein kleines Dorf, nahe an der Oder gelegen. Das massive Gutshaus lag mit dem Hof dicht an der Straße und hatte einen hübschen Garten. Das Haus war im 18. Jahrhundert gebaut worden, wies aber nur wenig barocke Elemente auf. Zu meiner Familie hatte es insofern eine Beziehung, als es zur Zeit Augusts des Starken eine Übernachtungsstelle auf dem Wege nach Warschau war.

Ich wurde sehr nett im Hause Strach aufgenommen. Die Familie bestand aus dem alten Herrn Strach, seiner viel jüngeren und sehr musischen Frau, zwei erwachsenen Söhnen und einer Tochter von 17 Jahren. Ich wurde in einem großen Zimmer auf der Rückseite des Hauses untergebracht. Es fiel mir auf, daß niemand auf dieser Seite des Hauses wohnte, obwohl sie eigentlich die angenehmere war, da sie nach dem Garten zu lag.

Ich lebte mich bald in Nährschütz ein. Meine Tätigkeit bestand in Arbeit auf dem Hof und den Feldern und in Informationsgängen mit Herrn Strach, der mich in die Geheimnisse der Landwirtschaft einführte.

Meine älteste Schwester Margarethe hatte mir ihren schwarzen Pudel mitgegeben, weil sie längere Zeit verreiste. Er schlief nachts in meinem Zimmer. Eines morgens wachte ich in der Dämmerung durch ein starkes Geräusch auf, das der Pudel verursachte. Ich machte Licht und sah neben meinem Bett einen schwarzen Hund zusammengerollt liegen. Gleichzeitig hörte ich aber den Pudel herumrumoren, er hatte sich vor dem Rivalen unter den großen Schreibtisch geflüchtet. Ich sprang aus dem Bett und griff nach dem schwarzen Hund, der aber im nächsten Moment im Nichts zerrann. Mein Pudel war äußerst verschreckt, zitterte und war nicht zu bewegen, sein Versteck zu verlassen. Da ich noch nie Ähnliches erlebt hatte, so redete ich mir schließlich ein, daß ich mir alles eingebildet hätte. Bald darauf wurde ich eines anderen belehrt.

Bei einem Gespräch mit der Tochter des Hauses gestand sie mir, daß es in den rückwärts gelegenen Räumen des Hauses spuke. Ich dürfe aber den Eltern nicht sagen, daß ich es wüßte. Sie erzählte, daß sie vor kurzem mit ihrem Bruder die Treppe heruntergegangen sei und plötzlich einen schwarzen Hund an ihrer Seite bemerkte. Als sie nach ihm griff, löste er sich in Nichts auf. Ich wurde hellhörig. Dasselbe hatte ich ja auch erlebt. Ich erzählte ihr mein Erlebnis, und wir beschlossen zu versuchen, aus der nahe gelegenen Stadt Köben eine Chronik zu beschaffen und nachzuforschen, ob schon früher etwas über Nährschütz und seinen Spuk bekannt gewesen sei. Es gelang, eine Chronik aus dem 18. Jahrhundert aufzutreiben. Wer beschreibt unser Erstaunen, als erwähnt wurde, daß in Nährschütz ein schwarzer Hund und eine geisterhafte Frau umgingen.

Von den Strach-Kindern erfuhr ich noch ein anderes Geheimnis des Hauses. Auf Stufen, die zu einem Salon hinunterführten, war ein früherer Besitzer im Trunk gestürzt und hatte sich das Genick gebrochen. Seit diesem Todesfall gehe jede Nacht eine nicht sichtbare Person aus einem Nebenzimmer in den erwähnten Salon. Es sei deutlich zu hören, wenn sie käme und ginge. Ich hielt das für höchst unwahrscheinlich und hatte auch kein weiteres Verlangen, mit anderem Spuk in Berührung zu kommen. Mir genügte das Erlebnis mit dem schwarzen Hund und der Anblick einer durchsichtigen, leuchtenden, gasförmigen Kugel, die eine Weile in meinem Zimmer geschwebt hatte. In den nächsten Wochen war auch alles normal in Nährschütz. Den ganzen Tag hatte ich zu tun und abends das Bedürfnis auszuspannen. Ich las, schrieb oder unterhielt mich mit den Kindern Strach. Natürlich waren wir als junge Leute auch lustig, und die Tochter Ilse und ihre gleichaltrige Freundin trugen dazu bei, die Stimmung zu heben.

So saßen wir eines Abends in dem Salon. Die Eltern hatten sich zurückgezogen. Bei gutem Wein waren wir in bester Stimmung, tauschten Erlebnisse aus, und Scherze flogen hin und her. Ohne daß wir es bemerkten, war es Mitternacht geworden. Da hörte ich die gepreßte Stimme von Fred Strach:

«Jetzt wird er gleich kommen.»

«Wer denn?» fragte ich. Ich konnte mir schwer vorstellen, daß zu dieser Zeit noch ein Gast käme.

«Nun der Mann, der hier verunglückte und jede Nacht unsichtbar herumläuft.»

«Ach was», sagte ich, «soll er ruhig kommen.»

Ich war in gehobener Stimmung und nicht darauf eingestellt, auf solche Scherze einzugehen. Ilse meinte:

«Sie werden es gleich erleben, daß er kommt.»

Mit Absicht lenkte ich das Gespräch auf ein anderes Thema. Da unterbrach mich Fred: «Jetzt kommt er aus dem Nebenzimmer.» –

Wir verstummten alle, ich hörte erst leise, dann immer deutlicher die festen Tritte eines Mannes, der auf uns zukam. Ich saß wie gebannt auf meinem Stuhl und starrte in Richtung auf dieses unsichtbare Phänomen. Es war nicht zu glauben, aber die unsichtbare Person war vorhanden, denn die Schritte wurden immer deutlicher und lauter. Man hatte das Gefühl, im nächsten Augenblick müsse sich der Schreitende zwischen uns befinden. Jetzt blieb er stehen! Niemand wagte sich zu rühren oder ein Wort zu sagen, es war unheimlich. Was wird geschehen? Es dauerte etwa 15 Sekunden, dann hörte man erneut Schritte nah vor uns. Er ging denselben Weg, den er gekommen war, in das Nebenzimmer zurück, die Schritte wurden leiser und leiser, bis sie nicht mehr zu hören waren.

«Ja», sagte Fred, «das war er. Er kommt Nacht für Nacht, Jahr für Jahr, solange wir denken können, kommt und geht er.»

Ich war aufgewühlt durch dieses Erlebnis und fand kaum Schlaf. Immer und immer wieder mußte ich denken, daß sich etwas ganz Ungewöhnliches abgespielt hatte. Wohl hatte ich von geisterhaften Frauen gehört, die in alten Schlössern umgehen sollten, von Poltergeistern – aber nie von dergleichen. Wieso war der Mann, oder etwa nur seine Schritte, an diese Räume gebannt, und das für so lange? Hatte er etwas abzubüßen? Das alles war und würde stets ein Rätsel bleiben.

Seltenes Spielerglück

Nachdem ich das praktische Jahr in Nährschütz beendet hatte, setzte ich meine Universitätsstudien in Breslau fort. Ich war damals mit den bestehenden politischen Verhältnissen gar nicht zufrieden, meine Sympathien gehörten den radikalen Rechten, was begreiflich ist, wenn man bedenkt, daß ich 23 Jahre alt war und die Revolution und die Absetzung meines Vaters erlebt hatte.

So kam ich mit den Freikorpsführern Ehrhardt und Löwenfeld zusammen. Sie glaubten, ein Sturz der Republik und die Einrichtung einer sogenannten Nationalen Regierung würde die Lage in Deutschland grundlegend verändern. Auch war man überzeugt, eine andere Regierungsform sei eine bessere Garantie für die Unterdrückung des Kommunismus. Das war ein grundlegender Irrtum. Es erwies sich in der Folgezeit, daß einzig und allein die bestehende republikanische Regierung, besonders der besonnene sozialdemokratische Reichspräsident Ebert, mit der kommunistischen Gefahr fertig werden sollte.

Im Winter 1919/20 gärte es in Breslau erheblich. Ich wohnte mit meinen Brüdern im Palais Ballestrem. Wir hatten dort einen schönen Ausblick auf Anlagen, eine Eisbahn und einen Platz, an dem das Landgericht lag. Eines Mittags sahen wir eine riesige Menschenmenge. Es hieß, daß Kommunisten in das Landgericht eingedrungen wären, Gefangene befreit und Akten auf die Straße geworfen hätten. Die eingesetzte republikanische Schutzwehr hatte völlig versagt und sich zurückgezogen. Hinter unserem Haus stand eine Gruppe dieser Helden, die sogar ihre Gewehre weggeworfen hatten, als sie feststellten, daß die Kommunisten zum Teil bewaffnet waren. Jetzt entsandte das Generalkommando zwei Lastwagen mit MGs. Sie erhielten sofort gezieltes Feuer, das sie erwiderten. Vom Fenster sah ich die Menge in panischer Flucht nach allen Seiten auseinanderrennen, auch die harmlosen Schlittschuhläufer; die Wirkung des Feuers war verheerend, 45 Menschen blieben tot oder schwer verwundet liegen. Krankenwagen kamen, die Blutlachen wurden weggewaschen, und nach einer Stunde schon bewegte sich der Verkehr wieder normal über den Platz.

Ein anderes Mal ging ich nach dem Abendessen die Ohlauer Straße entlang. Plötzlich blendete ein Scheinwerfer auf, im nächsten Moment peitschte mir Maschinengewehrfeuer entgegen. Ich bin noch nie so schnell in einem Hauseingang verschwunden. Es ereigneten sich mehrere solcher Zwischenfälle, einmal feuerte sogar Artillerie am Kaiser-Wilhelm-Platz mitten in der Stadt. Wenn man aber glaubt, daß die Menschen dadurch sehr beeindruckt waren, so täuscht man sich. Es wurden Bälle und Diners veranstaltet, in den Klubs wogte das Leben. Geselligkeit war übrigens in Schlesien besonders großzügig und aufgelockert. Ich ging meinen Universitätsstudien nach und verbrachte meine Abende oft in der Schlesischen Provinzialressource, einem Klub im Hotel Savoy, wo man immer Bekannte und Freunde traf.

Dort hörte ich, daß in der Stadt ein inoffizieller Spielklub bestände, in dem man Bakkarat spiele. Ich hatte bisher nur ab und zu Quinze gespielt, das relativ harmlose Glücksspiel der deutschen Kavallerie. Es reizte mich natürlich, den Spielklub zu besuchen, der sich im ersten Stock eines etwas altertümlichen Hauses befand. Ich klingelte, worauf mich jemand fragte, ob ich dem Klub «Geselligkeit» beitreten wollte. Nach Erledigung der Formalitäten wurde ich eingelassen und sah vor mir einen großen Tisch, um den sich die Menschen drängten; an der Spitze saß der Bankhalter. Bald hatte ich das System erfaßt und setzte wahllos rechts und links mit sehr wechselndem Erfolg, und nach einer halben Stunde hatte ich 100 Mark verloren. Da trat der bisherige Bankhalter, ein ziemlich gewöhnlich aussehender, dicker Mann an mich heran und sagte:

«Wollen Sie nicht auch einmal die Bank halten?»

Ich sagte sofort ja, muß aber gestehen, daß ich mir über die eventuellen Konsequenzen eines solchen Schrittes durchaus nicht im klaren war. Ich wechselte Geld, schichtete es vor mir auf und machte nun das, was mein Vorgänger getan hatte. Bank rechts, links – Bank rechts, links. Ich hatte sechs, links war null, rechts sieben, also ich gewann und verlor. Das nächste Mal verlor ich beide Seiten, und es wurde mir – wie man so schön sagt – «schwummerig». Dann aber kam bei mir die neun, und ich zog alles ein. Und o Wunder, das ging achtmal so weiter, die Bank schlug und schlug, und als meine Taille beendet war, sah ich einen Haufen Geld vor mir. Nochmals die Bank zu halten, lehnte ich ab, denn ich hatte inzwischen begriffen, was mir geblüht hätte, wenn die Sache schiefgegangen wäre. Aber für dieses Mal hatte ich Glück gehabt und 10 000 Mark gewonnen, damals sehr viel Geld.

In der Provinzialressource sprach sich mein Erfolg herum, und eines Abends redete mich ein Bekannter, ein ehemaliger Offizier, folgendermaßen an:

«Ich habe gehört, daß Sie im Spielklub in 20 Minuten zehntausend Mark gewonnen haben. Sie sind also ein Glückskind. Ich wollte Sie bitten, mich in den Spielklub zu begleiten, denn ich weiß, daß Sie mir Glück bringen werden. Ich habe ein kleines Kapital von 30 Mille. Das ist zu wenig, um damit etwas Richtiges anzufangen. Deshalb will ich das ganze Geld im Spielklub einsetzen. Entweder ich gewinne, dann ist es gut, oder ich verliere alles, dann macht mir das auch nicht viel aus.»

Ich versuchte, ihm das auszureden, und sagte, daß man sehr selten gewinnt und meist verliert und es doch besser sei, 30 Mille zu haben als gar nichts. Und was mein Mitkommen anbeträfe, so wäre das Unsinn, daß ich Glück brächte.

«Doch, ich weiß es ganz genau und fühle es stark, daß Sie mir Glück bringen werden. Bitte, bitte kommen Sie mit mir.»

Er ließ nicht locker, und schließlich stimmte ich zu, selber neugierig geworden, wie der Abend ausgehen würde. Mein Bekannter konnte es nicht abwarten, und wir waren gleich zu Beginn am Spieltisch. «Was soll ich jetzt tun?» fragte er mich.

«Ich kann Ihnen auch nicht raten, rechts oder links müssen Sie Ihr Geld setzen oder auch auf beide Seiten.»

«Wieviel?»

«Das müssen Sie selber entscheiden, denn ich kann ja nicht für Sie spielen.»

«Warum denn nicht?»

«Nein», sagte ich, «Ihr Geld müssen Sie selber verlieren oder gewinnen.» Er warf nun 1000 Mark auf rechts und gewann. Er ließ die 2000 Mark stehen, und rechts gewann wieder.

«So», sagte er, «aller guten Dinge sind drei», und schwupp: die 4000 Mark wurden eingezogen. Mein Bekannter machte ein sehr verblüfftes Gesicht, faßte sich aber sofort und sagte: «Jetzt kommt wieder rechts», warf 3000 auf den Tisch und gewann. Beim vierten Stehenlassen hatte er bereits 48 000 Mark. Mit Mühe gelang es mir, ihm zum Einziehen des Geldes zu bewegen, und das war auch richtig, denn das nächste Mal verlor rechts. Mit dem gewonnenen Geld spielte mein Bekannter nun noch riskanter, und um Mitternacht hatte er bereits 180000 Mark gewonnen. Ich redete ihm zu, doch aufzuhören, er habe sein Kapital versechsfacht, und das bisher unerhörte Glück könne umschlagen. «Nein», sagte er, «solange Sie da sind, passiert nichts». Offenbar betrachtete er mich als eine Art Talisman, und ich war nahe daran, die Sache unter Beweis zu stellen. Aber meine Neugierde siegte, denn ich wollte sehen, wie das weiterging. Nun übernahm mein Spieler-Freund die Bank, da er sich kapitalkräftig genug fühlte, und viermal schnitt seine Bank mit großen Gewinnen ab. Gegen 1 Uhr 30 hatte er die Vierhunderttausend-Grenze erreicht. Er spielte wie ein Besessener, von dem einen Gedanken beseelt, heute, nur heute sei der Glückstag. Die Geldberge häuften sich vor ihm. Das erregte natürlich im Spielklub ungeheures Aufsehen und auch Neid. Ich hörte, wie ein Mann dem anderen zuraunte:

«Den bringen wir heute noch zur Strecke, so etwas geht nur eine Weile gut.» Einer der Männer steuerte auf meinen Bekannten zu und fragte ihn: «Würden Sie mit mir einen Schlag machen?» Dieser sah hilfesuchend zu mir hin, denn er hatte keine Ahnung, was ein Schlag war. Ich erläuterte das, denn ich erinnerte mich an den höchsten, der vielleicht je gemacht wurde. Ein Großgrundbesitzer und ein Großindustrieller kamen in der Ressource überein, um eine Million Goldmark zu spielen. Jeder bekam drei Karten, und wer nach der Berechnung des Bakkarat die höchsten Punkte hatte, der gewann. Sieger war der Großgrundbesitzer, und der Großindustrielle hatte eine Million verloren.

Nun ging es los. Erster Schlag 50000 Mark. Mein Bekannter gewann, 100000, er gewann erneut, 200000, wieder gewann er. Es war unheimlich. «Wie wäre es mit 400000?» fragte er, aber nun gaben seine Widersacher auf. Es war spät geworden, und bald würde der Klub schließen. Wir packten das ganze Geld in Rucksäcke, die wir uns besorgten und marschierten damit in meine Wohnung in der Kaiser-Wilhelm-Straße. Das war eine Angstpartie, gefährlich genug, aber es ging gut. Wir stellten einen Spielgewinn von 845000 Mark fest!

Am Morgen gingen wir zur Bank meines Bekannten, um das Geld einzuzahlen. Der Kassierer sah uns höchst mißtrauisch an, als wir ihm den Betrag nannten und ihn baten, das Geld in einem gesonderten Zimmer zu übergeben. Er ließ uns eine Weile warten, dann kam er mit dem Direktor zurück:

«Bei einem derart hohen Barbetrag muß ich Sie doch höflichst bitten, mich über die Herkunft des Geldes zu orientieren.» Das taten wir auch, stießen aber auf Unglauben. Schließlich aber zog doch das Argument, daß wir gestohlenes oder unterschlagenes Geld nicht ausgerechnet öffentlich bei einem Kreditinstitut einzahlen würden.

Mein Bekannter kaufte sich bald darauf einen größeren Besitz bei Danzig.

Ab Januar 1920 steigerte sich die politische Aktivität der Rechtsfront, und im Februar informierten mich meine Freunde von den Freikorps, daß demnächst der entscheidende Schlag gegen die Regierung geführt werde; ich würde kurz vorher den Termin erfahren. Es seien auch bereits Kontakte mit militärischen Befehlshabern aufgenommen worden. Es wurde verabredet, daß ich zunächst nach Berlin fahren sollte und nach Durchführung der Aktion nach Dresden, um mich dort der neuen sächsischen Regierung zur Verfügung zu stellen.

Man hatte mich über den Termin des Putsches orientiert, und ich hielt mich in Berlin auf. Der Putsch verlief planmäßig und völlig unblutig. Von Döberitz rückten die regulären Truppen des Generals von Lüttwitz und die Brigade Ehrhardt in Berlin ein und besetzten das Zentrum der Stadt. Der Reichspräsident war noch rechtzeitig gewarnt worden und im Auto nach Dresden gefahren, wo General Märker loyal zu ihm stand.

Generallandschaftsdirektor Kapp aus Königsberg übernahm das Kanzleramt, und der sächsische Oberfinanzrat Bang wurde Reichsfinanzminister. Da ich ihn kannte, suchte ich ihn zuerst auf. In der Innenstadt wehten überall die schwarz-weiß-roten Fahnen, und das Militär beherrschte das Bild. In der Reichskanzlei traf ich Bang und General von Lüttwitz. Diesem Kreis hatte sich auch der Kammerherr von Oldenburg-Januschau zugesellt, der früher eine führende Persönlichkeit der Konservativen Partei gewesen war. Es war mir interessant, seine Bekanntschaft zu machen. Dieser schlagfertige Ostpreuße und Landsmann von Kapp wurde durch seine Bonmots im Reichstag und in ganz Deutschland bekannt. Als ein Abgeordneter das Wort fallenließ:

«Des Volkes Stimme ist Gottes Stimme – vox populi, vox dei –», da rief er dazwischen:

Nein, vox populi, vox Rindvieh.» Auch tat er den treffenden Ausspruch: «Die Krippen bleiben immer die gleichen, nur die Ochsen, die davorstehen, wechseln.»

Herr von Oldenburg interessierte sich vor allem für die Frage, wie weit sich der Herrschaftsbereich der neuen Regierung außerhalb Berlins erstrecke. Mit Berlin hatte man schließlich noch nicht Deutschland. Da der Reichspräsident und die Regierung entkommen waren und die Dresdner Division fest hinter der alten Reichsregierung stand, war eigentlich der Putsch im wesentlichen gescheitert. Die übrigen Kommandeure im Reich zögerten, wohin sie sich wenden sollten, die Lage erschien ihnen reichlich unübersichtlich. Auch hatten sie alle mit kommunistischen Aktionen zu rechnen und natürlich auch mit einer ganz neuen Situation, falls Kapp sich durchsetzte.

Ich wurde von Bang gebeten, sofort nach Breslau zu fahren und den dortigen Befehlshaber über den geglückten Staatsstreich zu informieren und darauf hinzuwirken, daß er sich für die neue Regierung erkläre und sie unterstütze.

Ich übernahm diesen Auftrag. In Breslau war man über alles genau orientiert. Ich erfuhr, daß kein anderer Wehrkreis sich für Kapp erklärt hatte und daß von überall Nachrichten vorlägen, daß die Kommunisten in kürzester Zeit losschlagen würden. Im eigenen Wehrkreis sei diese Gefahr ebenfalls eminent. Ein Kampf Reichswehr gegen Reichswehr sei untragbar und das womöglich im Moment eines kommunistischen Umsturzversuches. Mir leuchtete dies sehr ein, und ich begann, an der Zweckmäßigkeit der Ziele der äußersten Rechten zu zweifeln.

Am folgenden Tag lagen sehr unangenehme Nachrichten vor. Die Kommunisten hatten in Berlin losgeschlagen und begannen, die Reichshauptstadt systematisch abzuriegeln. Im Norden der Provinz Schlesien waren bewaffnete kommunistische Trupps aufgetreten, und in Breslau rechnete man mit einem Aufstand. Als besonders gefährlich wurde die Lage im Ruhrgebiet bezeichnet. So beschloß der Breslauer Befehlshaber, drei Offiziere und mich nach Berlin zu schicken, um General von Lüttwitz und der Regierung Kapp folgendes klarzumachen:

Die vordringliche Aufgabe sei, den kommunistischen Aufstand niederzuschlagen. Dies sei nur möglich, wenn die gesamte Reichswehr geschlossen hinter dem Reichspräsidenten und der Reichsregierung stände. Daher würden General von Lüttwitz und Kapitän Ehrhardt aufgefordert, sich von Kapp loszusagen und dem Reichspräsidenten Ebert zu erklären, daß sie sich ihm unterstellten. Die Regierung Kapp sollte sofort zurücktreten. Wir vier bekamen Befehl, mit falschen Pässen in einem Privatwagen loszufahren. Aus mir wurde Kaufmann Karl Speller, geboren in Bautzen in Sachsen und wohnhaft in Oppeln.

Zunächst ging alles gut. Aber in Grünberg in Schlesien fielen wir den Kommunisten in die Hände. Von einer Gruppe Bewaffneter in Zivil mit Hüten und Kappen und roten Abzeichen wurden wir angehalten, umringt und zur kommunistischen Befehlsstelle gebracht. Dort wurden wir ausgefragt: Woher wir kämen, wohin wir wollten, warum wir im Auto und nicht mit der Bahn führen.

Unsere Ausweise wurden lange studiert. Als ich an der Reihe war, wurde ich gefragt:

«Nun Herr Speller, warum wollen Sie denn nach Berlin? Um Küchen- und Haushaltsgegenstände zu kaufen?»

«Ja.»

«Sind Sie politisch tätig?»

«Nee», antwortete ich, «dazu habe ich keine Lust und keine Zeit, und mit Ihnen als Kappisten will ich schon gar nichts zu tun haben.»

«Sieh mal einer an, der glaubt wir seien Kappisten, nee so was – sowas kann nur ein Kofmann sagen.»

Darauf wurden wir entlassen. Ich bat noch den Anführer, uns eine schriftliche Erklärung darüber zu geben, daß wir hier geprüft worden seien und er uns seinen Genossen zur Weiterfahrt empfehle. Er stellte das Papier aus, was uns in Berlin sehr zustatten kam.

Wir fuhren nun unangefochten aus Grünberg hinaus. Nach kaum fünf Kilometern begegneten wir einer Kompanie Reichswehr, die auf Grünberg marschierte. Wir wurden erneut angehalten und unsere Pässe besichtigt. Dann fragte uns der Hauptmann, ob wir klare Auskunft geben könnten, was in Grünberg los sei und wie stark dort die Kommunisten seien. Selbstverständlich berichteten wir, was wir gesehen hatten.

Wir kamen dann ohne Aufenthalt bis zum Stadtrand von Groß-Berlin. Dort war der Teufel los. Die Straße war aufgebrochen, eine Barrikade errichtet und nur eine schmale Durchfahrt offen. Ein schweres MG war in Stellung gebracht, und zahlreiche Rotfrontkämpfer standen, mit Gewehren und Handgranaten bewaffnet, herum. Wir mußten natürlich aussteigen und wurden ähnlich wie in Grünberg einem genauen Verhör unterzogen. Der Ausweis der proletarischen Hundertschaft aus Grünberg machte einen gewissen Eindruck; ohne ihn wären wir bestimmt nicht nach Berlin hineingekommen. Zwar wurde der Wagen genau untersucht, die Sitze herausgenommen, das Gepäck peinlich genau inspiziert. Es war gut, daß wir auf Anweisung von Leutnant von Woyrsch nichts Schriftliches bei uns hatten. Wir mußten hören, daß wir in Berlin nichts zu suchen hätten, die Stadt sei jetzt Kampfgebiet. Zu welchen Firmen wir wollten usw. Nach einer Stunde durften wir schließlich fahren. Militär kontrollierte uns noch mehrfach, aber wir gelangten doch durch die Linden bis zur Wilhelmstraße. Dort war alles scharf abgeriegelt. Ein Offizier, dem ich unsere Situation erklärte, brachte mich zu Minister Bang, der betroffen war. «Ich hatte gedacht, von Ihnen zu hören, daß Schlesien zu uns stehen würde», sagte er. «Statt dessen übermitteln Sie uns die Aufforderung, zurückzutreten.»

«Wäre es Ihnen gelungen, den Reichspräsidenten und die Regierung gefangenzunehmen, dann hätten Sie das Spiel gewonnen, so aber haben Sie es verloren. Ich habe gesehen, was sich in den anderen Teilen von Berlin abspielt. Die Truppen des Generals von Lüttwitz und des Kapitäns Ehrhardt werden faktisch belagert und von den Kommunisten immer mehr eingeschlossen. Ich erachte es für eine nationale Pflicht, sofort aufzuhören.»

Über den Ernst der Lage sei er sich im klaren, antwortete er. Die Entscheidung liege aber bei Kapp, Lüttwitz und Ehrhardt. Ich bat ihn, unverzüglich mit Kapp zu reden, und wir verabredeten für den nächsten Morgen um zehn Uhr eine neue Unterredung. Am Morgen hörte ich, daß die Kommunisten einen Vorstoß in Richtung Alexanderplatz unternommen hätten, ein Vordringen sei jedoch unterbunden worden. Bang erklärte mir, Kapp dächte nicht daran zurückzutreten, und Lüttwitz hielte zu ihm. Erhardt wolle nicht in der Regierung bleiben, jedoch weiter gegen die Kommunisten kämpfen. Er selber werde heute noch seinen Rücktritt erklären.

Meine Mission war beendet, und ich beschloß, nach Breslau zurückzufahren. Da der gesamte Zugverkehr unterbrochen war, erwies es sich als unmöglich, und ich mußte noch weitere fünf Tage in Berlin bleiben. Die Lage wurde immer kritischer, denn die Lebensmittel- und Stromversorgung ließ mehr und mehr nach. Die Regierung Kapp löste sich auf, und im Ruhrgebiet brach der erwartete kommunistische Aufstand aus, an dem 120000 Rotfrontkämpfer beteiligt waren. In dieser Stunde größter Gefahr bewies Reichspräsident Ebert seine staatsmännische und menschliche Größe. Er reichte allen denen die Hand, die gegen ihn vorgegangen waren – selbstverständlich unter der Bedingung, gegen die Kommunisten zu marschieren. Zum zweitenmal hatte Friedrich Ebert, dieser unscheinbare, aber ungewöhnliche Mann, Deutschland gerettet.

Ich ging von Breslau zum Sommersemester nach Freiburg und dann nach München, wo ich mit Unterbrechungen bis 1933 blieb.

München gefiel mir ausgezeichnet, es war eine angehme Stadt mit viel Kultur und Anregungen. Meine bayerischen Verwandten nahmen mich sehr herzlich auf, und ich studierte dort an der Handelshochschule.

Erneut kam ich mit Kronprinz Rupprecht wieder in Verbindung, mit dem ich 1914/15 im Bereich von Lille viel zusammengewesen war.

In München wohnte auch meine so überaus charmante und liebenswürdige Tante Marie José, die Herzogin Karl Theodor in Bayern. Ich war oft bei ihr zu Besuch und wurde von ihr wie ein Kind des Hauses behandelt. Ihr Mann, ein bekannter Augenarzt, war der Bruder der Kaiserin Elisabeth von Österreich. Sie selber war die Mutter der Königin Elisabeth von Belgien.

Die Schwester der Tante Marie José war die verwitwete Großherzogin von Luxemburg, die mit ihren fünf Töchtern auf Schloß Hohenburg bei Tölz wohnte. Ich bekam eine Einladung von ihr und fuhr über Tölz nach Lenggries, in dessen unmittelbarer Nähe Schloß Hohenburg lag, ein hoher rechteckiger Bau; auf der einen Seite blickte man auf die Berge, auf der anderen auf das Isartal. An Hohenburg schloß sich ein prachtvoller hochstämmiger Wald an; die Umgebung hatte den ganzen Reiz des Voralpenlandes.

Meine Tante nahm mich mit offenen Armen auf und war so herzlich und verwandtschaftlich, daß ich mich gleich wie zu Hause fühlte. Vom ersten Tage an bestand zwischen uns eine seltene Harmonie, und bald verband mich eine enge und herzliche Freundschaft mit dieser so gütigen, intelligenten und tatkräftigen Frau, die später meine Schwiegermutter werden sollte.

Die älteste Tochter war Marie Adelheid, die 1918 als Großherzogin abgedankt hatte, in einen Krankenpflegerorden eingetreten und sehr frühzeitig gestorben war. Sie war eine sehr sympathische Persönlichkeit, ruhig, gescheit, überlegt und herzlich. Wir schlossen sehr gute Freundschaft, die bis zu ihrem Tode dauerte.

Die Zweitälteste war die Regierende Großherzogin Charlotte. Es folgten dann Hilda, Antonia, Elisabeth und schließlich Sophie, die Jüngste. Die fünf Cousinen waren alle sehr natürlich, einfach und herzlich. Eine hervorstechende Eigenschaft aller war ihre

Liebe zur Landschaft, zu Tieren und Pflanzen und die Freude am Wandern.

Und darin fanden wir uns bald. Wenn ich von München nach Hohenburg kam, und das war sehr oft der Fall, dann durchstreiften wir den Wald, wanderten an der Isar entlang, veranstalteten Picknicks, und manchmal fuhren wir mit dem Auto tiefer in das Gebirge hinein. So lernte ich auf ganz natürliche Weise alle fünf näher kennen.

Am besten gefiel mir Sophie, die Jüngste, die 18 Jahre alt war. Sie war groß, schlank, schwarz und hatte ein sehr schönes feingeschnittenes Gesicht. Ihren Typus hatte sie von ihrer Mutter geerbt, die Portugiesin war. Von Charakter war sie gütig, herzlich und anhänglich.

Meine Sympathie und Zuneigung, die ich von Anfang an zu ihr hatte, verstärkte sich immer mehr, ich fühlte bald, daß ich in sie verliebt war. Ich bemerkte auch, daß ich ihr nicht gleichgültig war und sie gern mit mir zusammen war. Und so war es nur zu natürlich. daß ich ohne viel Bedenken den Entschluß faßte, um sie zu werben.

Als ich wieder einmal in Hohenburg war, machte ich bei herrlichem Herbstwetter einen Spaziergang mit ihr und sah mit Begeisterung dieses schöne zauberhafte Wesen neben mir. Im Überschwall meines Gefühls hakte ich mich bei ihr ein, zog sie etwas an mich und sagte ihr alles, was ich auf dem Herzen hatte. Ohne viele Worte zu machen, stimmte sie dieser für unser beiderseitiges Leben so entscheidenden Frage zu. Ich war überglücklich, und wir eilten zum Schloß, um meiner Tante das große Ereignis mitzuteilen.

Am 12. April 1921 heirateten wir und wurden in der kleinen barocken Schloßkapelle von meinem Onkel Max getraut. Eine Woche vorher hatte Kronprinz Rupprecht in derselben Kapelle die Lieblingsschwester meiner Frau, Toni, geheiratet. Beide, Toni und Sophie, waren wirklich von strahlender Schönheit. Nach der Hochzeitsreise, die uns nach Rom, Neapel und Sizilien führte, zog ich mit meiner jungen Frau nach München und kaufte mir ein kleines Haus in Nymphenburg. Auf der Hochzeitsreise in Taormina traf meine Frau eine alte Italienerin, die ihr aus der Hand prophezeite. Sie sagte voraus, daß wir drei Söhne bekommen würden, was auch tatsächlich eintraf. Der erste Sohn wurde uns 1922 geschenkt, und er erhielt den alten Familiennamen Dedo. Ihm folgten 1923 Timo und 1925 Gero.

Nuntius Pacelli

Bald nachdem ich mich in München niedergelassen hatte, nahm mich eine Angelegenheit in Anspruch, die im Interesse meines Vaters und der Familie lag. Mein Vater besaß in Oberschlesien im Kreise Lublinitz die Herrschaft Guttentag, die ungefähr 20 Kilometer von der polnischen Grenze und 50 Kilometer westlich von Tschenstochau lag. Da der Völkerbund Oberschlesien zu teilen beabsichtigte, so bestand die akute Gefahr, daß der Besitz zu Polen geschlagen werden würde, was mit seinem Verlust gleichbedeutend gewesen wäre. Schon im Juni 1922 gingen alle Informationen dahin, daß der ganze Kreis Lublinitz, und damit auch Guttentag, polnisch würde. Mein Vater hielt deshalb eine Intervention für erforderlich und hielt den Nuntius Pacelli, den nachmaligen Papst Pius XII., für die geeignete Persönlichkeit. Er beauftragte mich, die Angelegenheit dem Nuntius vorzutragen.

Nuntius Pacelli war ein ungewöhnlich gut aussehender Mann: groß, schlank, mit einem langen, schmalen Kopf und tief dunkelbraunen Augen. Er hatte etwas außerordentlich Diszipliniertes, sprach leise, sehr überlegt und war ein vollendeter Diplomat, taktvoll und von gemessener Liebenswürdigkeit. Sein Sprachtalent und sein Fleiß – er sprach fließend deutsch, englisch, französisch und polnisch – kamen ihm als Nuntius und als Papst zugute. Seine Gesamterscheinung war die eines Aristokraten – auf ihn paßte im wahrsten Sinne das Wort Kirchenfürst.

Bei meiner ersten Unterredung trug ich dem Nuntius unser Anliegen vor und überreichte ihm ein Aide-mémoire und eine Karte mit Grenzwünschen. Er werde, erwiderte mir der Nuntius, die Angelegenheit Seiner Heiligkeit vortragen und ihn um die Autorisation bitten, die Frage behandeln zu dürfen. Er zweifle nicht, daß Seine Heiligkeit alles tun werde, um Seiner Majestät als katholischem Fürsten gefällig zu sein. Wir hatten dann noch ein sehr interessantes Gespräch, bei dem sich ergab, wie weitschauend und klar der Nuntius die weltpolitische Lage sah. Wenig später teilte er mir mit, daß der Papst die Genehmigung erteilt hätte. Damit bekäme die Demarche offiziellen Charakter.

Die Sondierungen des Nuntius erstreckten sich auf Frankreich und England, bei denen schon Einverständnis darüber bestand, den

Kreis Lublinitz geschlossen an Polen zu geben. Der Nuntius aber setzte seine Bemühungen fort, vor allem in Paris, dem Zentrum des Widerstandes. Und tatsächlich gelang es ihm im August 1920, Frankreich für unsere Sache zu gewinnen, so daß Guttentag und Umgebung bei Deutschland blieb. Es war dies ein erstaunlicher Erfolg, der ausschließlich der diplomatischen Geschicklichkeit und dem großen Ansehen des späteren Papstes zu danken war.

Unvergeßlich ist mir ein gemeinsamer Ausflug, den meine Frau, der Nuntius und ich von Hohenburg aus unternahmen. Wir fuhren isaraufwärts nach der Riß, wo wir gemeinsam einkehrten, Bier und bayerische Knödel verzehrten und den Mittag verbrachten. Pacelli genoß es sichtlich, einmal Mensch unter Menschen zu sein. Wir vermieden absichtlich tiefe Gespräche, wir plauderten über Land und Leute, was ihn sehr interessierte. Als wir wieder in Hohenburg waren, meinte meine Frau:

«Nun kann ich später einmal sagen, daß ich den Papst gefahren und mit ihm Bier getrunken habe.» Denn schon 1922 nahm jedermann an, daß Pacelli der nächste Papst sein würde.

Sehr gerührt hat es mich, als 1944 ein Soldat nach Moritzburg kam und mir einen Gruß des Papstes ausrichtete. Er erzählte: «Der Papst empfing uns Soldaten und fragte mich, wo ich zu Hause sei. – Dresden. – «Dann», sagte der Papst, «gehen Sie bitte nach Moritzburg und bestellen dem Prinzen Ernst von Sachsen einen herzlichen Gruß.»

Wilderer in Zengermoos

Da meine Frau und ich passionierte Jäger waren – ich bin es noch –, pachtete ich mir eine Jagd im Erdinger Moos bei Ismaning. Das Gut Zengermoos, nach dem die Jagd benannt war, gehört noch heute der Stadt München. Es war in jeder Beziehung eine ideale Jagd. Sie war im Auto in 35 Minuten von meiner Wohnung aus zu erreichen; es waren 200 Hektar sogenannte Streuwiesen vorhanden, in denen eine ausgezeichnete Birkhahnbalz war. Im Jahre 1912 balzten in Zengermoos 300 Hähne, 1922, als ich die Jagd pachtete, waren es immerhin noch 90; 1932 waren es nur noch zwei, und heute gehört die Birkhahnbalz im Erdinger Moos der Geschichte an. Mit den Birkhähnen verschwanden die Moosgrillen, wie man in Bayern die großen Brachvögel nennt, und die Primeln und der Enzian. Geteerte Straßen durchziehen das ehemalige Moos, und aus den Streuwiesen wurden grüne Wiesen, auf denen mit Traktoren und Maschinen gearbeitet wird. Die Kultur hatte gesiegt, aber die Heimat war ärmer geworden. Der Mensch im Planungsbüro, am Reisbrett und im Bagger weiß nichts von dem geheimnisvollen Moor, es ist Ödland und muß kultiviert werden – und damit gehen Fauna und Flora verloren.

Im Jahre 1948 kam ich nach Irland. Das große Moor unweit meines dortigen Besitzes beherbergte die schönen schottischen Moorhühner, Grouses genannt; ich sah sie balzen, wenn ich durch das Moor fuhr. Im Frühjahr waren weite Strecken mit leuchtendem gelben Ginster bedeckt. Einmal sah ich 100 Kraniche im Moor stehen. Dann kamen die Planer und nach ihnen die Bagger und Maschinen. Das Moor ist jetzt mit Schienen der Förderbahn durchzogen, die Motoren rattern, die Flüsse und Gräben sind ausgebaggert. Die schottischen Moorhühner, Brachvögel und Fischottern sind verschwunden.

Aber ich will ja die schöne Vergangenheit schildern. Im Zengermoos war das Frühjahr herrlich. Im Moor sah man die Birkhähne mit ihren leuchtenden roten Balzrosen und ihren krummen, sichelförmigen Stoßfedern am Boden Kreise ziehen, in die Luft springen und hin und her fliegen. Ein einziges Kullern erfüllte die Luft, unterbrochen von dem eigenartigen Zischlaut der Balz: Tschu-Hui! Über dem Moos zog mit seinem aufsteigenden, melodischen

Pfeiflaut der große graue Vogel mit dem langen gebogenen Schnabel, der große Brachvogel. Hoch oben sah man, eilig fliegend und mit einem eigenartigen Meckern einen Sturzflug vollführend, die Bekassine, im Volksmund «Himmelsziege» genannt. Auf einem kleinen Hügel stand ein bunter Fasanenhahn, schlug mit den Flügeln und rief «Gock-Gock». Der Hase hoppelte durch das Gras, und im fernen Hintergrund stand ein Sprung Rehe noch grau und unverfärbt.

Und die Streuwiesen waren schön mit blauem Enzian und gelben Primeln bewachsen. Sah man nach Süden, so breitete sich, besonders bei Föhnwetter, in weiter Ferne die majestätische Bergkette der Alpen aus.

Das war mein Revier, das Zengermoos, das ich über alle Maßen liebte und wo ich Jahr für Jahr unvergeßliche Stunden verbrachte. Dieses Paradies hatte aber seine Schattenseite: Das war die Wilderergefahr. Im Gebiet des Erdinger Mooses wurden nach der ersten Urbarmachung entlassene Sträflinge angesiedelt, soweit ich mich erinnere, im ersten Drittel des 19. Jahrhunderts. Diese Neubauern heirateten vielfach untereinander und vererbten ihre Anlagen. Dazu gehörte auch das kriminelle Wildern, Förster- und Jägermord.

Während meiner Pachtperiode fanden dort drei schwere Zusammenstöße statt. Zwischen den angrenzenden Jagdbezirken bestand die Übereinkunft, sich gegenseitig zu überlagern, wenn einer der Jäger abwesend war. Eines Tages hatte mein Jäger eine Verabredung, weshalb der Nachbarjäger Niggl im Zengermoos den Schutz übernahm. Als er einen Weg zwischen Torfstichen entlangging, wurde er plötzlich von vorn mit der Kugel beschossen, jedoch verfehlt. Er sprang hinter einen großen Baum, wobei er erneut beschossen wurde. Nun wartete Niggl erst einmal eine gute Weile ab, dann hielt er vorsichtig seinen Hut an der Seite des Baumes heraus. Sofort fiel wieder ein Kugelschuß, der den Hut traf. Niggl wartete sehr lange und warf ab und zu einen Blick auf den gegenüberstehenden Baum, hinter dem er seinen Feind wußte. Plötzlich war ein Stück von einem Hut zu sehen, aber Niggl tat bewußt nichts. Nach einiger Zeit erschien der Hut erneut, Niggl tat wieder nichts. Dann sah er plötzlich ein Stück Kopf herausragen, jedoch zog der Wilderer ihn sofort wieder zurück. Der Wilderer rechnete offensichtlich damit, Niggls Kopf getroffen zu haben, war sich aber wohl nicht völlig sicher. Niggl aber wollte völlig sicher gehen, bevor er schoß. In höchster Spannung lag er im Anschlag mit gestochener Büchse, bereit, sofort abzudrücken, wenn der Kopf nochmals erscheinen würde. Das tat er jetzt, und Niggl traf den Wilderer mitten ins Gesicht. Er konnte es genau sehen, weil der Wilderer im Feuer zusammenbrach und rechts neben dem Baum zu Boden sank. Als er an ihn herantrat, lag er im Sterben.

Die alarmierte Polizei fand in der Nähe einen Lieferwagen aus Garmisch-Partenkirchen, und der Tote wurde als Kolonialwarenhändler von dort identifiziert, der in München Einkäufe gemacht hatte. Er war im Krieg Vizefeldwebel im Bayerischen Leibregiment gewesen und hatte das Eiserne Kreuz I. Klasse erworben.

Der nächste Zusammenstoß ereignete sich während des Sommers in den Feldern. Mein Jäger machte am Spätnachmittag einen Kontrollgang an einem Graben entlang, der zwei Getreidefelder trennte. Auf einmal hörte er Stimmen und sah fünf Wilderer, die eine Streife auf Rehe im Getreide machten, auf sich zukommen. Er ging sofort zu Boden und duckte sich im Getreide. Als einer der Wilderer zehn Meter von ihm entfernt war, schoß er ihm in den Oberschenkel. Der Mann warf die Hände in die Luft und sackte zusammen. Auf den Schuß hin warfen sich die anderen vier Wilderer ebenfalls ins Getreide. Mein Jäger robbte nun zurück, kam unangefochten aus dem Feld heraus und fuhr sofort nach Ismaning zur Gendarmerie. Da es inzwischen zu dunkel geworden war, bestellte der Wachtmeister die Münchner Polizei für den nächsten Morgen. Die Beamten brachten einen Polizeihund mit, der eine große Blutlache und viele Fußspuren aufspürte. Der Hund führte die Beamten geradlinig zu einem Siedlerhof, der etwa 800 Meter entfernt lag. Dort sprang er an die Tür. Der Bauer lag zu Bett und schien starke Schmerzen zu haben. Zunächst behauptete er, eine landwirtschaftliche Maschine habe ihn verletzt, aber der Sachverhalt war unschwer festzustellen. Sein Zustand war gefährlich, da der Oberschenkel zerschmettert war und er keinen Arzt gerufen hatte. So kam er denn erst in die Klinik und später ins Gefängnis.

In den zwanziger Jahren bestand in Bayern noch das alte Jagdgesetz, das Jagdbezirke zuließ, die in ihrer Größe und Lage untragbar waren. So grenzte meine Jagd an ein Revier, das nur 40 Hektar groß war. Dazu gehörte ein langer Streifen, der nur 200 Meter breit war. Als dieses Unding von einem Jagdbezirk zur Verpachtung angeboten wurde, fanden sich 23 Interessenten. Es waren die Wilderer der nächsten Umgebung, die sich damit als ordnungsgemäße Jäger mit Jagdschein tarnen wollten.

Im Winter ereignete sich in meinem Revier ein Wildererabenteuer, das weite Kreise zog. Es war bekannt geworden, daß mein Jäger zu einer großen Jagd eingeladen worden war. Da er aber mißtrauisch war, kam er nach zwei Stunden wieder zurück. Schon von weitem stellte er fest, daß eine regelrechte Treibjagd auf meinem Revier in vollem Gange war. Die 23 Nachbarn des Wildererkonsortiums hatten sie veranstaltet, da sie sich absolut sicher fühlten. Von Zengermoos aus verständigte mein Jäger das Münchner Überfallkommando, das mit 40 Mann angerast kam. Die Wilderer schossen auf die Polizei, worauf diese das Feuer erwiderte. Darauf zogen sich die Wilderer in ein großes Fichtendickicht zurück, das auf der einen Seite an Felder, auf der anderen an Torfstiche grenzte. Die Polizei konnte diese Dickung nicht ohne erhebliche Verluste erstürmen. Es wurden Verstärkungen aus München herangezogen, so daß schließlich 200 Mann im Einsatz waren. Ab und zu fiel aus dem Dickicht ein Schuß, vermutlich ungezielt und mit Schrot. Die Polizei erwog, Minenwerfer einzusetzen. Dies hätte aber zu viel Aufsehen erregt. So entschloß man sich, das Gebiet weit abzuriegeln und die Wilderer auszuhungern. In der Nacht sollten Scheinwerfer eingesetzt werden.

Doch es kam anders als erwartet. Nachdem es lange ganz ruhig gewesen war, fiel am Nachmittag plötzlich ein einzelner Schuß. Zehn Minuten später flatterte ein Hemd an einer Fichte, das Zeichen der Kapitulation. Dann kamen vier Mann, die einen Mann auf Fichtenstangen trugen, gefolgt von ihren anderen Kumpanen. Was war geschehen? Der Führer der Wilderer war gestolpert, dabei hatte sich seine Flinte entladen und ihn erheblich am Bein verletzt. Unsere liebenswürdigen Jagdnachbarn bekamen die verdiente Quittung für ihre Unverfrorenheit vor Gericht. Dort erklärten sie, nur Schreckschüsse mit Schrot abgegeben zu haben. Trotzdem kam ihnen diese Jagd teuer zu stehen: Wilderei und Widerstand gegen die Staatsgewalt unter erschwerenden Umständen.

Ich selber hatte ein eher komisches und harmloses Zwischentreffen mit einem Wilderer. Eines Sonntags fuhr ich ins Revier und ging gerade den Weg entlang, an dem Niggl den Zusammenstoß gehabt hatte. Da bemerkte ich, daß jemand dauernd hinter mir herging. Es war ein junger Mann im oberbayerischen Sonntagsstaat.

Er erreichte mich, sagte «Grüß Gott», und dann:

«I bin der, wo ehna die Fasana weggschossen hat un nu wold i eh fragen, ob Sie net an Jaga bräuchtn?»

Ich muß gestehen, daß ich über diese sonntägliche Beichte einigermaßen erstaunt war. Ich sagte ihm, daß ich schon einen Jäger hätte und er das Wildern künftig lassen möge, denn das könne ihn einmal das Leben kosten. Er versicherte, er würde es nicht mehr tun, aber versuchen, eine Stellung als Berufsjäger zu bekommen, denn die Jagd sei ihm das Höchste.

München, wo ich seit 1921 wohnte, war ein politisch heißes Pflaster. Politische Bewegungen und Freikorps hatten hier ihre Hauptquartiere aufgeschlagen. In dem Ziel, den Versailler Vertrag aufzuheben, eine sogenannte Nationale Reichsregierung zu bilden und eine starke Militärmacht aufzubauen, waren sich die Bünde Oberland und Reichskriegsflagge, die Nationalsozialisten und die Kreise um Ludendorff einig. Um die Fahne Blau-Weiß hingegen scharten sich die heimatbewußten Bayern mit dem Endziel der Wiederherstellung der Monarchie.

Eines Tages im Jahre 1922 besuchte mich ein Bekannter aus Berlin, der frühere preußische Landrat von Hertzfeld. Er erzählte mir, daß er nach München gekommen sei, um sich über die politische Atmosphäre zu orientieren. So sei er mit den Nationalsozialisten zusammengekommen und heute abend eingeladen. Ob es mich interessiere, mitzukommen. Ich sagte zu, und wir fuhren in die Barerstraße, wo in einem einfachen Lokal die Versammlung stattfand. 60 bis 80 Personen saßen im dichten Tabakrauch, dicke Biergläser vor sich, es roch nach Würsten und Kraut. Ein jovialer Mann, der Dichter Dietrich Eckart, dem die Partei den Slogan «Deutschland erwache» verdankte, stand auf und begrüßte uns. Eckart stellte uns seinen engsten Mitarbeiter, Herrn Adolf Hitler, vor. Dieser Mann mit seinem ausdruckslosen und halb abwesenden Gesichtsausdruck ließ nicht im geringsten vermuten, daß er einmal die halbe Welt ins Verderben stürzen würde.

Nach einer Ansprache von Dietrich Eckart, in der schon die damals üblichen Tiraden von Schmach und Schande von Versailles und Auferstehung des ewigen Deutschlands vorkamen, wurden wir unsererseits aufgefordert, Fragen zu stellen. Herr von Hertzfeld fragte, welches die sozialen Ziele der Partei seien. Ihm antwortete jedoch Adolf Hitler und nicht Dietrich Eckart, der bereits in den Hintergrund geschoben zu sein schien. Nun ging es los – mit damals noch dünner Stimme und stark österreichischem Akzent.

«Das ‹daitsche Volg› ist zerrissen, nicht nur die Parteien, sondern auch durch den Gegensatz zwischen Kapitalismus und der Arbeiterklasse. Dies nutzt der Jude aus, um Deutschland zu beherrschen und auszusaugen. Wie ‹Barasiden› haben sie sich in seinen

Leib eingebohrt. Dagegen muß das ganze deutsche Volk sich in einer ehernen Gemeinschaft zusammenschließen, um nach Beseitigung der jüdischen Vorherrschaft eine Volksgemeinschaft ohne Klassen zu bilden. Nur so kann Deutschland wieder stark und groß werden, das ist der Sozialismus, den wir erreichen wollen.»

Ich sah zu Herrn von Hertzfeld hinüber. Sein Gesicht zeigte Betroffenheit. Er fragte weiter:

«Sind Sie eine ausgesprochene Arbeiterpartei, und was streben Sie für die Arbeiter an?»

Darauf Hitler: «Unter Arbeitern verstehen wir alle Menschen, die arbeiten, gleichgültig, auf welchem Gebiet. Sie alle wollen wir schützen und ihnen helfen, Arbeit zu bekommen, damit dadurch ein großes, freies und leistungsfähiges Volk entstehen kann.»

Wir blieben noch eine halbe Stunde sitzen, und es entspannen sich persönliche Gespräche. So fragte ich Hitler, der neben mir saß, was er für einen Beruf ausübe. Hier begann er zu stottern und murmelte etwas wie Künstler. (Er hatte nie einen Beruf erlernt und verkaufte vor dem Weltkrieg in Münchner Lokalen selbstangefertigte Postkarten.) Unter anderem fragte ich, ob er die Absicht habe, jetzt Berufspolitiker zu werden.

«Ja, schon», antwortete er, «vor allem will ich Deutschland frei machen.» Hier fiel Herr von Hertzfeld ein:

«Ja, das wollen wir alle.»

Wir verabschiedeten uns und besprachen unsere Eindrücke.

In der Nacht vom 8. auf den 9. November heulte der Sturm durch die Straßen Münchens, und kalte Schauer peitschten hernieder. Für diesen Abend war eine Versammlung der Vereinigten Vaterländischen Verbände Bayerns im Bürgerbräu anberaumt, in der Herr v. Kahr eine programmatische Erklärung über die nächste Politik der Bayerischen Regierung abgeben wollte. Dieser Erklärung wurde größte politische Bedeutung beigemessen, da man allgemein annahm, sie werde der erste Schritt zur Wiedereinführung der Monarchie sein. Aus diesem Grunde nahm das ganze offizielle München an der Versammlung teil, und auch ich erhielt eine Ehrenkarte.

Mit einem mir bekannten Arzt, der dem Ausschuß angehörte, traf ich zehn Minuten vor Beginn ein. Der Eingang war von einem dichten Kordon von Polizisten abgeriegelt, was an sich ungewöhnlich war. Ein Polizeioffizier erklärte mir, der Eintritt sei wegen Überfüllung vorübergehend nicht möglich, ich möchte mich im Garten des «Bräus» so lange aufhalten, bis ich gerufen werde. Obwohl das alles sehr merkwürdig war, glaubten wir doch, daß es sich um eine polizeiliche Maßnahme handle.

Wir harrten etwa 20 Minuten bei Regen und Sturm in dem Biergarten aus. Während dieses ungemütlichen Aufenthaltes entdeckten wir auf der Gartenterrasse einen Mann mit einer Militärjoppe und dem Pour le Mérite, der dort auf und ab ging. Um 8 Uhr 20 kam ein Polizist und ließ uns wissen, daß wir jetzt in den Saal hineinkönnten. Wir gingen zum Eingang, wo noch immer die Polizeikette stand. In diesem Moment hörte man ein gewaltiges Rasseln, und wie aus dem Boden gestampft standen sechs Lastwagen, dicht besetzt mit Soldaten in Feldgrau und Stahlhelm und Gewehren, vor dem Eingang. Auf einen Pfiff sprangen sie von den Wagen und stürmten die Treppe hinauf. In diesem Moment erschien der Pour le Mérite-Träger von der Terrasse. Es war Hermann Göring, er rief mir zu: «Königliche Hoheit, kommen Sie herein.» Mein Begleiter und ich passierten nun die Polizeikette und betraten den Garderobenraum. Im selben Augenblick hörte man das Donnern von Soldatenstiefeln, und eine Abteilung von ungefähr 40 Mann stürmte in den Garderobenraum. Das erste Opfer dieses ruhmreichen Angriffs war der unglückliche Garderobenmann, der mit einem Kolbenschlag niedergestreckt wurde. Auf mich stürzten sich zwei SA-Männer. Während der eine mir seine Pistole unter die Nase setzte, richtete der andere den Lauf seines Gewehres auf meine Brust und schrie: «Hände hoch, Hände hoch!» Bei verrückt gewordenen Waffenträgern und sonstigen Irrsinnigen ist es geboten, zu gehorchen. Ich hob brav meine Arme nach oben, und mir fiel nichts anderes ein als zu sagen:

«Was wollen Sie eigentlich, ich bin doch kein Bolschewik.»

Nun geschah etwas ganz Erstaunliches: vor mir baute sich ein junger Offizier auf, während ich die Hände noch hoch hielt, salutierte und rief:

«Heil Hoheit, der Tag der Freiheit ist angebrochen!»

Darauf ich: «Gut, dann befreien Sie mich mal zuerst.»

Auf einen Wink des Offiziers traten meine beiden Bewacher zur Seite. Der Leutnant stellte sich vor: v. K., ehemals sächsischer Offizier. Er und seine Mannschaften gehörten zur SA Hitlers, die gerade bei der Reichswehr ausgebildet wurden und daher deren Uniformen trugen.

K. gab mir den guten Rat, so schnell wie möglich in den Saal zu gehen, da hier gleich noch mehr Soldaten einträfen. Das war einfacher gesagt als getan, denn viele Leute versuchten, den Saal zu verlassen, und stauten sich an der Absperrung der SA. Von Leutnant v. K. hineinkomplimentiert, kam ich dadurch an die Spitze dieser Menschenmauer.

Inzwischen schleppte die SA ein schweres Maschinengewehr herbei, das so aufgestellt wurde, daß es dicht vor mir unmittelbar auf meine Beine zielte. Dahinter kniete ein SA-Mann, mit dem linken Daumen an der Feuerauslösung, alles in allem eine Situation, die mir gar nicht gefiel. Ich bahnte mir daher etwas unsanft einen Weg in den Saal. Dann suchte ich – sozusagen als Luftschutzkeller – die Toilette auf und fand dort bereits eine erlauchte Gesellschaft vor: die Minister Bayerns, den Oberbürgermeister, den Wehrkreiskommandeur und den Kommandeur der Landespolizei. Die Lage wurde dort besprochen, und die Herren interessierten sich sehr für meine Erlebnisse, zumal niemand wußte, wie es außerhalb des Saales aussah.

Als ich wieder in den Saal kam, herrschte eine starke Unruhe, und das Geschrei und Diskutieren war so laut, daß man kein Wort verstand. Da sah ich Hitler auf einen Stuhl steigen. Er zog die Pistole aus der Tasche und feuerte einen Schuß gegen die Decke, um sich Gehör zu verschaffen. Darauf erfolgte ein Zuruf aus der Menge: Mexiko. Nun sprudelte er los, etwa so: «Die deutsche Revolution ist erfolgt, die Schmach von vor sechs Jahren ausgelöscht, die neue Reichsregierung ist gebildet und wird in Kürze proklamiert werden. Ich habe zu General Ludendorff geschickt, er wird bald kommen.»

Es trat nun eine allgemeine Beruhigung ein. Der Ausschank des Bieres, ohne den es in Bayern nun mal nicht geht, kam wieder in Gang, an den Tischen entwickelten sich erneut Gespräche, die außerhalb des Politischen lagen. Nach längerer Wartezeit wurde verkündet, General Ludendorff sei eingetroffen. Mit strengem, etwas verbissenem Gesicht betrat Ludendorff in Zivil, begleitet von Hitler, den Saal, wurde aber von den Anwesenden kaum beachtet, geschweige denn begrüßt. Nun erfolgte das Theater der Proklamation der neuen Reichsregierung, die zunächst allein den Münchner Bürgerbräukeller beherrschte. General v. Lossow, der Wehrkreiskommandeur, Oberst Seisser, der Kommandeur der Landespolizei, und Herr von Kahr machten notgedrungen mit, um ihre Aktionsfreiheit wiederzugewinnen. Alle hielten kurze, nichtssagende Ansprachen. Nur Herr v. Kahr, als treuer bayerischer Monarchist, sagte:

«Ich übernehme das Amt des Generalstaatskommissars als Sachverwalter Seiner Majestät des Königs.»

Dies war eine sehr mutige Erklärung, die ihn – neben vielem anderen – am 30. Juni 1934 sein Leben kostete. Er wurde von der SS außerhalb Münchens erschlagen.

Nach der Proklamation löste sich alles erstaunlich schnell auf, zumal es sehr spät geworden war. Die Zugänge wurden geöffnet, und jeder konnte nach Hause gehen. Auf dem Rindermarkt begegnete ich einer Truppe, die dort anscheinend auf Befehle wartete. Es waren die Offiziersschüler der Kriegsschule, die fast in ihrer Gesamtheit aus einem falschen, nationalen Idealismus zu Hitler übergegangen waren. Obwohl sie nicht in Aktion traten, verlieh Hitler ihnen allen später die Auszeichnung, die den besonders geschmackvollen Namen «der Blutorden» trug.

Hitler fühlte sich nach seinem Sieg im Bürgerbräukeller völlig sicher und hatte keinerlei Vorsichtsmaßnahmen ergriffen. Daher bot die Stadt ein durchaus normales Bild, und niemand hätte im entferntesten daran gedacht, daß soeben eine Revolution stattgefunden hatte.

Da am 8. November eine neue politische Linie der Bayerischen Regierung verkündet werden sollte, lag Hitler daran, dies durch einen Gewaltschlag zu verhindern. Der ausschließliche Schwerpunkt der Hitler-Bewegung lag damals in Bayern, besonders in München. In einer größeren bayerischen Eigenstaatlichkeit und insbesondere in der Monarchie sah Hitler eine tödliche Gefahr für seine Bewegung. Die ungeheuer populäre große Persönlichkeit des Feldmarschalls Kronprinz Rupprecht von Bayern stand ihm überall im Wege. Später, nach der Machtergreifung, verfolgte er den Kronprinzen mit unerbittlichem Haß und benutzte die Gelegenheit seiner Italienreise, um den Kronprinzen und seine Familie an einer Rückkehr nach Deutschland für immer zu hindern.

Gegen Ende des Krieges ließ er ihn auch von der deutschen Staatspolizei in Italien verfolgen. Außerhalb von Florenz sollte er mit seinem Sohn Prinz Heinrich nach einer Bahnfahrt verhaftet werden. Rupprecht gelang es aber, im Bahnhof von Florenz die Staatspolizei zu täuschen. Er bestieg einen Zug, gefolgt von Agenten, die einige Abteile hinter dem seinen Platz nahmen. Kurz bevor der Zug sich in Bewegung setzte, stiegen er und sein Sohn auf der anderen Seite aus und flüchteten in einen in einer anderen Richtung fahrenden Zug.

Auf Umwegen erreichten sie, immer gegenwärtig, von der Gestapo doch noch gefaßt zu werden, Freunde, die in der Toskana auf dem Lande wohnten und sie im Keller so lange unterbrachten, bis sie befreit wurden.

Mein Schwager Kronprinz Rupprecht von Bayern

Die wohl markanteste, bedeutendste und vielseitigste Persönlichkeit der deutschen regierenden Fürstenhäuser dieser Zeit war meiner Überzeugung nach Kronprinz Rupprecht von Bayern.

Mein Lebensweg hat den seinen oft gekreuzt, wir wurden Schwäger, und eine enge Freundschaft verband uns. Er sah glänzend aus, war elastisch und sportlich. Von Natur war er liebenswürdig und ungemein höflich gegen jedermann. Rupprecht hatte einen lebhaften Geist und die vielseitigsten Interessen, wodurch ein Zusammensein mit ihm stets anregend und nie ermüdend war. Obwohl er ein ausgezeichneter Soldat und ein bedeutender und weitschauender Feldherr war, lagen doch seine eigentlichen Interessen außerhalb des Militärischen.

Nach Wittelsbacher Tradition hatte ihn die Kunst in ihren Bann gezogen; daneben fesselten ihn Geographie und Völkerkunde. Schon in frühen Jahren zog es ihn in ferne Länder, und seine Reisen führten ihn nach Indien, Indonesien und andere Staaten des Fernen Ostens. Dort studierte er die Lebensbedingungen der Völker und deren kulturelle und religiöse Ausdrucksformen. Dadurch bekam er bald einen weltweiten Blick.

Er war jedoch in erster Linie Bayer und hing mit allen Fasern seines Herzens an seiner Heimat, mit deren Bevölkerung er sich aufs engste verbunden fühlte. Dem Reich gegenüber war er von ausgesprochener Loyalität, obwohl er in seinem Herzen ein Gegner des preußischen Übergewichts war. Hierin ging er aber konform mit den Sachsen, Württembergern, Badnern, Hessen und Mecklenburgern. Man hatte nichts gegen die Preußen der deutschen Ostgebiete, ja man bewunderte sie als besonders tüchtige Soldaten und als fleißige und gewissenhafte Menschen. Aber man konnte es Preußen nicht verzeihen, daß es durch einen rücksichtslosen vom Zaun gebrochenen Krieg 1866 Hannover, Hessen-Kassel, Nassau und Frankfurt erobert und annektiert hatte und danach durch sein militärisches Übergewicht das unnatürliche Preußen-Deutschland schuf, das sich letzten Endes für Gesamtdeutschland negativ auswirkte.

Mein erstes Zusammentreffen mit Kronprinz Rupprecht ereignete sich 1914 in Lille, wo er als Oberkommandierender der

6. Armee in Roubaix lag. Wir trafen uns häufig beim Morgenritt an der Zitadelle von Lille, und er lud mich mehrfach zu sich ein. Obwohl er wesentlich älter war als ich, bildete sich doch ein Vertrauensverhältnis zwischen uns aus; dieses sollte sich bald in einem sehr ernsten Fall zum Guten auswirken.

Im Bereich des XIX. Armeekorps, bei dem ich Dienst tat, befand sich ein großes französisches Gefängnis, in dessen Halle sich ganz öffentlich ein Gewehrstand befand. Jeder Wachmann hatte dort seine eigene Waffe, für die er verantwortlich war. Als nun Lille von uns besetzt wurde, mußten alle Schuß- und Stichwaffen bei Todesstrafe innerhalb von 24 Stunden abgeliefert werden. Die Gefängnisverwaltung kam gar nicht auf den Gedanken, daß auch diese für die öffentliche Sicherheit bestimmten Waffen abzuliefern seien. Dies wurde der Militärpolizei bekannt. Unser Kriegsgerichtsrat verurteilte nun zwölf Gefängniswärter zum Tode, Exekution innerhalb zwölf Stunden.

Ich wohnte der Verhandlung bei und war empört und entsetzt. Sofort fuhr ich zum Kronprinzen und teilte ihm das Urteil mit. Dieser ließ gleich seinen Adjutanten kommen und befahl ihm, das Generalkommando XIX anzurufen mit dem persönlichen Befehl zur Sistierung der Exekution der zwölf zum Tode Verurteilten. Ferner forderte er sofort die Verhandlungsakten an. Kronprinz Rupprecht kassierte als Oberbefehlshaber das Urteil, und die zwölf Gefängniswärter wurden freigelassen.

Er stellte immer die Sache über die Person. In dem Zusammenhang sind die Vorkommnisse vor der großen deutschen Frühjahrsoffensive 1918 von besonderem Interesse, über die der Kronprinz mir eingehend berichtet hatte. Die Planung dazu war von der obersten Heeresleitung in Verbindung mit der Heeresgruppe Kronprinz Rupprecht ausgearbeitet worden. Deren Stabschef, General Dr. v. Kuhl, nahm in besonderem Maße daran teil. Ich habe diesen hervorragenden hochbefähigten Mann mehrfach gesehen und mich eingehend mit ihm unterhalten.

Der grundlegende Gedanke der Offensive war folgender: Die englische Front nördlich der Somme sollte durchbrochen werden. Nach den bisherigen Erfahrungen, die auf beiden Seiten gemacht wurden, waren die durchgestoßenen Divisionen nicht in der Lage, einen zügigen Vormarsch anzutreten. Der Grund hierfür lag darin, daß der Angreifer naturgemäß Verluste erlitt und sich auch durch das feindliche Verteidigungssystem hindurcharbeiten mußte. Bei dieser Kampftätigkeit gingen die Verbindungen oft verloren, und Verbände wurden zerrissen, kurz gesagt, es entstand bei allem Erfolg eine gewisse Desorganisation. Daraus erklärt sich auch die Tatsache, daß oft ganz kleine feindliche Gruppen in der Lage waren, große Verbände stundenlang aufzuhalten.

Aus dieser Erkenntnis heraus war vorgesehen, bei der Heeresgruppe Kronprinz Rupprecht eine Reservearmee in Bereitschaft zu halten, die nach erfolgtem Durchbruch sofort geschlossen vorgeschoben werden sollte, um den Vormarsch zu übernehmen. Mit defensivem linken Flügel an der Somme sollte diese Armee über Amiens bis nach Abbeville vorstoßen, wodurch die englische Armee von der französischen getrennt worden wäre. Sodann sollten die Engländer an den Kanal zurückgeworfen werden. Dies hätte eine ungeheure Wirkung auf die schon sehr kriegsmüden Franzosen ausgeübt. Die hervorragende und großzügige Planung konnte bei Gelingen die Lage Deutschlands gegenüber seinen Gegnern entscheidend beeinflussen, besonders in Verbindung mit vernünftigen Friedensschritten.

Da trat ein ganz neues Moment auf. Konnte man den Kronprinzen des deutschen Reichs und von Preußen bei der vielleicht kriegsentscheidenden Operation ausschalten? War es vertretbar, dem Kronprinzen von Bayern diesen Ruhm zu überlassen und ihn dem künftigen Kaiser vorzuenthalten? Diese Gedanken beschäftigten nun sehr ernsthaft die Oberste Heeresleitung.

So kam es zu einer neuen Planung, die den bisherigen großen Gedanken verließ. Kronprinz Rupprecht sollte wohl nördlich der Somme angreifen, aber zugleich auch Kronprinz Wilhelm südlich derselben. Dadurch wurde die nördliche Angriffsgruppe entscheidend geschwächt, und auf die vorgesehene Reservearmee mußte verzichtet werden.

Rupprecht erzählte mir über dieses Stadium: «Ich wies bei der Obersten Heeresleitung energisch darauf hin, daß das Verlassen des ursprünglichen Angriffsplans den gesamten Erfolg in Frage stellen müsse. Es sei nicht zu verantworten, den von der Obersten Heeresleitung selbst mit ausgearbeiteten Plan zu verlassen; es ginge dabei um Deutschlands Zukunft. Man erwiderte mir, daß eine Beteiligung des Kronprinzen Wilhelm unerläßlich sei. Daraufhin erklärte ich: ‹Dann bitte ich darum, dem Kronprinzen Wilhelm den Oberbefehl über meine Heeresgruppe zu geben, denn der erste Plan muß durchgeführt werden. Man kann mir ja eine andere Verwendung geben.›

Leider wurde mein Vorschlag nicht angenommen, und es wurde mir folgendes Argument entgegengehalten: So ehrenvoll und selbstlos dieses Angebot auch sei, so könne es nicht angenommen werden, denn aus einer Abberufung des Kronprinzen von Bayern würde überall auf Unstimmigkeiten geschlossen werden, und das sei politisch nicht tragbar. Der neue Plan hätte auch noch den Vorteil, daß der Angriff auf breiterer Basis stattfände und daß dadurch die Franzosen gebunden und daran gehindert würden, die Engländer zu unterstützen.»

Die große deutsche Offensive schlug nur eine Riesenbeule in die alliierte Front, aber die operative Ausnützung des Durchbruchs konnte nicht erzielt werden.

Rupprecht sagte mir nachher: «Meine Heeresgruppe durchbrach die englische Front, aber mir fehlte die Reserve-Armee, und ich bin fest davon überzeugt, daß es mir mit dieser gelungen wäre, bis nach Abbeville durchzustoßen, wodurch die Westfront von uns in zwei Teile zerrissen worden wäre.»

Nach dem Weltkrieg kam ich 1920 in München erneut mit Kronprinz Rupprecht in Verbindung, und 1921 wurden wir Schwäger, als wir uns innerhalb einer Woche mit den Schwestern Antonia und Sophie von Luxemburg verheirateten. Nun wurde unser Kontakt noch enger, und wir beiden Paare trafen uns oft im Leuchtenberg-Palais in München, das meinem Schwager gehörte. Es war ein sehr schönes Haus, das Eugène Beauharnais, der spätere Herzog von Leuchtenberg, erbauen und einrichten ließ. Es wies zauberhafte Empire-Räume auf und war mit besonders schönen Möbeln aus dieser Zeit eingerichtet.

Der Kronprinz genoß in München und ebenso in ganz Bayern ein sehr großes Ansehen, wozu auch sein glänzendes Aussehen und seine Stellung als Generalfeldmarschall beitrugen. Für die ganze weißblaue Front war er der ungekrönte König, und als solcher wurde er auch bei jedem offiziellen Anlaß behandelt. Hitler sah mit scheelen Augen auf den Kronprinzen, neben dem er, der kleine

Mann aus Braunau, der in seinem Leben noch nichts geleistet hatte, verblassen mußte. Das steigerte seine Wut und Abneigung, und er erkannte bald, daß dieser Fürst und Marschall für seinen Weg zur Macht eine große Gefahr bedeutete.

Als Hitlers naive Diktatur am Tage nach dem Bürgerbräukeller-Putsch schlagartig zusammenbrach und er und seine Anhänger sich in wilder Flucht hinter die schützende Isar zurückzogen, da war plötzlich der ganze braune Spuk verflogen. Nun besann man sich darauf, wie die Dinge in Bayern weitergehen sollten, und die Monarchisten-Führer hielten den Zeitpunkt für gekommen, einen energischen Schritt zur Herbeiführung des Königtums zu unternehmen.

Es waren dies vor allem der Generalstaatskommissar von Kahr und Herr von Aretin, der Vorsitzende des Bayerischen Heimat- und Königsbundes. Eine besondere Schwierigkeit bestand darin, daß die Weimarer Verfassung vorschrieb, die deutschen Länder müßten Republiken sein. Dieses Moment beschäftigte auch den Kronprinzen sehr, der gegen jedweden Konflikt zwischen Bayern und dem Reich war. Immerhin hofften die aktiven Vertreter des bayerischen Königsgedankens, daß letzten Endes doch die Zustimmung des Reichs für eine monarchische Verfassung Bayerns erlangt werden könnte. Sie bauten dabei einerseits auf die starke monarchische Einstellung weitester Kreise des bayerischen Volkes und andererseits auf das Interesse, das das Reich an einem geordneten Bayern haben müßte.

In diesen Wochen der Gärung nach dem Hitler-Putsch trat Baron von Redwitz, der persönliche Begleiter des Kronprinzen, mit folgender Bitte an mich heran. Es sei eine grundlegende Besprechung über das weitere Vorgehen geplant. An dieser sollten teilnehmen: der Kronprinz, Generalstaatskommisar von Kahr, Herr von Aretin, Oswald Spengler, Kapitän Ehrhardt, Führer des Freikorps Ehrhardt, Graf Soden und Baron Redwitz. Aus Gründen der Diskretion sei es unerwünscht, daß die Besprechung im Leuchtenberg-Palais stattfände, und mein Haus in der Maria-Josepha-Straße in Schwabing sei hierfür geeigneter. Ich stimmte selbstverständlich zu.

Als erster sprach Herr von Kahr; er führte aus, daß der psychologisch richtige Moment für die Herausstellung des Kronprinzen jetzt gekommen sei. Er schlage daher vor, daß dieser an seiner Stelle

Generalstaatskommissar Bayerns werde, und zwar mit Zustimmung des Landtages, in dem er eine Mehrheit für diesen Plan für gegeben halte. Damit sei der Kronprinz auf demokratische Weise völlig legal Staatschef und Staatsoberhaupt geworden, wogegen auch das Reich nichts einwenden könne. Sei diese Aktion einwandfrei verlaufen, so würde das übrige sich mit der Zeit von selbst ergeben. Man würde sich auch in Berlin an den Zustand gewöhnen, daß der bayerische Thronfolger Staatschef geworden sei, und eine Volksabstimmung über die Königsfrage würde dann ohne besondere Schwierigkeiten über die Bühne gehen.

Baron Aretin meinte, Seine Majestät dürfe nicht den Weg gehen, den angestammten Thron über einen Staatsposten zu erlangen, da dies gegen die Würde des Königs verstieße und ihm auch schaden könne. Seiner Meinung nach müsse jetzt eine starke Königspropaganda einsetzen, in deren Verlauf eine Volksabstimmung verlangt werden sollte.

Kapitän Ehrhardt bekannte, daß er geborener Bayer sei und die größte Hochachtung und Verehrung für den Generalfeldmarschall Kronprinz Rupprecht habe. Ihm und seinen Männern ginge es in erster Linie um das Reich. Er würde sich jederzeit voll dafür einsetzen, daß Kronprinz Rupprecht Reichsverweser würde, denn er sei die einzige Persönlichkeit, die in der Lage sei, das Reich innen- und außenpolitisch erfolgreich zu führen.

Ich sah zu meinem Schwager hinüber und bemerkte, daß er nicht die geringste Miene verzog.

Oswald Spengler, der sich zu dieser Zeit der Politik zugewandt hatte und mit dem Kronprinzen freundschaftlich verkehrte, äußerte die Meinung, der Plan des Herrn von Kahr sei sehr weise und ihm sympathisch und verletze in keiner Weise die Würde des Thronfolgers. Napoleon III. sei auch über den Weg des Präsidenten Kaiser geworden. Allerdings müsse er offen sagen, daß er große Zweifel habe, ob die Reichsregierung ein Plebiszit zulassen würde.

Graf Soden, ein enger Berater meines Schwagers, und Baron Redwitz sprachen sich für sofortige Aktivität aus. Soden war dafür, Kronprinz Rupprecht sollte einen Aufruf an das bayerische Volk erlassen, und überreichte einen entsprechenden Entwurf.

Schließlich wandte sich mein Schwager an mich und fragte: «Und welche Meinung hast Du über die Lage?»

Meine Antwort war kurz: «Ich bin der Überzeugung, daß der vorgeschlagene Weg des Herrn Generalstaatskommissars v. Kahr der richtige ist.»

Ich sah vor meinem geistigen Auge die überragende Persönlichkeit Rupprechts an der Spitze des bayerischen Staats. War dies nicht ein großer Sicherheitsfaktor für das Land und Deutschland gegen die bestehenden radikalen Tendenzen, die im Untergrund wühlten? Würde es nicht möglich sein, im Zeitpunkt der Gefahr diesem in ganz Deutschland angesehenen Fürsten und Generalfeldmarschall die Geschicke des Reiches anzuvertrauen? In diesem Gedanken war ich mit Kahr und Ehrhardt einig.

Kronprinz Rupprecht hatte sich die Meinungen aller in Ruhe angehört, ohne eine Diskussion anzubahnen, und sein Gesicht zeigte Ernst und Überlegung. Dann sagte er:

«Ich danke Ihnen allen sehr, daß Sie gekommen sind, und auch für Ihre anhängliche und treue bayerische Gesinnung, die Sie hier bewiesen haben. Ich muß Ihnen aber in aller Offenheit eines sagen. Es ist noch zu früh, um an die Wiederherstellung der Monarchie heranzugehen. Das ist meine ernste Überzeugung, von der ich nicht abgehen werde. Aber ich kann mich auch nicht entschließen, das Amt des Generalstaatskommissars zu übernehmen, und ich danke Ihnen, lieber Herr von Kahr, für Ihr so selbstloses Angebot.» Kronprinz Rupprecht hatte keinen politischen Ehrgeiz, aber er hätte nicht gezögert, sich voll einzusetzen, wenn er dies für erforderlich gehalten hätte.

Rückblickend muß man es aber doch bedauern, daß der Kronprinz das Angebot von Kahrs nicht angenommen hat. Ein großer Teil der Bayerischen Volkspartei stand hinter diesem Plan. Als kluger und überragend weitschauender Mann wäre er meiner Meinung nach ein gutes Staatsoberhaupt und der richtige Reichspräsident oder Reichsverweser gewesen, unter dem Hitler niemals zur Macht gekommen wäre.

Im Grab Tut-ench-Amuns

In den zwanziger Jahren unternahm ich vier größere Reisen, eine mit meiner Frau nach Ägypten und Palästina und eine andere zusammen mit ihr in den Sudan und zwei geschäftliche Reisen in die Vereinigten Staaten.

Im Jahre 1926 fuhren wir nach Ägypten und Palästina und trafen in Alexandria Herrn Lindemann, einen Sachsen, der dort ausgedehnten Baumwollhandel betrieb. Von ihm erfuhr ich, daß vor drei Jahren der Engländer Howard Carter, der im Auftrag von Lord Carnavon im Tal der Könige bei Luxor grub, das Grab des Königs Tut-ench-Amun, 18. Dynastie (1357 bis 1349 vor Christus), entdeckt hatte. Drei Monate später starb Lord Carnavon, und es kam zu ernsthaften Reibereien zwischen den Engländern und der ägyptischen Regierung, die dazu führten, daß das Grab wieder geschlossen wurde. Erst 1925 wurde eine vertragsmäßige Grundlage geschaffen und das Grab von neuem geöffnet. Im Augenblick war es noch sehr wenig berührt. «Wenn es Sie interessiert», meinte Herr Lindemann, «kann ich beim Innenminister, den ich gut kenne, eine Sondergenehmigung zur Besichtigung erwirken.»

Mit großem Dank nahm ich an und erhielt bald das Dokument. Wir fuhren von Kairo mit dem Zug nach Luxor auf der rechten Seite des Nils. Am linken Flußufer – Theben gegenüber – befinden sich die Memnon-Kolosse und das Tal der Könige. In Luxor legte ich meine Spezialgenehmigung vor. Am verabredeten Tag meldete sich im Hotel ein Polizeibeamter, der englisch sprach. Wir setzten über den Nil und fuhren mit einem Pferdewagen zu den Memnon-Kolossen, die früher zu den sieben Weltwundern gezählt wurden. Diese beiden riesigen Statuen, die unvermittelt aus dem Flachland emporsteigen, sind in der Tat imponierend. Durch immer öder werdendes Land ging die Fahrt weiter zum Tal der Königsgräber, das von Felsen und kahlen Bergen ohne Vegetation umgeben ist.

Der Totenkult der Ägypter beruhte auf dem Glauben, daß der Verstorbene nicht wirklich tot wäre. Entweder ruhte er, besonders wenn er einbalsamiert worden war, lebend in seinem Sarg, oder er verwandelte sich in einen Vogel und flog davon. Meist verließ er seinen Sarg und begab sich in das Nachbargebiet des Westens, wo er unter der Herrschaft des Sonnengottes ein neues Leben begann.

Für seine Ruhe und seine Reisen brauchte er Hausrat, Kleidung und Lebensmittel. Wurden sie dem Verstorbenen vorenthalten, so starb er ein zweites Mal, und zwar endgültig.

Ursprünglich waren die Pharaonen in Pyramiden begraben worden. Da das Gold und der Schmuck lockte, wurden die Grabstätten ausgeraubt. So ging man dazu über, die Könige an solchen Stellen zu bestatten, die man für unauffindbar hielt. Hier irrte man. Selbst die am besten getarnten Gräber wurden ausgeplündert. So wurde die Begräbnisstätte Tut-ench-Amuns schon relativ früh, und zwar im 13. Jahrhundert vor Christus, zweimal beraubt.

Der König war der Schwiegersohn des Ketzer-Königs Echn-Aton, der die Verehrung der Hauptgottheit Amun untersagte, denn er bekannte sich zum Monotheismus des Gottes Aton. Seinem Namen setzte er den Satz bei: der in Wahrheit lebt. Er forderte die Künstler auf, ihn nicht als Pharao, sondern als Menschen darzustellen, in Gesellschaft seiner schönen Frau Nofretete und seiner Töchter. Dieser moderne Mann wurde vor allem von den Priestern des Amun-Kultes, die durch die neue Religion ihre Einnahmen verloren, gehaßt und bekämpft. Der sehr junge König Tut-ench-Amun hieß erst Tut-ench-Aton, mußte aber unter dem Druck der Amun-Anhänger seinen Namen ändern und sich zu dem alten Religionssystem bekennen.

Die Sonne brannte glühend heiß in dem schattenlosen, kahlen Tal. Wir erreichten auf der flachen Talsole einen abgesperrten Bereich, in dem der Eingang zum Grabe des Königs lag. Fünfzehn Stufen führten zu einem Korridor hinab, der den Zugang zum Grab bildete. Diesen Stufeneingang hatte man nach der Beisetzung des Königs zugeschüttet, damit die Oberfläche sich nicht von der übrigen Talsohle unterschied. Ich war aufs äußerste gespannt, was ich nun sehen würde. Ergriffen näherten wir uns dem Begräbnisort des Königs, der vor fast 3300 Jahren hier zur letzten Ruhe gebettet worden war.

Der Grabbereich bestand aus drei Räumen, Vorkammer, Seitenkammer und Schatzkammer, die alle mit den verschiedensten Gegenständen vollgepackt waren. Dann öffnete sich die eigentliche Grabkammer, in der sich der Sarkophag befand. Er war aus einem einzigen Block von gelbem Quarzit geschnitten und von zwei künstlerisch gestalteten Holzschreinen überdeckt. Als man den Quarzit-Sarkophag hochgehoben hatte, fand man drei wunderbare Särge mit Reliefs des Königs, die ineinander geschachtelt waren. Geblendet von der unerhörten Pracht, blieben wir am Eingang der Sargkammer stehen, in der sich der dritte, der goldene Sarg mit der Mumie des Königs befand. Er besteht aus drei Zentimeter dickem getriebenen Gold; Gesicht und Hände sind auf das wunderbarste gestaltet. Der obere Teil des Sarges ist mit Halbedelsteinen, Fayencen und farbigem Glas verziert. In den Händen hält der König Krummstab und Geißel, die aus dunkelblauer Fayence, Gold und Karneol bestehen. Um seinen Hals hängt eine Kette aus Gold und Fayence-Perlen. –

Ein Gefühl der Ehrfurcht beschlich uns. Die Zeit schien stillzustehen. Jahrtausende waren vergangen, seit der junge König hier beigesetzt worden war, und doch schien es, als ob es erst gestern gewesen wäre. Und zeitlos war die hohe Kunst, die uns hier umgab. Immer und immer wieder zog es mich zu diesem grandiosen Relief des Königs auf dem goldenen Sarg, ein Eindruck, der sich mir tief einprägte und noch heute, nach 40 Jahren, plastisch vor meinem geistigen Auge steht.

Dann sahen wir staunend die Schatz- und Seitenkammer, diese Vielheit und Verschiedenheit der Schreine, Alabastervasen und Kunstgegenstände jeder Art. Alles war in- und übereinander geschoben, um dem Verstorbenen möglichst viel mitgeben zu können. Merkwürdig waren auch die kleinen Modellschiffe, die dem König bei der Überquerung der Flüsse in der Unterwelt dienen sollten.

Als wir aus dem Dunkel der Grabkammer wieder ans Tageslicht heraustraten, fühlten wir die große Gunst dieser Stunde erst richtig.

Wolfsjagd in Assuan

Nach Besichtigung verschiedener Tempel kamen wir nach Assuan. In der Nähe gab es günstige Gelegenheit für die Jagd auf Wüstenwölfe und Wüstenfüchse. Ich setzte mich mit einem örtlichen Jäger in Verbindung, der bereit war, mir eine moderne Flinte zu leihen und mit mir hinauszugehen. Er schlug vor, einen Köder auszulegen und sich nachts in einem Erdloch anzusetzen. Das könne lange dauern, denn der Wolf sei sehr vorsichtig und käme erst mitten in der Nacht. Keineswegs dürfe man auf Wüstenfüchse schießen, da sonst die Wölfe völlig verprellt würden.

In Assuan ist das Niltal eng, und die Wüste beginnt nicht weit entfernt. Wir gingen nur eine dreiviertel Stunde bis zu der vom Jäger vorbereiteten Stelle. Es war ein wunderbarer Abend, warm und klar. So versprach denn auch die Nacht hell und günstig zu werden. Ich bezog mein Erdloch, bewaffnet mit einer zwölfkalibrigen Flinte mit Posten. Etwa 30 Meter vor mir lag der Köder, ein riesiges Stück Fleisch mit Knochen. Der Jäger verließ mich, er wollte in einem Kilometer Entfernung warten und nur kommen, wenn ein Schuß fiele, denn dann sei die Jagd sowieso für diese Nacht vorbei.

Von meinem Erdloch aus hatte ich einen weiten Blick auf die Wüste, Sand und Steine. In ziemlicher Entfernung sah man die Uferhügel des Nils. Es herrschte absolute Stille um mich herum und nichts war zu sehen, auch keine Vögel. Ich erwartete die Nacht, die sich immer mehr herniedersenkte. Der Mond ging auf und beleuchtete die Wüste mit silbrigem und klarem Licht.

Die Ansichten über Jagd und Jäger sind sehr verschieden. Wer Nichtjäger ist, wird einen Jäger nie verstehen. Abgesehen von der Spannung der Jagd, dem Erlebnis und der Freude an Trophäe und Beute, beschert die Jagd dem Jäger Naturerlebnisse, wie sie sonst kaum zu erleben sind. So würde ein Nichtjäger sich sicher nicht nachts sechs Stunden in einem Erdloch in der Wüste aufhalten. Er würde sich vielmehr auf der Hotelterrasse im Liegestuhl einen Cocktail genehmigen und dann zu Bett gehen.

Daran mußte ich denken, als ich mit Spannung das Vorfeld überblickte. Es wurde zehn, elf und Mitternacht, ohne daß sich etwas rührte. Nur in großer Entfernung hörte man ab und zu Hunde bellen. Ich war nach wie vor gefesselt von dieser Wüstennacht. Es wurde ein Uhr. Da – um ein Uhr zwanzig sah ich auf 300 Meter Entfernung ein Tier auf mich zuschnüren; es war ein Fuchs. Der Wüstenfuchs ist fahler und hochbeiniger als der europäische. Jetzt tauchte rechts vor mir ein zweiter Fuchs auf. Beide schnürten auf das Luder zu; der Stärkere griff den Schwächeren an und jagte hinter ihm her. Dann blieb er stehen und windete eine Weile, erschien am Luder, beschnupperte es und riß ein Stück Fleisch heraus. Plötzlich aber warf er auf und ging hochflüchtig ab, da er offensichtlich Wind von mir bekommen hatte. Das machte mich bedenklich, und ich beschloß, falls tatsächlich noch ein Wolf erscheinen sollte, sofort zu schießen. In der nächsten Stunde bis 2 Uhr 30 ereignete sich nichts. Um dreiviertel drei kamen drei Füchse nacheinander angeschnürt, die nach einigen Vorsichtsmaßnahmen bis zum Luder vorgingen. Kaum waren sie angelangt, als alle drei aufwarfen und links an mir vorbeiäugten. Sie wurden unruhig, und ich sah auf etwa 200 Meter Entfernung ein anderes Tier, das zuerst wie ein großer Hund aussah. Dann erkannte ich an dem breiten, kantigen Schädel, daß es ein Wolf war. Die Füchse entfernten sich eilig. Ich duckte mich in meinem Loch und machte mich fertig. Er kam näher und näher getrollt und war sich offenbar nicht ganz schlüssig, denn er blieb auf 50 Meter stehen. Dann aber trottete er wieder an bis zum Luder und stand nun spitz vor mir, um sogleich ein großes Stück Fleisch herauszureißen. Gleich darauf drehte er sich und stand breit. Ich schoß direkt hinter das Blatt. Der Wolf brach im Feuer zusammen, und ich war der Meinung, daß er verendet sein müßte. Ich rauchte die berühmte Beruhigungszigarette und ging, da sich nichts mehr rührte, unvorsichtigerweise ohne Gewehr zum Anschuß. In zehn Metern Entfernung sah ich, daß der Wolf hochging und auf mich zusprang. Er war allerdings schwer krank und dadurch in der Geschwindigkeit behindert. Immerhin war es unmöglich, wieder zur Flinte zurückzukehren. Ich hob daher einen großen Stein auf und wartete ihn ab. Als er fletschend kurz vor mir stand, warf ich den Stein von oben auf seinen Kopf, worauf er sofort zusammenbrach. Ich lief nun so schnell wie möglich zu meiner Flinte, lud sie und gab dem Wolf zur Sicherheit noch einen Fangschuß.

Der Schlangenbändiger von Luxor

Bei dieser Reise hatten wir in Luxor noch ein besonderes Erlebnis. Als der deutsche Konsul uns besuchte, erzählte er von einem Mann, der Schlangen und Skorpione riechen und dadurch finden könne. Gegen Schlangenbisse, auch die der Kobra, sei er völlig immun. Skorpione und Schlangen könne er an einen Fleck bannen, sie wieder laufen lassen und ähnliches mehr. Uns interessierte das sehr, und ich bat den Konsul, ein Zusammentreffen mit dem Mann auszumachen.

Er kam mit dem Ägypter, der der unteren Volksschicht angehörte, aber ein paar Worte englisch sprach. Wir ritten gemeinsam einen Weg, den ich bestimmte, um dem Mann jede Möglichkeit zu nehmen, an einem vorbereiteten Platz zu arbeiten. An einer beliebigen Stelle stoppte ich; ich ging nun hinter ihm her, an Mauern, Büschen und Feldrainen entlang. Plötzlich sagte er: «I smell snakes» – ich rieche Schlangen. Schnell bückte er sich, griff zu und hatte eine Kobra in der Hand, die er in seinen Korb steckte. Nach einer Weile fand er eine andere Schlange, die er dazu legte. Dann entdeckte er einen Skorpion, den er mit den Fingern aufnahm und an eine Mauer setzte. Der Skorpion begann zu laufen, doch als er seine Hand über ihn hielt, blieb er still stehen. Eine andere Bewegung der Hand brachte ihn wieder zum Laufen, der Skorpion tat alles, was der Ägypter wollte; ebenso die Kobra, von der er sich sogar anspritzen ließ, was bekanntlich tödlich ist. Aber ihn berührte es nicht.

Der Mann hatte sich nicht nur in Ägypten, sondern auch in Indien einen Namen gemacht. Als er 1930 starb, wurden seine ungewöhnlichen Leistungen in der Presse besonders gewürdigt.

Fünfzehnhundert Kilometer im Segelschiff auf dem Nil

Nachdem meine Frau und ich im Januar 1927 in Ägypten waren, packte uns im Winter 1927/28 erneut die Lust, nach Afrika zu reisen. Und eines Abends faßten wir nach Tisch kurzerhand den Entschluß, in den Sudan zu fahren, und ich staune heute noch , wie schnell wir uns dazu entschieden. Vierzehn Tage später waren wir schon unterwegs.

Es zog mich besonders deshalb dorthin, weil mein Vater eine Jagdreise in dieses Gebiet gemacht hatte, die erfolgreich und interessant verlaufen war. Im Dresdner Schloß hatte er ein Sudanzimmer eingerichtet, in dem alle Erinnerungen und Trophäen untergebracht worden waren, und oft hat er uns von seinen Erlebnissen in diesem Teil Afrikas erzählt.

Wir fuhren von München nach Neapel, wo wir den japanischen Dampfer Fuschimi Maru erreichten, der uns nach Port Said bringen sollte. Bei unserer Abfahrt am Spätnachmittag herrschte ein starker Schneesturm, und die See war so bewegt, daß die Japaner alle Ausgänge ins Freie abschlossen, damit keine Passagiere über Bord gingen. Der 12 000 Tonnen große Dampfer stampfte auf rollenden Wellen die ganze Nacht hindurch. Am folgenden Mittag war die See wieder ruhig, die Sonne schien, und es wurde wärmer. Wir erreichten Port Said fahrplanmäßig. Es war dort schon so warm, daß wir die Sommerkleidung anlegen mußten. Vorbei ging es am Großen Bittersee, auf dem Tausende und aber Tausende von Flamingos standen – ein großartiger Anblick für einen Naturfreund.

In Kairo bezogen wir das schöne Semiramis-Hotel, wie im Jahre zuvor, und bekamen ein Zimmer im vierten Stock mit einem unvergleichlichen Blick auf die Pyramiden und auf Privatgärten, die in allen Farben blühten.

Nach zwei Tagen Rast und einem eingehenden Besuch des Ägyptischen Museums ging es dann mit der Bahn nach Assuan, wo wir hinter dem Staudamm einen Nildampfer bestiegen, der uns an Abu Simbel vorbei in eineinhalb Tagen nach Wadi Halfa brachte, von wo der Schnellzug nach Khartum abging.

Es war Ende Januar, aber es herrschte eine brennende Hitze, die einen nicht ruhig schlafen ließ. Die Fahrt ging am Nachmittag und in der Nacht durch die Nubische Wüste. Sand und nichts als Sand war zu sehen und ab und zu etwas Steingeröll. Die Sonne brannte so, daß man es nur mit der blauen Brille aushalten konnte, und kleiner feiner Sand drang überall ein und setzte sich in Mund, Augen und Ohren fest. Als wir am nächsten Morgen aufstanden, befanden wir uns in einer Steppe mit weit auseinanderstehenden Bäumen.

Gegen Mittag erreichten wir Khartum, auf deutsch Elefantenrüssel, wo uns ein kleines, sehr einfaches einstöckiges Hotel aufnahm, das erste Haus am Platz. Khartum, auf der rechten Seite des Nils gelegen, war damals die Europäer-Stadt, in der die englische Verwaltung ihren Sitz hatte und deren Geschäfte sich fast ausschließlich in griechischen Händen befanden. Es machte den Eindruck einer Art Villenstadt; gegenüber lag die Araberstadt Omdurman mit enggedrängten Basaren und viel Schmutz. Sie hatte fast dreißigtausend Einwohner und war die Residenz des Mahdi gewesen. In Khartum machten wir nun weitere Pläne und besuchten auch den englischen Generalgouverneur, der uns zum Frühstück einlud.

Ein Motorschiff, mit dem wir nach dem Süden hätten vordringen können, kostete damal 50 Pfund Sterling pro Tag, nach heutigen Geldbegriffen 5000,– Mark, und das überschritt meine finanzielle Leistungsfähigkeit erheblich. Ich beschloß daher, auf Anraten der Engländer eine einheimische Dahabi (Lastensegelschiff) zu chartern, diese für Europäer bewohnbar zu machen und mit einer sudanesischen Mannschaft die Reise anzutreten.

Als erstes nahmen wir uns als Dolmetscher einen pensionierten italienischen Beamten der Sudan-Verwaltung, mit dessen Hilfe und Erfahrung das Segelschiff einen Aufbau bekam. Dieser bestand aus drei Kajüten aus Holz mit Strohmatten und einer gedeckten Veranda in Fahrtrichtung als Aufenthalt bei Tage. Zwei große Tongefäße als Filter wurden angeschafft, um Trinkwasser zu haben. Dann folgten vielseitige Einkäufe von Vorräten aller Art, Konserven, Kondensmilch, Bier, Konservenbrot, kurz alles, was man für zwei Monate zum Leben braucht. Dazu kamen noch Werkzeuge, Lampen, Angelgeräte und Munition für unsere Gewehre. Der Aufbau dauerte mehrere Tage, und als alles fertig war, heuerten wir einen Kapitän, Rais Osman genannt, mit einer Mannschaft von 21 Personen an. Darunter befanden sich ein

Diener, ein Koch und eine Köchin für die Mannschaft. Alle diese Leute schliefen an der Reling des etwa 15 Meter langen Segelschiffes im Freien. Ich möchte gleich die Frage beantworten, wieso wir 18 Matrosen benötigten. Sie wurden gebraucht, um das Schiff zu ziehen, wenn der Nordwind aussetzte oder wenn wir an eine Biegung des Flusses gelangten. Das Ganze kostete nur 5 Pfund Sterling pro Tag statt 50 Pfund mit einem Motorschiff.

Unser Start in Khartum war ein absoluter Mißerfolg. Wir setzten die Segel, kamen in die Mitte des Stromes, wurden aber dann an die andere Seite nach Omdurman getrieben, wo wir liegen blieben. Rais Osman erklärte, wir müßten warten, bis wir den richtigen Wind bekämen. Das erfolgte am Nachmittag und brachte uns etwa 20 Kilometer vorwärts bis zu einer Biegung, wo wir erneut festlagen. Jedoch wurde diese durch Ziehen des Schiffes überwunden. Am nächsten Morgen herrschte guter Nordwind, der Tag verlief ausgezeichnet, wir kamen 110 Kilometer vorwärts.

So legten wir die ersten 500 Kilometer auf dem Nil in etwa acht Tagen zurück. Wild sahen wir keines, nur sehr viele Vögel. Die Bäume, die den Fluß umsäumten, waren abends blau von Wildtauben, die dort schlafen gingen. Es müssen viele Tausende gewesen sein, denen wir in einer Stunde begegneten. Wir sahen einzelne der herrlichen Kronenkraniche und auch Pelikane. Bei einem Halt warf ich die Angel aus, und zwar ging ich so tief wie möglich. Ich fühlte einen starken Ruck und wußte, daß ein sehr großer Fisch angebissen hatte. Über 50 Meter ließ ich die Leine aus, und fast eine Stunde dauerte es, bis der Fisch ermüdete, worauf ich ihn von der Besatzung harpunieren ließ. Es war eine Art Wels, 120 Zentimeter lang und mit einem Gewicht von ungefähr 60 Pfund. Abgesehen von dem Petri-Heil war er als Frischfleisch eine sehr angenehme Abwechslung für die Küche.

Bald darauf kamen wir nach Gabal-Achmed Aga, eine Stelle, an der einige steile Berge ganz unversehens aus der Nilebene emporsteigen. Dort sah ich den ersten Affen in freier Wildnis. Er ging am Ufer spazieren, und als er unserer ansichtig wurde, sauste er auf einen Baum hinauf, wo er zu kläffen anfing. Das dortige Gebiet war berühmt für seine Büffel. Wir machten zwei große Pirschgänge, aber die Hitze war dort in der Höhe des Wendekreises des Krebses so enorm, daß wir auf eine weitere Jagd verzichteten.

In der Nähe von Renk wurden die Krokodile sehr zahlreich. Am Tage lagen sie meistens mit offenem Rachen am Ufer im Sand und schliefen. Ich pirschte sie durch das Schilf an und schoß ein ungewöhnlich starkes Reptil von fast vier Meter Länge. Trotz Kopfschuß sauste es in den Nil, wo es herumschlug, aber dann von meinen Leuten aus dem Beiboot harpuniert wurde. Wir zogen es an Land, steckten ein Holzstück in seinen Rachen, so daß es wie schlafend aussah. Sodann nahm ich Deckung im Schilf. Nach etwa einer Viertelstunde guckten fast ein Dutzend Krokodile aus dem Nil heraus, um gleich darauf an Land zu steigen, was sie wohl taten, weil sie das von mir erlegte schlafend sahen. Ich schoß nun noch ein stärkeres und habe dann das weitere Bejagen von Krokodilen eingestellt. Von unserem Dolmetscher erfuhr ich, daß 825 Personen allein im Jahre 1927 im Sudan am Nilufer von Krokodilen angefallen, in den Fluß gezogen und gefressen wurden.

Bei Renk hatte ich ein weiteres Erlebnis. Ich sah einen Aufmarsch von Negern in großer Kriegsausrüstung, die Tänze vollführten. Die Engländer hatten Kriege unter den Stämmen strikt verboten, und mit ihren Kontrollschiffen wachten sie darüber. Sobald aber die Schiffe außer Sicht waren, schritten beide Parteien zum Krieg, denn dieser gehörte seit Urzeiten zur Betätigung der Männer, und sie wollten nicht auf ihn verzichten.

Auf der Weiterfahrt nach Süden bekam unser Dolmetscher hohes Fieber und begann zu phantasieren, so daß ich ihn in Kodok ausladen mußte. Wir beschlossen, die Reise ohne Dolmetscher fortzusetzen, und verständigten uns von nun an schlecht und recht mit Hilfe eines englisch-arabischen Lexikons mit dem Kapitän und unserer Mannschaft.

Kodok hatte noch einen anderen Namen, nämlich Faschoda, und dieser Name wurde in der ganzen Welt berühmt. Dort traf 1898 ein französisches Bataillon unter Major Marchand vom Kongo kommend ein und nahm von dem Gebiet für Frankreich Besitz. Aber in Faschoda waren schon die Engländer, die eine feindselige Haltung zeigten, und General Lord Kitchener erzwang unter Gewaltandrohung den Abmarsch der Franzosen. In Frankreich herrschte große Empörung, und unter der Devise «Rache für Faschoda» forderten weiteste Kreise den Krieg gegen England. Da jedoch

Deutschland nicht geneigt war, an der Seite Frankreichs zu marschieren, verzichteten die Franzosen auf das obere Niltal.

Unser Schiffsaufbau war mehr oder weniger auf gutes Wetter berechnet. Eines Tages brach ganz unvorbereitet ein heftiger Regen aus, der fast den ganzen Tag lang dauerte. Nach kurzer Zeit waren unsere Strohmatten überall durchweicht, es begann, immer mehr Wasser in die Kabinen und die Veranda zu tropfen, und schließlich regnete es überall durch. Meine Frau und ich krochen unter den Eßtisch, wo wir viele Stunden in gekrümmter Haltung verharrten, bis das Gröbste vorüber war. Alles war naß und aufgeweicht, aber die Sonnenhitze des folgenden Tages brachte es wieder in Ordnung. Es war der einzige Regen, den wir in den zwei Monaten erlebten.

Weitere Unannehmlichkeiten brachten die plötzlich von einer Sekunde zur anderen auftretenden Böen. Diese waren so stark, daß sie das Segelschiff umwerfen konnten, wenn das große Segel nicht sofort gekappt wurde. Infolgedessen saß ständig ein Mann an der Leine, der auf ein lautes Kommando das Segel herunterriß.

In drei Wochen legten wir etwa tausend Kilometer stromaufwärts segelnd zurück. Bei Malakal begegneten wir einem englischen Regierungsdampfer, der von einem einzelnen Forstbeamten benutzt wurde. Er war auf der Fahrt nach dem Bahr el-Ghasal, einem Nebenfluß des Nils. Und gerade dorthin wollte ich, um das Tierparadies zu sehen, von dem mein Vater mir so viel erzählt hatte. Der Forstbeamte hielt an, erkundigte sich nach unserem Ziel und erbot sich, uns ins Schlepptau zu nehmen, um uns durch den Lake No nach Bahr el-Ghasal (Gazellenfluß) zu bringen. Genau vierzehn Tage später wollte er uns da wieder abholen; das war für uns ein wunderbares Angebot, denn bei dem dauernden Nordwind war es unmöglich, nach Westen vorzudringen.

Der Forstbeamte, ein junger Mann, war glücklich, Gesellschaft zu haben und wieder einmal eine Europäerin zu sehen. Wir fuhren in den Lake No ein, der ungefähr 15000 Quadratkilometer groß, also etwa so groß wie Sachsen ist. Er ist weitgehend mit Papyrus bewachsen und weist viele größere und kleinere Inseln auf, zwischen denen das Wasser stellenweise seicht ist. Im Lake No lebten zwei besondere Tierarten, die ich zu meiner großen Freude gut beobachten konnte: der blaugraue Schuhschnabel (Balaeniceps

Rex), eine Storchart von etwa 70 Zentimeter Größe mit einem breiten und tiefen schuhartigen Schnabel, und dann die nur im Lake No vorkommende schöne Antilope Mrs. Grey's Watercop (Cobus Mariae). Jeder Inhaber einer Jagdlizenz durfte nur eine einzige solche Antilope in seinem Leben erlegen. Ich habe mir auf der Hin- und Rückfahrt die größte Mühe gegeben, einen Bock zu erlegen, aber ich kam nicht zum Schuß, obwohl ich jedesmal sechs bis acht Stück sah. Sie standen frei auf 500 Meter da und ästen Gras auf den Inseln; aber wie herankommen? Ich habe es sowohl mit dem Dampfer als auch mit dem Rettungsboot versucht, jedoch sprangen sie jedesmal auf 200 bis 300 Meter Entfernung ab und verschwanden im Papyrusdickicht.

Nach vier Tagen kamen wir an die Stelle, die der Forstbeamte uns empfohlen hatte. Die nächste menschliche Ansiedlung lag im Osten 300 Kilometer, im Westen 200 Kilometer entfernt. Straßen gab es nicht, und wir waren in jeder Beziehung auf uns selbst angewiesen. Alles durfte passieren, nur keine Krankheit durfte eintreten und kein Unglücksfall. Und ausgerechnet ein solcher ereignete sich. Ein Mann meiner Besatzung war gestürzt, und ein Angelhaken hatte den ganzen Daumen oben am Nagel durchbohrt. Man kam zu mir und zeigte mir das Desaster, weil der weiße Mann ja immer Hilfe weiß. Was tun? Der Mann konnte nicht 14 Tage so herumlaufen, es bestand die Gefahr einer Entzündung und Blutvergiftung. So entschloß ich mich, als blutiger medizinischer Laie mein Bestes zu tun. Zur Betäubung bekam der Mann eine Flasche Cognac zu trinken, was ihn bei der Ungewohntheit des Alkoholgenusses in eine Art Narkose versetzte. Dann desinfizierte ich mein Rasiermesser mit Alkohol und schnitt vorsichtig um den Angelhaken; mit Hilfe des Messers und einer Kneifzange gelang es mir nach einer halben Stunde, den Haken aus dem Daumen zu entfernen. Ich desinfizierte die Wunde und verband den Daumen mit steriler Gaze. Mehr konnte ich nicht tun. Es stellten sich Gott sei Dank keine Folgen ein, und nach einigen Tagen war der Mann einigermaßen in Ordnung.

Der Bahr el-Ghazal ist ein kleiner Fluß. An unserer Landungsstelle befand sich ein Schilfgürtel von fast 800 Metern, und dahinter war eine endlose Steppe, auf der einzelne Gummibäume standen. Es war nun Februar, und die Hitze war am Tag unbeschreiblich. Um die Mittagszeit stieg das Thermometer auf 60 Grad Celsius. Der Sand am Flußufer war so heiß, daß man tatsächlich Eier darin kochen konnte. Weder Sitzen noch Liegen brachte eine Erleichterung, und wir waren in Schweiß gebadet.

In dem Schilfdickicht hausten mehrere Löwen, 400 bis 1000 Meter vom Schiff entfernt. Mit absoluter Regelmäßigkeit begannen sie um halb acht Uhr abends zu brüllen, und als der erste begann, antworteten alle anderen. Wir schätzten sie auf acht bis zehn Tiere. Dieses Konzert war großartig und fesselnd. Die Löwen lebten von zahllosen Antilopen, die dort jeden Tag zur Tränke zogen. Obwohl wir 14 Tage lang das nähere Gebiet bepirschten, haben wir doch niemals einen Löwen jagen gesehen. Sie rissen die Antilopen im dichten Schilf und schleppten sie zu ihrer Lagerstatt. Als ich einmal das doppelt mannshohe Schilf durchquerte, überraschte ich einen Löwen in seinem Lager, wo er anscheinend geschlafen hatte. Ich sah ihn plötzlich auf fünf Meter vor mir, und ich weiß nicht, wer mehr erschrak. Jedenfalls machte er einen gewaltigen Satz und verschwand. Sein flaches Lager war übersät mit Knochen und Fleischresten.

Unmittelbar hinter dem Schilfgürtel standen mehrere Bäume. Jeden Morgen sah ich dort eine Herde von 29 Giraffen, die mit gespreizten Vorderbeinen die Blätter in den Baumkronen ästen. Alle Altersklassen waren vertreten, von Babies bis zu riesigen Bullen. Es war dies ein so anziehendes Bild, daß ich mich nicht davon losreißen konnte. Ich verstehe aber nicht, obwohl ich passionierter Jäger bin, wie man so eine schöne urweltliche Giraffe zusammenschießen kann, zumal man auch keinerlei Trophäe davon hat. Dieses Gefühl erstreckte sich bei mir auch auf Elefanten, Rhinozerosse, Flußpferde, Zebras und Gnus. Ich habe allerdings ein Flußpferd geschossen, aber nicht aus Jagdpassion, sondern um meinen Leuten Fleisch zu beschaffen. Als Mohammedaner durften sie als einziges Säugetier das Flußpferd ungeschächtet essen, weil es ausdrücklich unter die Fische gerechnet wird. Meine Leute waren so streng gläubig, daß sie keine von mir erlegte Antilope aßen, da ihr die Kehle nicht durchgeschnitten worden war.

Großartig war der tägliche Aufmarsch der Antilopenherde, die aus Sicherheitsgründen vor den Löwen geschlossen zur Tränke marschierte. Es waren dies nach meiner Schätzung fast 1500 Stück verschiedener Arten. Sie benutzten die äußersten Wasserstellen am Fluß. Die riesige Herde lagerte dann am Anfang der Steppe, und ringsherum standen Posten auf alten Termitenhaufen, um die Herde sofort zu warnen, sobald Gefahr im Anzug war.

Eines Tages hatten wir das Glück, ein riesiges weißes Rhinozeros zu sehen. Diese Art war 1928 schon recht rar und gehört heute zu den allergrößten Seltenheiten. Wir beobachteten lange das gewaltige Tier, das in der Steppe äste, zogen uns aber dann zurück, als das Rhino sich uns näherte.

Ich schoß auf dieser Reise relativ sehr wenig, es waren sechs Antilopenböcke, und zwar die stärksten, die ich sah, zwei Krokodile und ein Kronenkranich, außerdem für unsere Küche vor allem Tauben und Perlhühner. Im Bahr el-Ghazal angelte ich einen großen Barsch von etwa 15 Pfund und viele kleine Fische, die meine Mannschaft aß.

Ein unvergleichliches Naturwunder sah ich auf unserer Nilfahrt. Eines Abends bemerkte ich auf ziemliche Entfernung ein schwarzes hohes Band, das sich über den ganzen Horizont erstreckte. Ich konnte mir nicht erklären, was es war. Als wir nach einer Stunde herankamen, stellte sich heraus, daß es ein riesiger Zug kleiner Vögel war, der von Westen nach Osten zog. Und eine weitere Stunde lang konnte ich den nicht aufhörenden Zug beobachten. Es müssen das nach meiner Berechnung weit über eine Millionen kleiner Vögel gewesen sein.

Mit den dortigen Negerstämmen, den Schilluks, Dinkas und Nuers, kam ich in Verbindung. Es waren das im allgemeinen sehr schöne große Menschen, ohne dicke Waden, und die Frauen hatten ganz schmale Hüften. Die Männer waren auf der Jagd nackt und trugen auf dem Kopf einen Haaraufbau. Die Haare wurden durch Mist gebleicht. Hingegen trugen die Frauen Schurze und kahl rasierte Köpfe. Die Männer befaßten sich nur mit Jagen und Fischen – beides mit dem Speer. Kochen, Wassertragen und Vieh betreuen war Sache der Frauen. Hübsche Töchter vermehrten den Wohlstand der Familie, da die Freier sie gegen Rinder und Ziegen dem Vater abkaufen mußten. Im Gebiet zwischen Kodok und Tautikia war schon 1928 das Nilgebiet stark bevölkert. Ich besuchte dort eine katholische und eine evangelische amerikanische Mission; letztere war fünfzigmal erfolgreicher als die katholische, worauf sie sehr stolz war. Ich erfuhr aber, daß ihr eine sehr große Menge von Medikamenten zur Verfügung stand, und die Patienten erkauften sich diese durch die Taufe. Aber nach Amerika meldeten die einfalls- und erfolgreichen Missionare die Bekehrung von Hunderten von Negern, was dort in Dankesgottesdiensten gefeiert wurde.

Nach genau 14 Tagen holte mich das Schiff des Forstbeamten an meiner Landestelle wieder ab und brachte mich im Schlepp bis nach Tonga; von dort fuhren wir mit einem Postdampfer in sechs Tagen nach Khartum, um dann auf demselben Weg, auf dem wir kamen, wieder nach Hause zu fahren.

Die falschen Edelsteine

Da mein ältester Bruder Priester wurde und mein Bruder Christian sich zunächst einmal privat wissenschaftlichen Studien zugewandt hatte, übernahm ich die Aufgabe, mich mit den praktischen Familienfragen zu befassen. Bei diesen handelte es sich vor allem um die vermögensrechtliche Auseinandersetzung zwischen unserer Familie und dem sächsischen Staat.

Schon 1919 wurde vom juristischen Vertreter meines Vaters ein provisorischer Vertrag mit dem Staat geschlossen, der jedoch der Genehmigung des Landtages bedurfte. In diesem Vertrag wurde vorgesehen, einer juristischen Person – dem Haus Wettin – das Schloß Moritzburg, vier Forstreviere, eine Teichwirtschaft und Objekte aus dem Inventar der Schlösser und Sammlungen zu übereignen. Da das Privateigentum meines Vaters fast ausschließlich aus dem stark belasteten schlesischen Besitz bestand, rieten ihm seine Vermögensverwalter, anstelle der Auseinandersetzungsmasse eine hohe Lebensrente vom Staat zu verlangen. In den Jahren 1922 und 1923 befanden wir uns aber mitten in der Inflation, und ich sah in diesen Bestrebungen eine große Gefahr für die Zukunft; 1922 hatte ich eine lange Aussprache mit meinem Vater über diese Frage. Er betonte immer wieder, daß für alle Erfordernisse der Familie Gelder nötig seien und nicht Objekte. Endlich gelang es mir aber doch, ihn zu überzeugen. Die Entwicklung der nächsten zwei Jahre gab mir recht.

Im Sommer 1924 nahm der sächsische Landtag das Gesetz über die Auseinandersetzung zwischen dem Freistaat Sachsen und dem vormaligen Königshaus an. Vorsitzender und gesetzlicher Vertreter des «Verein Haus Wettin» wurde mein Vater und ich Leiter der Verwaltung mit Generalvollmacht. Diese Tätigkeit habe ich dann 20 Jahre hauptberuflich bis zum Zusammenbruch 1945 ausgeübt.

Um den Verein aktionsfähig zu machen, mußte eine Verwaltung geschaffen werden, die ich in vier Ressorts gliederte: allgemeine Verwaltung, Finanzen, Liegenschaften, Kunst. Ich selber behielt mir alle Entscheidungen vor und legte fest, daß alle Ausgaben über 50 Mark meiner Zustimmung bedurften. Das klingt sehr kleinlich, aber ich wußte, wie schnell der Etat sonst angeschwollen wäre.

Im Anfang war meine Hauptaufgabe die Durchführung der Vereinbarungen mit dem Staat. Beim Grundbesitz war das einfach, weil alles im Gesetz genau festgelegt war. Jedoch ganz anders verhielt es sich bei dem Inventar der Schlösser und den Museumswerten. Die Revolution lag sechs Jahre zurück, und der königlichen Verwaltung war die staatliche gefolgt. Gebäude wurden geräumt – wie z. B. das Schloß Wermsdorf – und Objekte wurden von einer Stelle zur anderen gebracht. Schließlich kamen auch Dinge abhanden, manche wurden beschädigt.

Auf dem Gebiet der Kunst stand mir der Museumsdirektor Dr. Hensler zur Seite, der Direktor der Kupferstich- und Handzeichnungssammlung König Friedrich Augusts II. und der Sekundogenitur-Bibliothek war. Beide Sammlungen gingen auf Verlangen des Staates in das Eigentum des Vereins über. Dr. Hensler war ein Mann von ungeheurem Wissen und großer Erfahrung auf allen Gebieten der Kunst, der außerordentlich viel in seinem Leben gesehen hatte. Ihm verdanke ich sehr, sehr viel. In den langen Jahren unserer Zusammenarbeit führte er mich Schritt für Schritt in das gesamte Gebiet der Kunst ein und übermittelte mir ein Wissen und eine Beurteilungsfähigkeit, die ich sonst nie erworben hätte.

Wir stürzten uns in die Arbeit. Nach acht Monaten war alles geklärt und geregelt. Zwei Vorfälle besonderer Art verdienen jedoch, erwähnt zu werden.

Im Grünen Gewölbe befand sich eine Zahl von Rockknöpfen aus großen Brillanten, Smaragden und Rubinen, die zu den Prunkgewändern Augusts des Starken gehörten. Diese Juwelen waren künstlerisch uninteressant, aber sie stellten einen erheblichen Wert dar und waren ein Teil der Gesamtabfindung. Mit der Begründung, daß aus Sicherheitsgründen Geheimhaltung gewahrt werden müßte, bewahrte der Staat die für den «Verein» bestimmten Steine in einem Safe im Finanzministerium auf. Erst an einem vom Ministerium zu bestimmenden Termin sollten uns die Rockknöpfe übergeben werden, voraussichtlich mit dem Schlußprotokoll. Ich hatte keinerlei Bedenken, zumal bisher alles durchaus korrekt vor sich gegangen war.

Zur Erleichterung der Arbeit hatte das Ministerium mit mir einen Aktenaustausch vereinbart. Eines Tages benötigte ich eine Liste und sandte einen Angestellten in das Ministerium, um sie zu holen. Da jedoch der Referent gerade nicht anwesend war, so übergab ein Unterbeamter dem Boten die Akte. Beim Studium der Unterlagen stieß ich auf eine Niederschrift, die mich aufs höchste interessierte. Es hieß da: «Gelegentlich der Verbringung der Rockknöpfe Augusts des Starken aus dem Grünen Gewölbe in das Ministerium wurde festgestellt, daß 80 Prozent der Brillanten-Rockknöpfe aus Glas bestehen. Es ergab sich aus alten Akten, daß August der Starke selbst die Brillanten verkaufen ließ. Da jedoch diese Tatsache den Vertretern des Königshauses nicht bekannt ist, so ist anzunehmen, daß sie nach Feststellung der Unechtheit Einspruch erheben und Schadensersatz fordern werden. Um dies zu vermeiden, sind die Rockknöpfe bis zum Schlußprotokoll zu verwahren und dann Zug um Zug mit der Verzichtserklärung beider Seiten auf weitere Ansprüche abzugeben. Das Ministerium stellt sich übrigens auf den Standpunkt, daß der Verein 50 Rockknöpfe zu erhalten hat, und zwar 40 aus Glas und zehn aus Brillanten.»

Diese Niederschrift, die ganz sicher nicht für unsere Augen bestimmt war, besagte klar und deutlich, daß wir, gelinde gesagt, benachteiligt werden sollten. Ich ließ sofort Fotokopien anfertigen und sandte die Akte kommentarlos an das Ministerium zurück. Wer mochte das ausgedacht haben?

Die nicht sehr kluge Niederschrift ging in das Jahr 1919 zurück und war wohl mehr oder weniger unter revolutionärem Einfluß entstanden. Aber hatte niemand in der Zwischenzeit von fünf Jahren die Akte gelesen? Und warum verweigerte man uns die Besichtigung der Juwelen?

Ich meldete mich beim sächsischen Finanzminister Dr. Reinhold an und erklärte ihm, daß die uns als echt zugesprochenen Knöpfe zu 80 Prozent aus Glas seien und daß man uns diese Tatsache verheimlicht hätte. Der Minister:

«So etwas gibt es nicht, im übrigen, wie wollen Sie das beweisen?»

Ich reichte ihm die Fotokopie. Der Minister erbleichte sichtlich. Seine erste Frage war:

«Wie kommen Sie dazu?»

«Ganz einfach, Herr Minister, durch unseren vereinbarten Aktenaustausch.» Nun der Minister:

«Ich werde das selbstverständlich untersuchen, aber ich bitte Sie, mir zu versprechen, daß die ganze Sache unter uns bleibt.»

«Herr Minister», erwiderte ich, «ich verspreche es Ihnen, mache aber mein Versprechen davon abhängig, daß wir für die 40 unechten Rockknöpfe entsprechend großzügig entschädigt werden, und zwar in Objekten, über die ich mich mit Ihrem Vertreter, Herrn Dr. Spangenberg, unschwer verständigen werde.»

Durch meine starke Position erreichte ich einen sehr großzügigen Ausgleich und erhielt Gegenstände, die wir normalerweise niemals vom Staat bekommen hätten. Darunter befanden sich herrliche, verschiedenfarbige Meißner Augustus-Rex-Vasen und einzigartige Porzellanvögel aus dem Turmquartier des Dresdner Schlosses.

In der Dresdner Galerie befand sich das große Bild von Rubens, «Der trunkene Silen». Dr. Hensler, der bei unseren Forderungen beratend wirkte, hatte irgendwie das Gefühl, daß dieses Bild eine Kopie sei, obwohl es seit 180 Jahren in der Galerie hing und nie jemand auf so einen Gedanken gekommen war. Im Depot befand sich andererseits eine Kopie dieses Bildes aus dem 17. Jahrhundert. Seinem Gefühl folgend, forderte Dr. Hensler die Kopie, die bereitwilligst – nicht ohne einen gewissen Spott – uns zu billigsten Bedingungen abgegeben wurde. Er ging nun daran, den wissenschaftlichen und technischen Beweis zu führen, daß der echte Rubens der Galerie die Kopie sei und die Kopie der echte Rubens. Dies gelang ihm überzeugend. Für den Galerie-Direktor Dr. Posse wie für die Regierung war das eine schwere Blamage. Wieder vollzog sich dasselbe wie bei den Rockknöpfen, nämlich Zusicherung der Diskretion und Entschädigung. Diesmal ging sie auf Kosten der Dresdner Gemäldegalerie durch Herausgabe von Bildern, auf die wir besonderen Wert legten.

Im Winter des Jahres 1934, fast auf den Tag zehn Jahre vor dem Untergang Dresdens, war ich mit Dr. Hensler im Hotel Bellevue. Ich ließ mir dort die Haare schneiden, während er in der Halle auf mich wartete. Als sich zurückkam, sah ich ihn zu meinem Schrecken kreidebleich in einem Sessel sitzen.

«Um Gottes willen, was fehlt Ihnen?»

«Nichts, es geht schon besser», sagte er und wankte aus dem Hotel zu meinem Wagen.

«Ich fahre Sie gleich nach Hause, dann müssen Sie den Arzt

kommen lassen.»

«Nein, nein, mir fehlt eigentlich nichts, aber ich habe etwas Schreckliches gesehen.» Ich möchte vorausschicken, daß ich nicht wußte, daß Dr. Hensler offensichtlich das «zweite Gesicht» hatte.

«Während Sie fort waren», sagte er, «sah ich die ganze Stadt brennen, das Hotel Bellevue war ein rauchender Trümmerhaufen. Nichts blieb in der inneren Stadt verschont. Unsere gemeinsame Arbeit – alles, was wir aufgebaut und eingerichtet haben, wurde durch fremde Soldaten, die hier herrschten, zerstört.»

Ich glaubte, Dr. Hensler habe einen Nervenzusammenbruch erlitten, und hielt das, was er sagte, für Phantasien – so etwa wie Fieberphantasien. Erst 1945, als ich die schwelenden Reste des Hotels Bellevue sah, erinnerte ich mich schlagartig an das «zweite Gesicht» Dr. Henslers.

Dr. Hensler sah auch seinen Tod voraus. Am letzten Weihnachten vor seinem Ableben war er noch wohl und munter. Als ich ihm ein gesegnetes Fest wünschte, sah er mich an und sagte in aufgeräumtem Ton:

«Das ist das letzte Weihnachten, das ich erlebe!»

«Aber Dr. Hensler, wie können Sie denn so etwas sagen!»

Und er erwiderte: «Ich weiß es ganz genau, es ist so.»

Es bleibt mir völlig unbegreiflich, wieso ein Mensch in der Lage ist, Ereignisse vorauszusehen, an die niemand denkt und die durchaus nicht in der vorauszusehenden Entwicklung der Zeit liegen. Je mehr man darüber nachdenkt, man kommt zu keiner Lösung oder Vorstellung.

Es bleibt ein transzendentaler Vorgang.

Trouvaillen

Der Bergriff «Trouvaille» ist sehr wenig bekannt. Nur die Kunstsammler und die Kunsthändler wissen, um was es sich dabei handelt. Es ist ein Kunstgegenstand, der entdeckt wurde und ungewöhnlich billig zu erwerben war. Das Wort kommt aus dem Französischen: trouver = finden, entdecken.

Auch ich habe Trouvaillen gemacht, weil ich mit dem Kunsthandel in enger Verbindung stand, mich für die Materie interessierte und gern herumschnüffelte.

Die erste war nicht so bedeutend, aber gut. Ich entdeckte in London bei einem kleinen Händler zwei Rebhühner aus Meißner Porzellan, wie ich sofort feststellte. Sie waren billig, da der Händler die ungezeichneten Vögel – d. h. ohne Marke – nicht identifiziert hatte. So bekam ich die Rebhühner für 300,– Mark, während sie in Berlin 2500,– Mark gekostet hätten. Das war 1925.

Die zweite war ein seltener, alter persischer Teppich. Bei einem Ramschverkauf in Dresden sah ich ein altes zerschlissenes Sofa, aus dem ein roter Punkt heraussah. Ich fuhr mit dem Finger in das Loch des Sofas und stellte fest, daß sich unter dem scheußlichen Überzug etwas Rotes befand – aber was? Ich kaufte das Sofa für 10,– Mark, was den Verkäufer zu der Bemerkung veranlaßte: «Aber Königliche Hoheit, wie können Sie denn so etwas kaufen?»

Es ergab sich, daß unter dem Bezug ein kleiner persischer Teppich steckte, den ich bei nächster Gelegenheit mit nach Berlin nahm. Dort wurde festgestellt, daß es sich um ein sehr seltenes Stück aus dem 18. Jahrhundert handelte, das ich dann für 12 000,– Mark verkaufte; im Jahre 1927 war das eine ganze Menge Geld.

Die dritte und bedeutendste Trouvaille meines Lebens war ein kleines, sehr verschmutztes Holzbildchen, das Erasmus von Rotterdam darstellte. Ich kaufte es von privater Seite für 1200,– Mark. Es wurde für eine alte Kopie eines Bildes von Holbein d. J. gehalten. Ich nahm es, weil das Holz alt war – und aus Spekulation. Zunächst ließ ich es reinigen: Ein schöner blauer Hintergrund kam zum Vorschein und ein sehr erstklassig gemalter Erasmus. Nun hielt ich es für erforderlich, mich eingehender mit dem Bildchen zu befassen. Ich fuhr damit nach Basel, wo der Direktor des Museums der erste Spezialist für Holbein war.

Er zeigte viel Interesse, und ich überließ es ihm zur weiteren Untersuchung und Feststellung. Nach einem halben Jahr bekam ich die überraschende Mitteilung, daß das Bildchen ein Werk von Holbein d. J. sei, und die Expertise wurde beigefügt. Ich verkaufte das Bild zu einem hohen Preis nach den USA.

Eine besonders interessante Entdeckung, die allerdings nicht mir gelang, ereignete sich um 1928 in Berlin. Man kann sie vielleicht als eine Ketten-Trouvaille bezeichnen, da sich vier Käufer nacheinander damit befaßt hatten. Es begann bei Wertheim: Die Antiquitätenabteilung dieses Warenhauses kaufte irgendwo zwei schwarze Vasen, stellte sie eines Tages in das Schaufenster und setzte den Preis auf 400,– Mark fest. Ein Gutsinspektor aus Pommern, der gerade geheiratet hatte, ging an diesem Morgen an dem Schaufenster vorbei und sah die beiden Vasen, die ihm sehr gefielen. Er kaufte sie und sagte, er käme in einer Stunde mit dem Geld und werde sie dann abholen. Er gab auch seinen Namen an und erzählte u. a., daß er in Berlin in einem Hotel wohne. Kurz darauf kam ein kleiner Kunsthändler an der Auslage vorbei und sah die schwarzen Vasen. Es war ihm sofort klar, daß es sich hier um seltene chinesische Vasen handeln müsse. Als er sich nach dem Preis erkundigte, erfuhr er zu seinem Schrecken, daß diese billigen Vasen soeben verkauft worden seien. Man sagte ihm aber, daß der Käufer sie in Kürze abholen werde. So schnell er konnte, eilte er zu seiner Bank, um genügend Geld zu holen. Als er zum Kaufhaus zurückkam, war der Gutsinspektor aber schon dagewesen. Er fragte nun nach dem Namen des Käufers und zäh, wie er war – mit der Aussicht, ein großes Geschäft vor sich zu haben –, entschloß er sich, die Berliner Hotels abzuklappern, um den Mann zu finden. Nachdem er den ganzen Tag von einem Hotel zum anderen gerast war, fand er ihn schließlich am Abend und hatte auch das Glück, ihn im Hotel anzutreffen. Er erklärte ihm, daß er für die Vasen ein spezielles Interesse hätte und 1000,– Mark biete. Dieses Gebot lehnte der Gutsverwalter glatt ab, da er sich mit Recht sagte, daß seine Vasen einen hohen Wert haben müßten, wenn der Händler ihm in allen Hotels nachjage. Der Händler bot bis 4000,– Mark, und auf diesen Preis ging der Gutsverwalter ein.

Der kleine Händler hatte das unbedingte Gefühl, daß die Vasen sehr wertvoll sein müßten, denn er hatte schon von der Famille Noire gehört (Schwarze Porzellan-Periode in China). Da er jedoch niemals damit in Verbindung gekommen war, fühlte er sich nicht sicher. So ging er zu einem der besten China-Experten, dem Kunsthändler Worch – dem ich übrigens die Kenntnis dieser ungewöhnlichen Story verdanke. Worch wurde mit 40 000,– Mark mit dem kleinen Händler handelseinig. Dann telegrafierte er an Duvine in London, er habe zwei allererste Famille-Noire-Vasen und biete sie ihm für 50 000,– Dollar = 210 000,– Mark auf zwei Tage an. Duvine akzeptierte, nachdem er sie gesehen hatte.

Duvine wiederum verkaufte – wie man mir sagte – diese ganz seltenen Stücke nach einiger Zeit für 200 000,– Dollar an das Metropolitan Museum in New York.

Der König Friedrich August von Sachsen privat

oben: König Friedrich August
von Sachsen im Kreise seiner Kinder

unten: Prinz Ernst Heinrich mit Vollblutstute Sandy

Prinz Ernst Heinrich im Jahre 1914

Die beiden Brüder Georg und Ernst Heinrich
im ersten Weltkrieg 1914–1918,
Prinz Ernst Heinrich erst 20 Jahre alt.

Die erste Gemahlin von Prinz Ernst Heinrich,
Prinzessin Sophie geb. Prinzessin von Luxemburg
und von Nassau
14. Februar 1902 – 24. Mai 1941

Prinz Ernst Heinrich in Moritzburg auf dem Stuhl
Augusts des Starken im Jahre 1933

Jagdschloß Moritzburg bei Dresden

Prinz Ernst Heinrich mit seiner
zweiten Gattin, Prinzessin Virginia,
vor dem Kamin in Coolamber

rechts oben: Das neue Zuhause, Coolamber, Irland

rechts unten: Prinzessin Virginia und Prinz Ernst Heinrich

Bei der Arbeit

Erste kleine Ausbeute von Hühnern

oben: 1948 nach Irland geflüchtet, links und rechts
außen Söhne des Prinzen aus erster Ehe

unten: Prinz Dedo und Prinz Gero mit dem Vater

Ich habe mich stets sehr für Politik interessiert und interessiere mich noch heute dafür. Aber ich habe nie einer Partei angehört und es abgelehnt, mich aktiv politisch zu betätigen.

In der Weimarer Republik bezog ich meine Stellung in der Mitte, ich wählte Deutsche Volkspartei. Im Jahre 1929 lernte ich in München den Reichstagsabgeordneten der Deutschen Volkspartei, Dr. Hugo, kennen. Ich hatte eine lange politische Unterhaltung mit ihm, und es ergab sich, daß unsere Standpunkte ziemlich identisch waren. Einen Monat später bat mich Dr. Hugo um eine Unterredung in einer wichtigen Angelegenheit. Er teilte mir mit, daß er seine Parteifreunde über den Eindruck, den er von mir gewonnen habe, orientiert hätte. Ich würde gebeten zu erwägen, der Deutschen Volkspartei beizutreten. Die Partei sei bereit, mich für den Reichstag aufzustellen, und zwar in einem absolut sicheren Wahlkreis. Das Interesse der Partei an meiner Person bestände darin, gegebenenfalls in mir einen Kandidaten für den Reichspräsidenten zu finden.

Als Gründe führte er an: Meine Grundeinstellung sei demokratisch, ich gehöre einem alten deutschen Fürstenhaus an, mit dessen Namen keine politischen Ambitionen verbunden seien, und zudem sei ich katholisch und Offizier gewesen. Das alles passe gut zusammen. Nach Hindenburg sei es erforderlich, einen jüngeren Reichspräsidenten aufzustellen, es gelte die Demokratie zu verteidigen, die von rechts und links bedroht sei. Primär erforderlich sei eine Aussprache zwischen Stresemann und mir; dieser sei bereit dazu und werde sich ausreichend Zeit dafür nehmen.

Dieser «Heiratsantrag» der Deutschen Volkspartei traf mich völlig unvorbereitet und erstaunte mich im höchsten Maße. Ich erwiderte Dr. Hugo, ich fühle mich über das Vertrauen, das man mir entgegenbringe, sehr geehrt, müsse mir aber alles sehr genau überlegen. Außerdem hielte ich es für richtig, mit Dr. Stresemann zu sprechen, bevor ich einen Entschluß fasse.

Diese Unterredung kam bald zustande. Gustav Stresemann, damals Außenminister, empfing mich in der Wilhelmstraße, wo wir, teils in seinem Arbeitszimmer, teils im Garten, eine dreistündige Unterredung hatten. Aus Stresemanns Erscheinung hätte man niemals einen Schluß auf seine große Persönlichkeit und seinen bedeutenden Geist ziehen können. Sobald er aber sprach und seine Gedanken entwickelte, merkte man, daß man es mit einem wirklich schöpferischen Menschen zu tun hatte, mit einem Mann, der ganz große Konzeptionen hatte und diese auch in die Tat umsetzte. Er stand souverän über den Alltagsereignissen und Strömungen. Man konnte ihn als einen Europäer im besten Sinne bezeichnen. Aber in erster Linie war er ein großer Deutscher, ein glühender Patriot, der seine ganze Kraft und Gesundheit für Deutschland einsetzte. Aber er war ein gezeichneter Mann, denn er hatte die Basedowsche Krankheit. Er arbeitete buchstäblich bis zum letzten Atemzug, seine eigene Person galt ihm wenig, Deutschland alles.

Mit Stresemann bekam ich sehr schnell Kontakt. Wir kamen auf die verschiedensten politischen Themen. Er entwickelte vor mir seine Gedanken über die Stellung Deutschlands in Europa und der Welt und unsere Aussichten für die Zukunft. Ebenso beleuchtete er die Erfordernisse einer künftigen europäischen Politik. Er sprach mit mir in seltsamer Offenheit über sehr vertrauliche und heikle Dinge, wie über die geheime Aufrüstung der Reichswehr und die militärischen Angebote Italiens für die Aufrüstung. In der militärischen Stärke sah er einen Aktivposten für die Außenpolitik des Reiches.

Wir berührten auch die innenpolitische Lage. Hier zeigte er sich bedenklich. Scharf verurteilte er die Nachkriegspolitik der Alliierten, besonders hinsichtlich der Reparationen, die nur Unheil angerichtet und zu schädlichen Spannungen in Deutschland geführt hätten. Ebenso verdammte er die Niederhaltung Deutschlands, die das Nationalgefühl verletzte und der radikalen Rechten die Wege ebnete. Er sagte wörtlich:

«Ich habe große Sorge um die Demokratie und das Vaterland. Sowohl die Kommunisten wie die Nationalsozialisten gewinnen immer mehr an Boden, die anderen Parteien sind zerspalten und uneinig. Ich muß gestehen, daß ich in dieser Lage Deutschland lieber als Monarchie sehen würde, denn ein Monarch kann schon wegen seines Einflusses auf die Armee die Stabilität besser garantieren als ein Präsident. Aber die Monarchie kann in Deutschland jetzt nicht wiederhergestellt werden. Gegen sie sprechen gewichtige innen- und außenpolitische Momente. Und so bleibt uns nichts weiter übrig, als die Stellung des Reichspräsidenten zu stärken. Der Generalfeldmarschall ist viel zu alt für diese wichtige Stellung. Daher ist es von großer Bedeutung, einen jüngeren, aktiven Nachfolger zu finden. Der neue Präsident muß die Gewähr für die Erhaltung der Verfassung und der Demokratie bieten, er muß aber auch dem Volk etwas bedeuten.»

Ich merkte deutlich, daß Stresemann auf den «Hugoschen» Plan anspielte, aber ich hielt es für geboten, mich weitgehend zurückzuhalten. Stresemann seinerseits war taktvoll genug, bei diesem Stand der Dinge nicht weiterzugehen. So schied ich denn nach drei Stunden von dem bedeutenden Politiker, ohne daß der Plan Dr. Hugos berührt worden wäre. Ich vermied es auch, die Frage zu stellen, welche Unterstützung ein Präsidentschaftskandidat der Mitte im Reichstag zu gewärtigen hätte.

Meine Überlegungen gingen dahin, daß *für* meine Kandidatur eingetreten wäre: die Deutsche Volkspartei und vielleicht Teile der Konservativen, des Zentrums und der Demokraten – wohl gemerkt, bei diesen drei Parteien wahrscheinlich nur eine Minderheit.

Dagegen hätten sich gestellt: die Sozialisten, die Nationalsozialisten und die Kommunisten. Da jedoch ganz sicher auch ein Kandidat der gemäßigten Linken aufgestellt worden wäre (Zentrum, SPD und Demokraten), so schien mir meine Kandidatur aussichtslos. Für die Deutsche Volkspartei handelte es sich in meinem Falle offensichtlich um eine Aushilfskandidatur. Daher teilte ich Dr. Hugo mit, daß ich nach reiflicher Überlegung zu dem Ergebnis gelangt sei, von dem Plan Abstand zu nehmen. Ich bat ihn, Stresemann davon zu unterrichten und ihm meinen Dank für das bewiesene Vertrauen zu übermitteln.

Tod und Beisetzung meines Vaters

Am 18. Februar 1932 klingelte um halb neun Uhr morgens bei mir in München das Telefon. Es meldete sich Sibyllenort, Oberst von der Damerau-Dambrowski, der Adjutant meines Vaters. Er teilte mir knapp und ohne Umschweife mit:

«Seine Majestät hat heute am frühen Morgen einen Gehirnschlag erlitten. Er ist völlig bewußtlos, und der Zustand ist sehr ernst. Ich bitte, so schnell wie möglich hierherzukommen und mir die Zeit des Eintreffens in Breslau mitzuteilen.»

Diese Nachricht traf mich hart und unerwartet. Wir hatten zwar Sorgen um den Vater, weil sein Herz nicht einwandfrei war, aber an eine akute Gefahr hatte niemand gedacht. Gottlob nahmen mich die sofortigen Entschlüsse und Vorbereitungen so in Anspruch, daß allzuviel Nachdenken im Augenblick nicht möglich war.

Der nächste durchgehende Zug verließ am Abend München und traf am folgenden Mittag in Breslau ein: In 19 Stunden. Ich rief daher die Deutsche Lufthansa an und fragte, ob man mir eine Junkers F 13 zum Flug über die Tschechoslowakei nach Breslau zur Verfügung stellen könnte. Nach einer halben Stunde bekam ich den Bescheid, daß die F 13 um ein Uhr startbereit und die Wetterbedingungen günstig wären. Meine Frau und ich trafen nach zweieinhalb Flugstunden in Breslau ein, von wo aus wir sofort nach Sibyllenort fuhren. Als einziges Familienmitglied war dort meine Tante Mathilde, die Schwester meines Vaters.

Mein Vater war tief bewußtlos, litt also nicht. Ich war glücklich, daß es so war, denn er hatte immer einen schnellen Tod gewünscht und sich manchmal mir gegenüber in diesem Sinne geäußert. Er hatte eine wunderbare Einstellung: Es ist sinnlos, dauernd über den Tod nachzusinnen, das soll man nicht. Sterben müssen wir alle einmal, und wenn es soweit ist, dann ist Zeit genug, sich damit zu befassen. Aber wir sollen so leben, daß wir jederzeit sterben können. Und das hat er wirklich getan.

Um zehn Uhr abends starb mein Vater an einer Lungenlähmung. Der Übergang der tiefen Bewußtlosigkeit in den Tod war kaum zu bemerken – es war ein sanfter Tod.

Das Rautenbanner auf dem Schloßturm ging auf halbmast und kündigte, daß der letzte König von Sachsen gestorben war.

Für mich war nun keine Minute zu verlieren, denn in Dresden stand die Beisetzung bevor, und ein Mitglied des Hauses, in diesem Falle ich, mußte sofort dorthin, um die verschiedenen schwierigen Entscheidungen zu treffen und alles zu organisieren. Ich flog deshalb am 19. morgens mit der Junkers F13 nach Dresden und bestimmte das Büro im Palais Parkstraße als Zentrale. Der Tag der Beisetzung wurde auf den 23. Februar festgesetzt. Von seiten des Reichswehrministeriums bestimmte man, daß der verstorbene König als Generalfeldmarschall mit allen militärischen Ehren beizusetzen sei. Dies bedeutete eine militärische Trauerparade und die Überführung vom Hauptbahnhof zur Hofkirche unter Teilnahme von Organisationen und zahlreichen Einzelpersonen. Da mit einer sehr großen Teilnahme der Bevölkerung zu rechnen war, wurden erhebliche polizeiliche Absperrmaßnahmen erforderlich. Am 22. sollte die Überführung von Breslau nach Dresden erfolgen, und zwar in einem Sonderzug, der um zehn Uhr vormittags eintreffen sollte. Am Hauptbahnhof – Trauerparade und Überführung zur Hofkirche. Sodann öffentliche Aufbahrung in der Hofkirche, damit die Bevölkerung von ihrem König Abschied nehmen konnte.

Viel Arbeit machte mir und meinen Helfern die Frage der Unterbringung der zahlreichen Gäste, die von auswärts kamen, und vor allem auch die Frage der Platzordnung all der angesagten und eingeladenen Personen in der Hofkirche. Aber alles ging in bester Ordnung vonstatten, nicht zuletzt dank der Unterstützung, die Regierung, Polizei und Reichswehr uns angedeihen ließen.

Die republikanische sächsische Landesregierung bestimmte, daß am 23. Februar, dem Tag der Beisetzung, alle sächsischen staatlichen Gebäude halbmast zu flaggen hätten. Das war eine besonders schöne Geste der Anerkennung und Ehrung.

Der 22. Februar war ein kühler, nasser und windiger Tag; von Zeit zu Zeit fielen Schneeflocken. Punkt zehn Uhr lief der Sonderzug mit dem Sarg im Hauptbahnhof ein, wo er vor dem ehemaligen «Königssalon» hielt, einer Stelle, wo mein Vater so oft angekommen und abgefahren war. Der Sarg war in die Hausflagge gehüllt und wurde durch den «Königssalon» auf den Wiener Platz getragen. Dort standen die Truppenteile unter Führung des Generalmajors Beck, die zur Trauerparade gehörten, und zwar ein gemischtes Bataillon unter Oberstleutnant Olbricht sowie eine

Schwadron und eine Batterie. Beide Führer – General Beck und General Olbricht – opferten ihr Leben am 20. Juli 1944 für die Rettung Deutschlands.

Als der Sarg des Königs das Bahnhofsgelände verließ, präsentierte die Trauerparade, und die Regimentskapelle I. R.10 intonierte den Sächsischen Präsentiermarsch. Der Sarg wurde auf eine Lafette gehoben; die Überführung begann. Das Bataillon führte sechs Fahnen der alten Königlich-Sächsischen Armee mit sich, darunter die drei Fahnen des Leibregiments.

Es war ein langer Zug, in den sich Vertreter der Regierung und der Stadt, der Wehrkreiskommandeur mit allen Offizieren der Garnison, die alten Offiziere der sächsischen Armee, Vertreter von Verbänden und Vereinen eingegliedert hatten. Ich folgte mit meinen beiden Brüdern unmittelbar der Lafette. Die Stadt hatte überall halbmast geflaggt und – trotz des sehr schlechten Wetters – säumten zahllose Menschen den Weg der Trauerparade. Vom Neumarkt an sperrte Infanterie beiderseits ab. Als der Trauerzug sich der Hofkirche näherte, begannen alle Glocken der Kirchen Dresdens zu läuten. Die Lafette hielt vor dem Eingang gegenüber der Brühlschen Terrasse. Der Sarg wurde in die Kirche getragen und wieder geöffnet, um der Bevölkerung Gelegenheit zu geben, den verstorbenen König noch einmal zu sehen. Bis zum Abend defilierten etwa 200 000 Personen an dem toten König vorbei, darunter Greise und Schwerkriegsbeschädigte. Viele legten Sträuße, einzelne Blumen und Zweige an der Bahre ihres ehemaligen Landesherrn nieder. Wenn die Kirche abends nicht hätte geschlossen werden müssen, hätte sich der Zug in die vielen Hunderttausende fortgesetzt. Es war eine ganz ungewöhnliche Demonstration der Liebe, Treue, Verehrung und Anhänglichkeit, die alle Schichten des sächsischen Volkes erfaßt hatte – 14 Jahre nach der Abdankung des Königs.

Am 23. fand die feierliche Beisetzung in der katholischen Hofkirche statt, auch unter Beteiligung einer starken Vertretung der evangelisch-lutherischen Geistlichkeit, deren summus episcopus de jure der verstorbene König gewesen war. Der Ministerpräsident, der Oberbürgermeister, der Wehrkreiskommandeur, der Polizeipräsident und Abgeordnete vertraten ihre Behörden und Dienststellen. Daneben waren viele Mitglieder deutscher Fürstenhäuser anwesend. Der persönliche Hofgeistliche, Beichtvater und Freund meines Vaters, Prälat Müller, hielt die Ansprache, die mein Vater – kein Freund langer Predigten – in einer testamentarischen Anordnung auf zehn Minuten beschränkt hatte. Während der Sarg in die Gruft getragen wurde, feuerten eine Kompanie des Infanterieregiments 10 drei Salven und eine Batterie des Artillerieregiments 4 einundzwanzig Schüsse. Diese Beisetzung unterschied sich in keiner Weise von der eines regierenden Königs.

Als wir sechs Geschwister in das Hotel Bellevue zurückgekehrt waren, füllte sich der Theaterplatz immer mehr, bis er schließlich schwarz vor Menschen war. Dann schwoll immer lauter ein andauerndes Hochrufen an, das uns sechs Geschwister schließlich veranlaßte, auf den Balkon zu treten, um der versammelten Menge durch Zuwinken zu danken. Diese ganz spontane Manifestation von Zehntausenden rührte uns tief.

1933–1946

Adolf Hitler hatte sich durch den Putsch im Bürgerbräukeller des Hochverrats und des Aufruhrs schuldig gemacht in Verbindung mit der Erschießung von Angehörigen der Sicherheitspolizei, die bei seinem Propagandamarsch auf dem Odeonsplatz fielen. Wie mir der Kompanieführer der absperrenden Schutzpolizei, Baron von Godin, berichtete, schossen zuerst die Nationalsozialisten. Hitler hätte unverzüglich wegen Aufruhrs standrechtlich exekutiert werden müssen – und das wäre eine milde Strafe gewesen im Vergleich zu dem, was er seinen Widersachern vom 20. Juli antat. Es war unverzeihlich, daß die deutsche Republik die geringste Buße, die man sich denken kann, über ihn verhängte: Festungshaft. Nach seiner Entlassung schritt er sofort zum Wiederaufbau seiner aufrührerischen und verderblichen Partei, deren Hauptquartier München wurde.

Hitler stand vom Anfang an im Mittelpunkt der Bewegung, er blieb es bis zur Vergöttlichung seiner Person und bis zum aussichtslosen Ende. Das ist ein Phänomen, mit dem man fertig werden muß, und dazu muß man mehr über ihn wissen, als es üblicherweise der Fall ist. Man muß ihn in den verschiedenen Phasen seines politischen Lebens gesehen und gehört haben.

Da ich in den entscheidenden Jahren bis zur Machtergreifung in München wohnte, konnte ich sehr genau sehen und hören, was vor sich ging. Ich war mir schon vor 1933 darüber im klaren, daß das alles über kurz oder lang in die Katastrophe führen mußte. Von besonderem Wert war es für mich, Hitlers direkten Vorgesetzten im ersten Weltkrieg, Oberst List, über ihn sprechen zu hören. List sagte mir:

«Hitler war Telefonist in meinem Regimentsstab. Er war absolut zuverlässig und unerschrocken, wenn es sich darum handelte, Leitungen im schwersten Feuer auszubessern und wiederherzustellen. Aber er war der stumpfsinnigste Soldat, den ich je kennengelernt habe. An den Gesprächen seiner Kameraden beteiligte er sich nicht, meist schlief oder döste er, wenn er nicht eingesetzt war.»

Es ist typisch für diesen Mann, daß er 1918 nicht daran dachte, einen Beruf zu ergreifen, sondern ein untergeordneter Spitzel des

Hauptmann Röhm wurde, der damals Generalstabsoffizier der Münchner Division war. Als Hitler 1934 Röhm erschießen ließ, da beseitigte er die Person, die am besten über ihn Bescheid wußte. Als ich ihn 1922 kennenlernte, konnte ich feststellen, daß er in keiner Weise geistig regsam war. Aber schon damals hatte er sich einige stereotype Redewendungen und Schlagworte angeeignet, die er wahrscheinlich von anderen entlehnt hatte. Es unterliegt aber keinem Zweifel, daß er von einem bestimmten Zeitpunkt an eine Entwicklung durchgemacht hat. Diese beruhte nicht auf einer Bildung, die er sich inzwischen angeeignet hatte, sondern auf der Ausbildung durchaus negativer Triebe: Machtstreben, Gewaltanwendung, Demagogie und bewußte Täuschung. Diesen Faktoren hat er alles untergeordnet.

Als Mensch ohne Bildung und Erfahrung umgab er sich vor allem mit Männern, die wie er ungebildet, halbgebildet oder ungeistig waren und nur den rücksichtslosen Weg nach oben erstrebten. Durch den lawinenartigen, zeitbedingten Aufschwung seiner Bewegung wurde er größenwahnsinnig, was schon aus dem von ihm angeordneten Gruß «Heil Hitler» und dem von ihm zumindest geduldeten Glaubenssatz «Der Führer hat immer recht» hervorgeht. Die «göttlichen Attribute», seine «Allmacht und seine Allwissenheit», haben Deutschland und das deutsche Volk in die größte Katastrophe seiner Geschichte hineingerissen. Mit der Devise – entweder wir siegen, oder alle sollen zugrunde gehen – war er ein verbrecherischer Spieler mit dem Schicksal von Millionen von Menschen.

Aber die große Masse sah in Hitler einen selbstlosen Menschen, den nur ein Gedanke beherrschte, dem deutschen Volk Glück und Größe zu bringen, und der unter Verzicht auf Privatleben und Familienglück seine Bewegung für Deutschland zum Sieg führte. Man höre nun, was «unser Führer» 1928 in München zu seinem Schneider, Herrn W., sagte, mit dem er oft sehr freimütig sprach. Herr W., bayerisch und durch und durch königstreu, war auch mein Schneider. Hitler sagte zu ihm: «Ich habe großen Ärger mit meiner Partei, die Leute ziehen nicht richtig, das müßte jetzt schon ganz anders laufen. Ich bedaure es heute wirklich, daß ich nicht zu den Kommunisten gegangen bin, mit denen hätte ich in der Zeit schon etwas ganz anderes auf die Beine gestellt.»

Unverständlich ist es mir heute noch, wie Hunderttausende, die an sich anständg, gebildet und geistig hochstehend waren, diesem Rattenfänger nachliefen und ihn unterstützten. War das falsch verstandener Idealismus, Charakterlosigkeit oder Dummheit? Wahrscheinlich von jedem etwas. Ich konnte erstaunliche Wirkungen auf gesetzte Akademiker feststellen. So hatte ich 1933 eine Unterhaltung mit dem zweiten Bürgermeister einer deutschen Großstadt, einem bekannten Politiker und Mitglied der Demokratischen Partei. Er hatte gerade eine NS-Schulung in einem Lager hinter sich und erzählte mir, wie er am Morgen in Sporthosen von einem SA-Scharführer geschliffen worden war. Auf meinen Einwand, daß er sich so etwas doch nicht bieten lassen dürfe, bekam ich die erstaunliche Antwort: «Wir müssen jetzt den kleinen Leuten die Gelegenheit geben, über uns zu befehlen.»

Eines Tages traf ich im Restaurant Englischer Garten in Dresden einen mir sehr gut bekannten Ministerialdirektor, der eine einflußreiche Stellung innehatte.

«Ich muß Sie sprechen», sagte er, «ich habe etwas Phänomenales erlebt!»

«Was denn?» fragte ich.

«Ich war mit *ihm* allein eine Viertelstunde zusammen.»

«Mit wem denn?»

«Mit dem Führer – dieser Mann ist fast kein Mensch mehr, er hat etwas Göttliches an sich, ja, ich glaube, er ist Gott selber.»

Mir fiel im Moment nichts anderes ein, als ihm zu sagen:

«Herr Ministerialdirektor, das kann nicht stimmen, denn ich bin der Heilige Geist!»

Diese Antwort kühlte ihn sichtlich ab.

Welche Formen von Abgötterei dieser Persönlichkeitskult annahm, erweisen folgende Vorkommnisse:

Hitler war in Breslau im Hotel Monopol, dem ersten Haus am Platze, abgestiegen. Dort vergaß er seinen Mantel, den allgemein bekannten Hitler-Trenchcoat. Das Hotel war umlagert von Fanatikern und Neugierigen, die einen Blick von dem geliebten Führer erhaschen wollten. Einige dieser Leute drangen ins Hotel vor und stellten fest, daß Hitler nicht mehr zu sehen war, aber sie entdeckten seinen Mantel und teilten dies der wartenden Menge mit. Es ist kaum zu glauben: Eine Prozession, etwa 800 Menschen defilierten am Mantel vorbei und küßten ihn; einzelne knieten dazu nieder.

In München pflegte Hitler nachmittags in kleiner Begleitung in Kaffeehäusern einzukehren, wo er meistens Kuchen aß. Für seine begeisterten Anhänger war dies nicht nur eine Gelegenheit, den «Geliebten Führer» von Angesicht zu Angesicht zu sehen, sie stürzten sich, wenn Hitler das Lokal verlassen hatte, auf ein Stück nicht gegessenen Kuchen, zerteilten ihn in kleine Stücke und verteilten ihn unter sich. In den Wohnungen der Fanatiker erhielten diese «Heiligtümer» einen Ehrenplatz unter einem Glassturz, der mit einem Hakenkreuzfähnchen geschmückt war. So wenigstens wurde mir berichtet.

General von Halder, Generalstabschef des Heeres, saß neben Hitler, als dieser bei der «Wiedervereinigung» mit Österreich im sogenannten Großdeutschen Reich nach Wien fuhr. Er erzählte mir, daß wiederholt Frauen in österreichischen Ortschaften vor dem Wagen sich auf den Boden warfen und laut schrien: «Führer, fahr über uns hinweg.»

Diese pseudo-religiösen Wahnerscheinungen wurden aber keineswegs von Hitler und seiner Partei abgelehnt, vielmehr fanden sie wohlwollende Billigung, da sie der Ausdruck der unbedingten Führerverehrung waren.

Für den genauen Beobachter war es offensichtlich, daß Hitlers letztes Ziel der Krieg war. Deshalb mußte das deutsche Volk geblendet, versklavt und seiner Freiheit beraubt werden. Aus diesen Gründen habe ich von Anfang bis zum Ende gegen Hitler gestanden und alles versucht, was in meinen schwachen Kräften lag, um mitzuhelfen, das Unglück abzuwenden. Für mich war das eine Gewissensfrage.

Daß Hitler an die Regierung kam und die Diktatur errichten konnte, verdanken wir in erster Linie der Uneinigkeit, Kurzsichtigkeit, Charakterlosigkeit und Feigheit der Parteien des Reichstages. Nur die Sozialdemokratische Partei wahrte als einzige die Würde und hielt des Banner der Freiheit hoch, indem sie sowohl gegen das Ermächtigungsgesetz stimmte als auch durch ihren Sprecher, den Abgeordneten Wels, diese legale Vergewaltigung und Freiheitsberaubung anprangerte. Im übrigen war wirklich das Wort am Platz: «Nur die dümmsten Kälber wählen ihre Metzger selber.»

Ich bin in diesen verhängnisvollen Tagen verschiedentlich in Berlin gewesen und habe dort versucht, den Grafen Westarp und den Prälaten Leicht von der Bayerischen Volkspartei dazu zu bewegen, mit dem Zentrum und vor allem mit den Sozialdemokraten zusammenzugehen. Leider erwiesen sich diese Demarchen als völlig negativ. Prälat Leicht wich mir ständig aus und versicherte, die Dinge würden sich nicht so dramatisch entwickeln, wie ich befürchte. Graf Westarp war völlig resigniert. Mein Vorschlag, doch im allgemeinen Interesse mit dem Zentrum der SPD die Fühlung aufzunehmen, lehnte er mit den Worten ab: «Damit verleugnen wir uns selber und diskreditieren uns außerdem.»

«Im übrigen», so sagte er, «haben wir sowieso schon verloren.»

Er ging an das Fenster und zeigte auf die Reichskanzlei.

«Sehen Sie, dort sind schon 200 bewaffnete SS-Männer, und die Bewaffnung der SA geht überall vor sich.»

«Aber Graf Westarp, wir werden doch nicht vor 200 SS-Männern kapitulieren, schließlich haben wir den Reichtag, der Beschlüsse fassen kann, wir haben den Reichspräsidenten, der die Verfassung zu schützen hat, und dessen Arm, die Reichswehr. Das gibt uns doch die Möglichkeit, die Diktatur einer Partei und deren Bewaffung zu verhindern.»

Graf Westarp zuckte nur die Achseln, er hatte aufgegeben.

Zu gleicher Zeit versuchte auch Baron Carl Ludwig von Guttenberg, die Parteien zu beeinflussen. Ich kannte ihn sehr gut, denn er war mit der Schwester meines Schwagers Schwarzenberg verheiratet. Auch seine Bemühungen blieben völlig erfolglos. Baron Guttenberg war von Anfang bis Ende ein unerschrockener und aufrechter Kämpfer gegen Hitler, er opferte sein Leben für ein besseres Deutschland.

Einige Wochen später besuchte ich den früheren Reichskanzler Brüning im St.-Hedwigs-Krankenhaus in Berlin. Dieser überaus sympathische, kluge und intelligente Mann erzählte mir, auf welche Weise das Zentrum bei der Abstimmung über das Ermächtigungsgesetz vom nationalsozialistischen Innenminister Frick betrogen worden war. Das Zentrum hatte verlangt, daß die Presse- und Versammlungsfreiheit trotz des Ermächtigungsgesetzes gewahrt bliebe. Frick stimmte zu und versprach, dies noch vor den Abstimmungen schriftlich niederzulegen. Er verstand es jedoch, den Prälaten Kaas bei allen drei Abstimmungen hinzuhalten, indem er erklärte, das Dokument sei unterwegs, und Kaas möchte doch die Abstimmung deswegen nicht aufhalten. Als nun Kaas nach der dritten Lesung das Dokument verlangte, sagte Frick, er wisse gar nicht, um was es sich handle, er habe noch nie etwas über eine solche Erklärung gehört.

In der Folgezeit bekamen wir die Diktatur zu spüren. Alles, was nicht nationalsozialistisch war, wurde aufgelöst oder – wie das schöne Wort hieß – «gleichgeschaltet», d. h. in den NS-Gesamtorganismus aufgesogen. Und hinter all dem stand als das große Druckmittel die «Gestapo» mit Bespitzelung, Bedrohung und willkürlichen Verhaftungen.

Noch bestand eine große Organisation, die nicht nationalsozialistisch war: der Stahlhelm. Seine Angehörigen waren Frontsoldaten aus dem ersten Weltkrieg. Das Soldatische, die Erinnerungen an das Fronterlebnis und die Tradition spielten beim Stahlhelm die Hauptrolle. In der sogenanten «Harzburger Front» waren 1933 die Deutschnationale Partei, der Stahlhelm und die Nationalsozialistische Partei mit SA und SS in eine pseudonationale Front zusammengeschlossen worden. Die Gegensätze konnten aber nicht ausbleiben und brachen bald hervor. Der ausgesprochen konservative Stahlhelm konnte mit den zum Teil sehr fragwürdigen Elementen der SA nicht harmonieren, und eine überwältigende Mehrheit lehnte die Nazis und die SA ab.

Der Stahlhelm hatte ein großes Aktivum in seinen Wehr-Stahlhelm-Bataillonen, die voll bewaffnet waren und aus feuererprobten Frontsoldaten bestanden, auf die man sich verlassen konnte. Ich sah nun beim Stahlhelm die einzige Möglichkeit, gegen Hitler etwas zu unternehmen. Aus diesem Grunde entschloß ich mich 1933, ihm beizutreten, worauf mir die Führung der Ortsgruppe Moritzburg übertragen wurde. Sowohl Hitler als auch Röhm, dem Stabschef der SA, war die Existenz des Stahlhelms ein Dorn im Auge, und sie witterten, nicht zu Unrecht, Gefahr. Es verdichteten sich die Nachrichten, man wolle ihn auflösen. Ich wurde von der Leitung gebeten, Hitler und Röhm deswegen zu stellen und eine verbindliche Äußerung der beiden über diese Frage herbeizuführen. Die Gelegenheit hierzu ergab sich, als im Oktober 1933 in Leipzig am Völkerschlachtdenkmal ein riesiger SA-Aufmarsch stattfand, bei dem Hitler sein Erscheinen zugesagt hatte. Ich fuhr mit einer kleinen Delegation dorthin, und wir postierten uns am Denkmal, wo auch Vertreter der Landesregierungen, der Stadt und die Gauleiter sich zum Empfang des Führers und Reichskanzlers eingefunden hatten. Um das Denkmal herum standen 150000 SA-Männer aus Sachsen, Thüringen, der Provinz Sachsen und Anhalt – eine einzige riesige, fast unübersehbare braune Masse.

Während ich das sah, schweiften meine Gedanken in das Jahr 1913 zurück, in dem das Völkerschlachtdenkmal zum 100. Jahrestag der Schlacht bei Leipzig von meinem Vater enthüllt worden war. Es war dies für ihn eine etwas heikle Angelegenheit, da ja Sachsen bei Leipzig mit Napoleon verbündet war und ebenfalls geschlagen wurde. Als Folge dieser welthistorischen Schlacht verlor es seinen halben Besitzstand.

Mein Vater sagte einen einzigen Satz:

«Aus der Erinnerung an die Not der Vergangenheit und aus dem Glück des Besitzes der Gegenwart entspringt der einmütige Wille aller Einzelstaaten des Reiches, als desses Glieder jederzeit Gut und Blut für die Ehre und den Bestand des deutschen Vaterlandes einzusetzen.»

Damals, vor 20 Jahren, stand ich an derselben Stelle, und ein Spalier von Infanterie säumte in der bunten Friedensuniform die Zufahrt zum Denkmal, an dessen Fuß das Ulanenregiment 18 aus Leipzig mit flatternden weiß-grünen Lanzenfähnchen stand. Oben an der Plattform hatten die drei großen Delegationen der damaligen Verbündeten Aufstellung genommen: der Kaiser als König von Preußen mit großem Gefolge, Erzherzog Franz Ferdinand als Vertreter des Kaisers von Österreich und der brillant aussehende Großfürst Kyrill als Vertreter des Zaren, beide mit einer glänzenden, sehr großen Militärdelegation ihrer Staaten.

Aus dieser Erinnerung riß mich ein Signal in die rauhe Gegenwart zurück. Eine lange Autokolonne näherte sich dem Denkmal, an der Spitz ein großer offener Mercedes, in dem Adolf Hitler stand, die Augen zu Boden gesenkt und den Arm erhoben zum sogenannten Deutschen Gruß, den man von den italienischen Faschisten entlehnt hatte. Dann schritt er die Treppe zum Denkmal empor, gefolgt von hohen Funktionären, darunter Röhm, Himmler und Goebbels.

Ich wurde mit Hitler bekannt gemacht, der mich nicht wiedererkannte oder erkennen wollte, obwohl ich 1922 lange mit ihm gesprochen hatte, als er noch der kleine Mann im blauen Anzug war. Er sah mich nicht an und sagte nur: «Königliche Hoheit». Ich ging gleich in medias res:

«Herr Reichskanzler, ich bin hier mit einer Delegation des Stahlhelms und bitte Sie, mir nach dem Vorbeimarsch im Hotel Hauffe Gelegenheit zu geben, eine wirklich wichtige Frage mit ihnen zu besprechen.»

«Gut», sagte er, «ich bin gern dazu bereit.»

Die gleiche Frage richtete ich an Röhm. Goebbels, der einen höchst unsympathischen Eindruck auf mich machte, grüßte mich mit der Hand, sagte aber nichts. Himmler hingegen schwänzelte um mich herum und sagte wenigstens fünfmal «Königliche Hoheit». Vielleicht war ihm das vertraut, da sein Vater Hauslehrer des Prinzen Heinrich von Bayern und dessen Vater, Prinz Arnulf, sein Taufpate war.

Der Vorbeimarsch der 150 000 SA-Männer dauerte drei bis vier Stunden und war von einer Eintönigkeit sondergleichen. Ich mußte daran denken, wie viele Beamte, Angestellte und Arbeiter darunter waren, die nur um der Lohntüte willen die braune Kluft angezogen hatten. Erstaunlich war es, daß Hitler es fertigbrachte, fast die ganze Zeit den Arm hochzuhalten – das grenzte an die Leistung eines Fakirs.

Nach dem Vorbeimarsch wurde mir im Hotel Hauffe gesagt, Hitler ruhe sich einen Augenblick aus, würde aber bald in die Halle herunterkommen und dort mit mir sprechen. Nach einer Weile kam er aus dem Fahrstuhl, gebückt, mit offenem Mund und geistesabwesend. In einer Ecke der Halle hatte sich das ganze Küchenpersonal versammelt, die Köche mit hohen Mützen. Hitler sah sie und ging mit krummem Rücken und sturem Blick auf diese Leute zu, bis er ganz nah vor ihnen stand, starrte sie an und ging dann, ohne ein Wort zu sagen, zum Aufzug zurück. In diesem Augenblick machte er einen durchaus pathologischen Eindruck. Ich sah ihn scharf an und benutzte diese Gelegenheit:

«Vielleicht können wir jetzt über die Frage sprechen?»

Er wich meinem Blick aus und sagte fast demütig:

«Ja, Königliche Hoheit.»

Nun legte ich los. Ich sagte ihm, daß im Stahlhelm ernste Besorgnis und Erregung darüber bestünde, daß der Bund aufgelöst oder gleichgeschaltet würde. Ich sei gebeten worden, von ihm eine verbindliche Äußerung zu erbitten. Hitler dachte einen Moment nach und antwortete dann:

«Sie können den Stahlhelmern sagen, daß ich nicht daran denke, den Bund aufzulösen oder zu verändern.» Ich dankte ihm für seine Stellungnahme und verabschiedete mich.

Dann ging ich zu Röhm, der in der Halle Cognac trank. Er war äußerst liebenswürdig, lobte Sachsen und seine Bevölkerung und sprach von der großen Verehrung, die er für den «hochseligen König» hatte. Dann kam ich auf mein Thema und erzählte, was ich soeben mit Hitler besprochen hatte. Es sei mir wertvoll, auch von ihm als Stabschef der SA etwas darüber zu hören, da das Gerücht umgehe, daß er für eine Auflösung des Stahlhelms sei. In diesem Moment sah ich ein Zucken in seinem Gesicht, sein Ausdruck bekam etwas Bissiges und Abstoßendes – und ganz von oben herab: «Mein Prinz, das sind Dinge, die Sie nichts angehen, über solche Fragen rede ich nicht mit Ihnen. Heil Hitler!», stand auf und ging. Hätte Röhm auch nur im entferntesten geahnt, was ihm in acht Monaten bevorstand, ich glaube, er hätte sich liebend gern mit dem Stahlhelm gegen Hitler vereinigt.

Meine Mission war insofern von Erfolg, als offiziell erklärt werden konnte, Hitler denke nicht daran, den Stahlhelm aufzulösen. Das schuf zum mindesten eine Zeitspanne lang Ruhe, die genutzt werden konnte. Als ich am selben Abend vor 1500 Stahlhelmern in Weinböhla bei Dresden sprach, hielt ich eine etwas gewagte Rede: «Man kann Menschen gleichschalten, man kann ihnen verschiedenfarbige Uniformen geben und ihnen eine bestimmte Grußform abverlangen, aber man kann niemals ihren Geist gleichschalten.» Im Dritten Reich war man äußerst dankbar für jedes oppositionelle Wort, und daher erntete ich donnernden Applaus. Zwei Tage später erhielt ich eine Verwarnung von der Gestapo. Meine Äußerungen in Weinböhla wären durchaus unangebracht gewesen, das nächste Mal würde so etwas für mich Konsequenzen haben.

Im Stahlhelm fand ich verwandte Seelen, die ebenfalls den Umsturz anstrebten. Zunächst bildeten wir eine kleine Gruppe von fünf Verschworenen in Dresden und beschlossen, diese nicht zu erweitern. Es war uns klar, daß bald gehandelt werden mußte und der Schlag allein von den Wehr-Stahlhelm-Bataillonen geführt werden konnte. Die Frage eines Zusammengehens mit der Reichswehr müsse jedoch vorher geklärt werden. Der Hauptschlag sollte gegen die Reichshauptstadt geführt werden, wobei gegen alle führenden Persönlichkeiten der NS-Bewegung rücksichtslos vorgegangen werden sollte. Um nicht zu viel Mitwisser zu haben, wollten wir die Hierarchie der Stahlhelmführer ausschalten und unsere Arbeit auf die Gewinnung der Wehr-Stahlhelm-Bataillone konzentrieren. Wir hatten sehr guten Kontakt mit den brandenburgischen Bataillonen, und die Vorbereitungen waren schon ziemlich weit gediehen, als uns ein schwerer Schlag traf. Zwei der am besten eingeweihten Stahlhelmer wurden von der Gestapo verhaftet, weil die Besprechungen und Planungen mit allen Details und Namen von einem ehemaligen aktiven Offizier und Wehr-Stahlhelmführer verraten worden waren. Dieser Schuft wurde sofort mit einem sehr hohen Posten belohnt.

Ich war mir völlig im klaren, daß die Gestapo nun auch über meine Person alles wußte. Man unternahm zunächst nichts gegen mich, aber fünf Monate später erfolgte der erste und gefährlichste Schlag. Alle weiteren Pläne wurden hinfällig, da der Stahlhelm entgegen Hitlers ausdrücklicher Erklärung in den NS-Frontkämpferbund umgewandelt wurde, dem kein wirklicher Stahlhelmer beitrat. Die Wehr-Stahlhelm-Bataillone wurden ebenfalls schnellstens aufgelöst und entwaffnet.

Wir konnten alle Hoffnungen begraben.

Der Erschießung entronnen

Der 30. Juni 1934 war ein wunderschöner sonniger und warmer Sommertag. Für den Nachmittag war das jährliche Preisschießen der Beamten des Forstamts Moritzburg anberaumt, an dem ich immer teilnahm. Das war ein echtes kameradschaftliches Zusammensein zwischen Vorgesetzten und Untergebenen, auf das sich alle immer freuten. Ich selber und der Forstmeister traten in Konkurrenz mit den Beamten, und nur die Leistung war ausschlaggebend. Um drei Uhr fuhr ich zum Schießstand. Als ich gerade von der Schloßeinfahrt in die Hauptstraße einbiegen wollte, erschien vor meinem Wagen ein Personenwagen der SS mit zwei Offizieren, dem ein Mannschaftswagen mit 30 SS-Leuten mit Stahlhelm und Karabinern folgte. Der Personenwagen stellte sich quer, so daß mein Wagen anhalten mußte. Ein Gruppenführer der SS kam auf mich zu:

«Im Auftrag der Geheimen Staatspolizei – Sie sind verhaftet.»

«Warum?»

«Das geht Sie nichts an. Sie werden es noch erfahren.»

Ich mußte in den Personenwagen der SS umsteigen. Die Fahrt ging stadteinwärts. Ich nahm bestimmt an, daß eine Unterredung in der Stahlhelmsache im Gange war und nahm mir vor, alles abzuleugnen. Warum aber wurde meine Verhaftung mit solchem Aufgebot vorgenommen? Daß ich von einem Gruppenführer im Range eines Generalmajors verhaftet wurde, mußte vielleicht damit in Zusammenhang gebracht werden, daß der Häftling ein königlicher Prinz war, den man nicht einfach durch einen Beamten abführen lassen wollte. In der Tat erfuhr ich später, daß dies auf Anordnung des Obergruppenführers von Alvensleben erfolgte, dessen befehlswidrigem Verhalten ich mein Leben verdanke. Denn Alvensleben kassierte auf eigene Verantwortung den Erschießungsbefehl aus Berlin, wobei er den klassischen Ausspruch tat: «Wir Alvensleben sind noch keine Jakobiner, die ihre Fürsten hinrichten.»

Wozu aber eine Bedeckung von 30 Bewaffneten? Das alles ging mir im Kopf herum, als ich nach Dresden fuhr. Es war ja System bei den Nazis, alles möglichst bombastisch, auffallend und ausgefallen vorzunehmen, um zu zeigen, wie scharf der Staat zupackte, damit es sich unter Schauern herumspräche: «Herr X wurde heute nacht um zwei Uhr von der Gestapo aus dem Bett geholt und fortgeschafft. Man weiß nichts über ihn.» Oder: «Der Prinz wurde heute auf offener Straße von einem großen SS-Aufgebot fortgebracht, man weiß nichts über ihn. Um Gottes willen, nichts äußern als ‹Heil Hitler› und ‹unser geliebter Führer›, sonst kann es uns auch so gehen.»

Nicht umsonst hatte man das System der Tscheka in Rußland studiert, bevor man die Gestapo in Deutschland in Gang setzte. Dort hatte sich der Terror bewährt, und hier im braunen Deutschland tat er es auch.

Man brachte mich zur Polizeidirektion nach Dresden, wo ich dem Polizeipräsidenten vorgeführt wurde. Dieser begrüßte mich sehr freundlich und sagte mir, er wüßte gar nicht, warum ich verhaftet worden sei. Ich glaubte ihm das ohne weiteres, da er ja nicht zur Gestapo gehörte. Schließlich meinte er, das Ganze müsse ein Irrtum sein, er könne mich jedoch nicht entlassen, ohne bei der Gestapo rückzufragen. Während ich nun wartete, hörte ich draußen Sirenen heulen, sah Meldefahrer und Fahrzeuge mit Bewaffneten. Irgend etwas Ungewöhnliches mußte «los» sein. Der Polizeipräsident kam mit der Nachricht zurück, daß ich auf Befehl der Gestapo in Haft zu nehmen sei. Über die Dauer habe er nicht zu bestimmen.

Ich bat ihn, das Schloß Moritzburg zu verständigen, damit mir die notwendigsten Sachen gebracht würden, außerdem ein Telegramm an den Vizekanzler von Papen zu senden, mir ein Telefongespräch mit Minister Schmidt von der sächsischen Landesregierung zu vermitteln und dafür zu sorgen, daß man mir abends das Licht nicht abschalte. Alle vier Wünsche wurden genehmigt. Er meinte, eine Revolte der SA habe stattgefunden.

«Aber», sagte ich, «mit der SA habe ich nicht das geringste zu tun!»

«Das glaube ich Ihnen gerne», antwortete er lächelnd.

Ich wurde nun zum Telefon gebracht, wo ich unter Assistenz von zwei Gestapobeamten mit dem Minister Schmidt sprechen durfte. Er war Arbeitsminister und ein ausgesprochen netter und anständiger Mann. Ich bat ihn, meine Frau zu verständigen, daß ich in Dresden in Haft sei, und er sich doch meines Falles annehmen möchte, damit ich nicht im Gefängnis «abgelagert» würde. Er versprach, sein Bestes zu tun. Als ich den Hörer auflegte, sagte der eine Gestapobeamte:

«Na hörense mal, Sie bedienen sich ja komischer Ausdrücke. ‹Ablagern› – das ist eine staatsfeindliche Äußerung, so etwas einer Behörde zu unterstellen! Ich werde das melden und hoffe, daß Sie dann Zeit genug haben werden, über das Ablagern nachzudenken. So jetzt ist es aber höchste Zeit, daß Sie unter Verschluß kommen.»

Er rief einen Gefängnisbeamten mit den Worten:

«Weg mit diesem Mann.»

Man brachte mich in die Zelle 176, und hinter mir rasselte der Schlüssel. Die Zelle war klein und bestand aus einer Pritsche mit einer Decke, einem Waschbecken und einem winzigen Fenster, das auf den Hof hinausging. Es war sehr warm, die Luft stickig, und draußen hörte man Lärm und Sirenen.

Ich war mir nun im klaren, daß ich trotz anständiger Behandlung durch den Polizeipräsidenten in den Klauen der Gestapo war. Ich setzte mich auf die Pritsche und verstand, wie es einem freifliegenden Vogel zumute sein mußte, in einen Käfig gesteckt zu werden. Nach zwei Stunden rasselte der Schlüssel wieder. Man brachte die von mir bestellten Sachen aus Moritzburg. Der Gefängniswärter, ein alter Beamter aus der königlichen Zeit, meinte: «Wie kommen Sie denn hier herein?» – «Ich habe keine Ahnung», sagte ich, obwohl ich schon eine Ahnung hatte.

«Nu, Se kommn schon wieder raus. Wenn Se was wolln, da glingeln Se ruhich. Ich bin'n alder Soldad vom Schützenrechiment und habn den Baba ofd gesän.»

Diese primitive, aber herzliche Freundlichkeit tat mir wohl.

Am Abend hörte ich deutlich einen dumpfen Schuß, der nicht weit von meiner Zelle gefallen sein mußte. Später erfuhr ich, daß ein ebenfalls am 30. Juni verhafteter Mann von der Gestapo in seiner Zelle erschossen worden war – ein Verfahren, das auch bei Röhm in München angewendet wurde.

Ich konnte abends und nachts nicht schlafen. Gegen zwei Uhr betrat ein Gefängnisbeamter die Zelle.

«Los, aufstehen und alles zusammenpacken. Sie kommen hier raus. Ich komme in fünf Minuten wieder.»

Natürlich bildete ich mir ein, ich würde entlassen. Der Wärter brachte mich in einen Raum im Erdgeschoß. Dort saßen zwölf

Männer, zehn Angehörige der SA in Uniform und zwei Zivilisten, Ministerialdirektor Hertzsch vom Büro des Reichsstatthalters und der Chef der sächsischen Staatskanzlei. Wir bekamen nun die ersten Nachrichten von den Ereignissen in Wiessee und München; keiner der Verhafteten wußte, warum er verhaftet worden war. Nach einer Stunde erschienen SS-Offiziere, gefolgt von zahlreichen Männern in Stahlhelm mit Gewehr. Einer der Offiziere ging auf ein Pult zu und las folgendes vor:

«Auf Befehl der Geheimen Staatspolizei werden in das Konzentrationslager Hohnstein eingeliefert ...» Es folgte Name auf Name, der meine zuletzt. Es war so still, daß man eine Fliege summen hörte. Dann ertönte ein Pfiff und das Kommando «Los». Auf jeden von uns stürzten sich zwei SS-Männer und pufften uns mit entsicherten Gewehren durch den Eingang auf die Straße, wo uns offene Lastwagen mit Sitzbrettern erwarteten. Ein Unterführer rief: «Jeder von euch sitzt zwischen zwei SS-Männern, die den Befehl haben, sofort zu schießen, wenn ein Gefangener nur die geringste Bewegung macht.» Darauf traute sich keiner, auch nur zu schneuzen. Ein herrlicher Morgen kündigte sich am Himmel an. Wir sausten durch die Stadt, in der noch vor 16 Jahren mein Vater als König regiert hatte. Nun wurde sein Sohn als politischer Häftling durch die ehemalige Residenz geschleppt. Ich schwor mir Rache für diese gemeine und unwürdige Behandlung. Aber nicht ich, sondern die Zeit vollzog sie.

Es ging elbaufwärts. Schließlich kamen wir auf dem hochgelegenen Hohnstein an, als gerade das erste schwache Licht durchbrach. Eine Abteilung SS stand im Hof, in den wir einfuhren. Wieder packten uns die Männer unsanft an und schoben uns immer zu viert an eine Mauer, an der wir stehen bleiben mußten. Ein elektrischer Scheinwerfer flammte auf, und vor der Vierergruppe standen zehn Männer und ein Offizier mit gezogenem Degen. Dann kam das Kommando: «Entsichern – Fertigmachen.»

In diesem Moment gab ich für mein Leben keinen Heller mehr. Das waren die Vorbereitungen zur Exekution. Dann kam das Kommando: «Legt an» – und wir sahen in die auf uns gerichteten Gewehrläufe. Ich sprach ein kurzes, tiefes Gebet. Immerhin verzweifelte ich noch nicht. Es war nicht das erste Mal, daß ich dem Tode gegenüberstand. Nur mein Atem ging unverhältnismäßig schnell. Statt des Kommandos «Feuer» hieß es plötzlich: «Strafgefangene kehrt.» Jetzt rief ein SA-Mann unserer Gruppe ganz laut: «Erschießt uns von vorne, wir drehen uns nicht um.» Das war eine Warnung für alle. Wer sich umgedreht hätte, wäre sofort erschossen worden. Die SS hätte mit den Schüssen im Rücken beweisen können, daß der Gefangene zu Recht auf der Flucht erschossen worden wäre. Eine lange Minute waren die Gewehrläufe noch auf uns gerichtet. Dann kam das Kommando: «Setzt ab, die Strafgefangenen in den Kontrollraum.»

Was hatte sich in der Tat ereignet? Am 30. Juni 1934 erhielten die Geheime Staatspolizei und der SS-Oberabschnitt, Obergruppenführer Freiherr von Alvensleben, beide in Dresden, den telegrafischen Befehl, 72 Personen zu verhaften und zu erschießen, darunter auch mich. Vier davon wurden erschossen, weil man von diesen auch in Dresden glaubte, sie seien in die Revolte verstrickt. Der Chef der Gestapo Dresden erlitt einen Nervenzusammenbruch infolge dieses Befehls, und Freiherr von Alvensleben kassierte aus eigener Verantwortung den Erschießungsbefehl für die anderen 68. Es ist jedoch anzunehmen, daß die SS im KZ Hohnstein uns trotzdem beseitigen wollte, und zwar durch Erschießen auf der Flucht. Wie bei allen Organisationen gab es auch in der SS verschiedene Menschen und Strömungen. Aber fast alle hatten eines gemeinsam: die völlige Mißachtung des menschlichen Lebens. Der Mensch war für sie ein Insekt, das man ohne weiteres zerdrückt, wenn es stört.

Als wir glücklich diesem gefährlichen Vorgang an der Mauer entgangen waren, wurden wir in einen Raum gebracht. Die SA-Angehörigen mußten ihre Uniformen ausziehen und bekamen gestreifte Sträflingsanzüge – eine bewußte Demütigung. Überhaupt verachtete die SS die SA. Ich hörte in Hohnstein einen SS-Mann sagen: «Euch braunen Dreckschweinen werden wir schon die Hosen straffziehen.» Wir drei Zivilisten durften unsere Zivilsachen behalten. Es schien sogar der SS zu widerstreben, die rechte Hand des Stadthalters, den Chef der Staatskanzlei und den Sohn des früheren Königs in Sträflingskleider zu stecken. Alles, was wir bei uns hatten, mußte bis auf die Taschentücher abgegeben werden und verschwand in Säcken. Dann erschien unsere Bewachung erneut. Wir wurden in einen großen kahlen Saal geführt. Dann hieß es im Kommandoton: «Alle Strafgefangenen auf den Boden legen, einer neben den anderen und schlafen. Niemand darf aufstehen, die Wachmannschaft wird aufpassen.» Dies wurde dadurch unterstrichen, daß zwei Mann mit gesenktem Gewehrlauf ständig an unseren Füßen auf und ab gingen. Die meisten von uns waren durch die Aufregungen, Durst und Hunger so herunter, daß von Schlaf keine Rede war; ich selbst schlief trotz sehr unbequemer Lage zwei Stunden, da ich total übernächtigt war. Als ich aufwachte, war alles beim alten, die Mitgefangenen lagen auf dem Rücken und starrten an die Decke. Ein Sturmführer kam, ging an uns vorbei und fragte: «Na, Herrschaften, wie gehts?» Niemand antwortete, man hörte nur ein Brummen. Einer der SA-Männer aber setzte sich auf und rief:

«Sturmführer!» Keine Antwort. Nochmals:

«Sturmführer!» Wieder keine Antwort. Da schrie der Mann, so laut er konnte: «Was wollen Sie denn? Wir haben seit 24 Stunden weder etwas gegessen noch getrunken und konnten seit zwölf Stunden nicht austreten.»

«Zu essen und zu trinken kann und darf ich Euch nichts geben. Aber austreten könnt Ihr, einer nach dem anderen, natürlich von meinen Männern bewacht.»

Gegen Mittag kam der Sturmführer erneut.

«So Herrschaften, jetzt haben wir ein piekfeines Quartier für Euch eingerichtet. Ihr werdet staunen, denn schließlich seid Ihr bei uns in Ehrenhaft.» Davon hatten wir bisher nicht viel gemerkt. Jeder dachte, wie mag es erst sein, wenn man nicht in Ehrenhaft ist.

«Es dauert noch eine Weile. Erstmal werdet Ihr einen kleinen Spaziergang machen, immer schön im Kreis herum. Daß Ihr mir aber innerhalb der weißen Linie bleibt, denn die Posten haben den strikten Befehl, auf jeden zu schießen, der die weiße Linie auch nur um einen Zentimeter überschreitet!» Nach diesem «Spaziergang» führte er uns in ein Haus mit vergitterten Fenstern. Vor der Tür stand ein Doppelposten. Zwei Zimmer, sogar mit Betten, waren für uns 13 bestimmt. «Da Ihr in Ehrenhaft seid, könnt Ihr entweder die Lagerkost essen, die gut und bekömmlich ist (?) oder Ihr könnt Euch aus einem Hotel des Ortes Essen kommen lassen, vorausgesetzt, Ihr habt dort Kredit.» Das bezog sich auf mich. Ich schrieb an das Hotel der Stadt, daß ich mich mit zwölf Kameraden im Lager befände und 13 mal Kraftbrühe mit Mark, Schnitzel mit Steinpilzen und Bratkartoffeln und 13 Kaffees benötigte. Man möge mir Kredit geben, da ich kein Geld bei mir hätte. Gegebenenfalls solle man in Moritzburg anrufen. Diesen Zettel gab ich dem Sturmführer, der die zehn SA-Angehörigen abstrich und erklärte, diese sollten gefälligst Lagerkost essen (Graupen in einer wäßrigen Brühe). Damit wurde meine wohlgemeinte Einladung hinfällig. Das bestellte

Mahl wurde gebracht, und wir Zivilisten aßen es vor den anderen mit wenig Appetit.

Da wir kein Rasierzeug besitzen durften, wurden wir von einem kommunistischen Strafgefangenen unter Aufsicht der SS rasiert. Mein Bett befand sich zwischen denen der beiden Regierungsbeamten. Beide zerbrachen sich den Kopf, warum sie verhaftet worden seien. Hertzsch meinte, er habe einmal mit Gregor Strasser gesprochen, das sei wohl die Ursache. Die nächsten Tage verbrachten wir mit Gesprächen, Skat und einem täglichen Rundgang.

Am dritten Tag wurde einer der SA-Führer plötzlich herausgerufen. Nach zwei Stunden Abwesenheit kam er zurück, schwankte und sah so bleich aus wie der Tod. Er gab keine Auskunft, was mit ihm geschehen sei. Er schüttelte nur den Kopf. Dabei war er zwei Stunden vorher noch aufgeräumt und lustig gewesen. Nie hat er gesagt, was mit ihm geschehen war, aber es muß grauenhaft gewesen sein. Die SS bezeichnete diese Art Dinge als «Spezialbehandlung». Am fünften Tag gegen Mittag kam ein SS-Mann und rief: «Prinz Ernst Heinrich herauskommen!» Mich durchfuhr ein fürchterlicher Schreck. War ich zur «Spezialbehandlung» ausersehen?

Im Büro stand der Sturmführer und sagte: «Sie sind entlassen. Ich habe Ihren Wagen bestellt. Sie dürfen nichts Schriftliches aus dem Lager herausbringen. Eilen Sie sich. Heil Hitler!» Ich kam zurück in das gemeinsame Zimmer und verkündete, daß ich soeben entlassen worden sei. Alle freuten sich herzlich mit mir und baten mich, ihre Angehörigen zu benachrichtigen, was ich gern übernahm. Ich ging durch einen Gang, in dem bis zum Ausgang Posten standen. Dabei machte ich eine merkwürdige Feststellung. Einige Posten drehten mir den Rücken zu, während andere mir die militärische Ehrenbezeigung erwiesen. Ich durchschritt das Tor des KZ und war wieder ein freier Mann, wenigstens glaubte ich, es zu sein. Mein Wagen brachte mich nach Moritzburg, wo ich nach fünf bangen Tagen meine Frau und meine Kinder wieder umarmen konnte. Mein einziger Wunsch war zu baden und zu schlafen. Kaum lag ich im Bett, noch ganz benommen von den letzten Ereignissen, klingelte das Telefon, und die Gestapo meldete sich. Die schnarrende Stimme eines Sturmbannführers ließ sich vernehmen: «Hörnse mal, Sie waren jetzt fünf Tage in Hohnstein. Sie schulden für die Fahrt dorthin und fünf Tage Pension 176,50 Mark. Wenn dieser Betrag nicht binnen einer Stunde bei uns abgeliefert ist, werden Sie verhaftet.» Was blieb mir anderes übrig, als sofort diesen Betrag zu zahlen, der den Sätzen erstklassiger Hotels entsprach. Wenn ich aber dachte, nun in Ruhe gelassen zu werden, so war dies weit gefehlt.

Die Morgenpost des nächsten Tages brachte mir eine Vorladung zur Gestapo für elf Uhr. Was war nun wieder? Grauen überfiel mich. Kam jetzt das Verhör?

Ich wurde zu einem Obersturmbannführer geführt, der mich lässig mit dem üblichen «Heil Hitler» begrüßte.

«Hörnse, da hat die tschechische und italienische Presse behauptet, Sie seien im Zusammenhang mit dem Putsch des ehemaligen Stabschefs Röhm verhaftet und in ein KZ eingeliefert worden. Das ist eine plumpe Lüge, und ich fordere Sie hiermit auf, diese Erklärung zu unterschreiben.»

Er schob mir eine getippte Erklärung zu, daß ich weder verhaftet noch im KZ gewesen sei. Das war mir denn doch zuviel. Ich sah ihn scharf an und sagte: «Sie wissen genauso wie ich, daß das eine glatte Lüge sein würde.»

«Darauf kommt es nicht an. Es liegt im Interesse des Reiches, deshalb müssen Sie unterschreiben.»

«Ich werde das unter keinen Umständen tun», erwiderte ich.

«Es liegt noch etwas viel Schwerwiegenderes gegen Sie vor. Sie haben ausländische Hilfe in Anspruch genommen, um eine staatliche Maßnahme zu diskreditieren. Das grenzt an Hoch- und Landesverrat. Sie wissen, was darauf steht.» Er schwieg einen Moment und fuhr dann fort:

«Es ist einwandfrei festgestellt, daß Sie den italienischen Botschafter davon unterrichtet haben, daß Sie als Verwandter des Königs von Italien in das KZ Hohnstein eingeliefert wurden. Dieser hat daraufhin zu Ihren Gunsten bei der Reichsregierung interveniert. Was sagen Sie dazu?»

«Ich kenne den Botschafter überhaupt nicht. Am 30. 6. wurde ich verhaftet und am 1. Juli in das KZ eingeliefert. An beiden Orten konnte ich, wie Sie genau wissen, mit der Außenwelt nicht in Verbindung treten.»

«Aber Sie haben von der Polizeidirektion aus telefoniert.»

«Das stimmt – mit Minister Schmidt – aber mit Genehmigung des Polizeipräsidenten. Außerdem erfolgte das Gespräch unter Aufsicht von zwei Gestapobeamten.»

Jetzt gab er es offenbar auf. «Ich muß Sie auf jeden Fall ernstlich warnen, in Zukunft etwa ausländische Hilfe in Anspruch zu nehmen. Sie können gehen. Heil Hitler! Noch eins, sollten Sie über dieses Gespräch reden, so lasse ich Sie sofort einbuchten. Wir haben Mittel und Wege, dies festzustellen. Wir verstehen uns, nicht war?»

Ich erwiderte nichts mehr und ging. Angeekelt und entsetzt über das, was ich erlebt hatte, aber auch über die Atmosphäre, in der ich leben mußte, fuhr ich nach Moritzburg zurück. Als ich die schöne große Kastanienallee, die Napoleon angelegt hatte, entlangfuhr, da beruhigte ich mich innerlich. Und als ich nun das geliebte Schloß mit seinen vier Türmen sah, die sich im Wasser spiegelten, wichen die schwarzen Wolken, die mich umgaben, und die Lebensfreude keimte wieder auf. Ich betrat einen Ort, der schon viele schwierige Zeiten überlebt hatte und die bestehenden sicher überleben würde. Statt der Atmosphäre der Gemeinheit umgab mich hier die der Würde und Schönheit.

Schloß Moritzburg

Schloß Moritzburg war schon in meiner Kindheit für mich mit einem gewissen Nimbus umgeben. Seine gewaltigen vier runden Türme und die Lage zwischen zwei Teichen imponierten mir sehr. Und dann war es das einzige unserer Schlösser, dessen Einrichtung noch völlig aus dem 18. Jahrhundert stammte. Als Sohn eines großen Jägers und selbst von frühester Jugend an mit einer unbezähmbaren Jagdpassion behaftet, bedeuteten all die verschiedenartigen Trophäen und Jagderinnerungen ein Wunderland. Da waren im Speisesaal die hochkapitalen Hirschgeweihe in großer Zahl und im Monströsensaal der berühmte 66-Ender auf barockem, vergoldetem Hirschkopf. Diese seltene Trophäe hatte der preußische König Friedrich I. selber im Warthebruch erlegt und für die Einrichtung von Moritzburg gestiftet. Die meisten Bilder bezogen sich auf die Jagd, und die Ledertapeten italienischer Herkunft verbreiteten einen merkwürdigen und doch anheimelnden Geruch, der für das Schloß charakteristisch war.

Aber auch die Umgebung zog mich magnetisch an. Die vielen Teiche mit ihren Schilfgürteln beherbergten Wasservögel aller Art, im nahen Tiergarten tummelten sich Sauen und Damwild, und auf den Fluren gab es in der Zeit vor 1914 fast überall Birkwild.

Das Wasserschloß, von Kurfürst Moritz erbaut, war bis zur Einführung der Verfassung in Sachsen um die Mitte des 19. Jahrhunderts Eigentum des Königs. Dann aber wurde es Staatseigentum, der König hatte jedoch unbeschränktes Wohnrecht. Die Inneneinrichtung war nach wie vor Privateigentum des Königs. Im Jahre 1918 wurde alles beschlagnahmt, jedoch bekam das Königshaus 1925 das Schloß durch den Auseinandersetzungsvertrag wieder übereignet.

Ich wohnte nur im Sommer dort, während ich den Winter in München verbrachte, wohin ich auch die finanzielle Abteilung meiner Verwaltung verlegte. Allerdings war ich dann noch eine gewisse Zeit in Dresden, um meine dortigen Verwaltungsangelegenheiten zu erledigen; wohnen konnte ich im Schloß dann nicht, weil es dort eiskalt war.

Nach dem Tode meines Vaters beschloß ich, endgültig mit meiner Familie nach Moritzburg überzusiedeln. Dies erforderte den

Einbau einer Zentralheizung in dem von mir bewohnten Trakt und einige bauliche Sicherungen, da die Decken und Böden sehr vom Holzwurm angegriffen waren.

Nachdem all dies durchgeführt worden war, siedelte ich im Frühjahr 1933 zeitig nach Schloß Moritzburg über. Ich verlebte dort elf unvergeßliche Jahre; allein die Lage des Schlosses und die Ausblicke waren unvergleichlich schön. Hinzu kam die Atmosphäre der Familientradition und der sächsisch-wettinischen Kultur, in der ich nun lebte und der ich im wahrsten Sinne des Wortes auf Schritt und Tritt begegnete. Als Naturfreund und Jäger entzückten mich immer wieder die Seen und Wälder mit ihrer vielseitigen und reichen Fauna. Außerdem befand ich mich nun mitten in meinem Wirkungskreis. Einen idealeren Aufenthalt konnte ich mir nicht wünschen.

Die Moritzburg wurde in der zweiten Hälfte des 16. Jahrhunderts an derselben Stelle, wo sie heute steht, als befestigtes Jagdschloß erbaut. Im Zentrum befand sich ein kleines Renaissanceschloß mit den typischen Giebeln der Zeit. Um diese herum standen vier niedrige Türme, die durch Wehrgänge miteinander verbunden waren. Am Eingang des Schlosses war eine bemerkenswerte Inschrift:

«ich, eines Fürsten Haus.
wem's nicht gefällt, der bleibe drauß.»

Dieses Schloß war nicht nur ein Jagdschloß, es war auch ein ausgezeichneter militärischer Stützpunkt, da es die große Zufahrtsstraße von Norden nach Dresden beherrschte und gesichert zwischen zwei Seen auf einer Insel lag.

Während in der ersten Hälfte des 17. Jahrhunderts Moritzburg keine besondere Bedeutung hatte, änderte sich das, als Kurfürst Johann Georg III. in der zweiten Hälfte des Jahrhunderts dort öfters residierte und Jagden abhielt. Auf diese Weise kam der junge Thronfolger, Kurprinz Friedrich August, oft in das Schloß. Als er zur Regierung kam, entschloß sich August der Starke, Moritzburg eine andere Gestalt zu geben, es zu vergrößern und für Veranstaltungen des Hofes zu verwenden.

Er beauftragte den bedeutenden Architekten Pöppelmann, der durch die Erbauung des Zwingers für immer in die Kunstgeschichte eingegangen ist, einen Umbauplan für das Schloß einzureichen.

Dieser Plan befand sich jedenfalls bis 1945 im Hauptstaatsarchiv in Dresden, wo ich ihn genau studierte. Pöppelmann schlägt darin folgendes vor: Aufbau einer Terrasse, auf der das Schloß stehen soll, erhebliche Erhöhung der vier Türme und verbunden mit diesen das zentrale Wohngebäude mit zwei gleichen Fronten nach Norden und Süden. Nach Osten soll ein großer Speisesaal ausgebaut werden, und zwar als Gegenstück zu der seit dem 17. Jahrhundert bestehenden Kapelle an der Westseite. Pöppelmann bringt nun in die Planung etwas Spielerisches hinein, indem er an der Haupteingangsfront einen hohen dreieckigen Giebel mit zahlreichen Figuren vorsieht. Sosehr der Gesamtplan August dem Starken entsprach, sowenig gefiel ihm der Giebel, durch den die großzügige Konzeption stark gestört wurde. Der König griff selber zum Griffel und markierte die gerade, von ihm gewünschte Linie der Schloßfront, wodurch der Giebel fortfiel. Auf dem Plan vermerkte er Erläuterungen für seinen Architekten.

So kam die heutige Gestalt des Schlosses in einer Gemeinschaftsarbeit zwischen zwei hochkünstlerischen Persönlichkeiten zustande. Wir verdanken dabei August dem Starken die geradlinige starke Form des Schlosses, die unserem Stilempfinden so sehr entspricht.

Die Innengestaltung geht im wesentlichen auf den König zurück. Der in der Mitte des Schlosses gelegene Steinsaal wurde mit Trophäen ausgeschmückt, die Zar Peter der Große dem König geschenkt hatte. Darunter befindet sich ein riesiges Hirschgeweih, das in der Krim ausgegraben wurde. Der Monströsensaal, der lauter unregelmäßige Hirschgeweihe auf vergoldeten Hirschköpfen enthält, wurde mit auf Leder gemalten Bildern des Hofmalers Louis de Sylvestre ausgestattet. Sie stellen Götterszenen dar, die mit der Jagd in Verbindung stehen. Um einen Kontrast zu schaffen – der König liebte Kontraste –, wurde der Billardsaal ebenfalls mit auf Leder gemalten Bildern ausgestattet, aber diesmal durch den venezianischen Maler Lorenzo Rossi. Sie stellen Szenen dar, die in die Moritzburger Landschaft hineinkomponiert sind. Und der große Speisesaal wurde mit den stärksten Rothirschgeweihen ausgestattet, die in den letzten 200 Jahren im Kurfürstentum erlegt wurden. Schließlich wurden alle Räume im Schloß mit italienischen Ledertapeten der verschiedensten Farben und Muster verziert.

Als das Schloß ausgebaut und eingerichtet worden war, wurde es von August dem Starken zum Jagdaufenthalt und für Festlichkeiten benützt. Schon vor dem Umbau bestand in Moritzburg die Sitte des «Willkommen», die sein Vater, Kurfürst Johann Georg III., eingeführt hatte. Dieser war ein großer Krieger, der beim Entsatz von Wien bis ins türkische Lager vorgedrungen war und reiche Beute gemacht hatte. Er war aber auch ein sehr trinkfester Herr. Sein kurfürstliches Willkommen ist eine Art Gästebuch, in das sich jeder eintragen mußte, der den Willkommen trank.

In dem Buch ist eine Festlichkeit in Moritzburg beschrieben: Nach einem Essen im großen Speisesaal begab sich der König mit seinen Gästen an den westlichen Schloßteich, wo verschiedene Schiffe bestiegen wurden. Dann flammte überall Feuerwerk auf, das das Schloß und den See in vielen Farben beleuchtete. Der König stand auf einer Fregatte im Gewande eines römischen Imperators. Dann näherte sich von der Insel her eine zweite Fregatte, auf der die bildschöne junge Gräfin Aurora von Königsmarck im Gewande der Diana stand. Die beiden Schiffe fuhren aufeinander zu, der König stieg auf die andere Fregatte über und schloß Diana in seine Arme. In diesem Augenblick flammte auf der Insel eine große Schrift «Vivat» auf, das alle Anwesenden nun anstimmten.

Während im 19. Jahrhundert die Gäste bei einer Festtafel eng beieinander saßen und Lakaien die Speisen servierten, war das im 18. Jahrhundert meist anders. Man saß weit auseinander, und alle Speisen wurden auf den Tisch gestellt. Hinter jedem Gast stand ein Page, der auf Order die gewünschte Speise brachte. Jedenfalls war das in Moritzburg so; es war ein Mittelding zwischen Festtafel und Büffet.

Ich habe die Sitte des «Willkommen» im folgenden Kapitel bei dem Besuch von Göring in Moritzburg beschrieben, möchte aber noch schildern, wie es mir erging, als ich im Alter von zwölf Jahren den «Willkommen» trinken mußte. Dieser «Willkommen» aus der Hirschstange durfte nur einmal im Leben getrunken werden. Der anwesende Keltermeister reichte mir die Hirschstange, die in Anbetracht meiner Jugend mit einer viertel statt einer halben Flasche Champagner gefüllt war. Sie wurde so gereicht, daß man die richtige Öffnung erst suchen mußte. Bei mir zog dieser Trick nicht, weil ich ja die Stange genau kannte. Ich setzte richtig an, aber, oh weh, die Öffnung erwies sich größer als mein Mund. Um mich nicht zu blamieren, begann ich zu trinken. Aber schon merkte ich, daß es nicht klappte, denn ein Rinnsal floß in meinen Kragen statt in den Mund. Ich versuchte das auszugleichen, aber das kostbare Naß floß nun von der anderen Seite an meinen Hals. Meine beiden Brüder sprangen hinzu, um mir zu helfen, aber dadurch wurde alles nur noch schlimmer, und schließlich war die Stange leer, ohne daß ich etwas getrunken hatte.

Meine Zensur war katastrophal. Es wurde nun schwarz auf weiß festgestellt: Trotz Hilfe zweier Brüder bekam er keinen Tropfen in den Mund. Mich kränkte das tief. Ich sann darüber nach, wie ich mich rehabilitieren könnte. Es gab noch einen anderen «Willkommen», von dem behauptet wurde, es sei ganz besonderen Auserwählten vergönnt, ihn zu bewältigen. Es war das ein sehr großes Sektglas aus der Zeit Augusts des Starken, an dessen unterer Seite sich eine vergoldete Windmühle befand. Diese hatte Flügel, die durch Einblasen zum Drehen gebracht werden konnten. Man mußte das große Glas austrinken und sodann vorzeigen, daß die Windmühlenflügel sich noch drehten. Bei den wenigen, die sich daran wagten, drehten sich die Flügel nicht mehr. Nur der Oberstallmeister von Haugk schaffte es, und er wurde deshalb auf diesem Gebiet als eine Art Held angesehen. Ich beschloß, zu meiner Rehabilitierung die Mühle auszutrinken, und untersuchte sie deshalb sehr genau. Das Ergebnis war, daß man in zeitlichen Abständen länger blasen mußte, um sie richtig auf Touren zu bringen. Dann hatte man bequem Zeit, das Glas auszutrinken. Da nun niemand vorher die Mühle untersuchen konnte, stellten sich die Mißerfolge ein, und im allgemeinen war man der Meinung, daß der Kandidat zu langsam getrunken hätte. Eines Tages bei der Tafel nahm ich mir ein Herz und sagte zu meinem Vater:

«Papa, ich möchte die Mühle trinken.»

Antwort: «Wenn Du die Hirschstange nicht trinken konntest, kannst Du die Mühle erst recht nicht austrinken. Bedenke, nur Haugk hat es bisher geschafft.»

«Papa, ich will es dir beweisen!»

«Gut, mach los.»

Man füllte das große Sektglas, ich stellte mich gegenüber von meinem Vater auf und fing ganz ruhig an zu blasen, bis ich die von mir festgestellte Flügelgeschwindigkeit erreicht hatte. Dann trank ich in aller Ruhe das Glas aus und zeigte stolz der Tafelrunde die sich noch drehenden Flügel der goldenen Windmühle. Alle waren erstaunt, mein Vater an der Spitze, sagte aber nur:

«Donnerwetter noch mal!»

Triumphierend ging ich auf meinen Platz zurück.

In der unmittelbaren Umgebung der Moritzburg befanden sich noch andere bemerkenswerte Gebäude aus dem 18. Jahrhundert: das in der zweiten Hälfte des Jahrhunderts am Großteich erbaute reizende Fasanenschlößchen und daneben ein Leuchtturm, der bei Wasserfesten eine Rolle spielte. Weiterhin das Hellhaus, ein achteckiger Bau in der Mitte des Tiergartens, der für Jagdfrühstücke benutzt wurde. In der Nähe des Hauptschlosses lag an der nach Norden führenden großen Straße die «Perlhühner Scheune», die von der Teichverwaltung verwendet wurde. Ich habe immer darüber nachgedacht, warum die Scheune diesen ausgefallenen Namen hatte, denn schließlich hält man Perlhühner nicht in einer Scheune. Da kam ich eines Tages beim Studium einer alten Karte darauf, daß die Scheune ihren Namen dem sächsischen Dialekt verdankte. Sie hieß nämlich früher «Berliner Scheune», weil sie an der Straße nach Berlin lag. Aus «Berliner» machte irgendein guter Sachse «Berlhiener» – Hochdeutsch Perlhühner.

Nachdem uns ein staatliches Gebäude in Dresden gekündigt worden war, brachte ich die Sekundogenitur-Bibliothek mit der Schaubibliothek und die Kupferstich- und Handzeichnungssammlungen von König Friedrich August II. in der Moritzburg unter. Weiterhin wurden dort untergebracht: die Porzellansammlung, die Sammlung alter Gläser und die historischen Jagdbestände.

Der Auf- und Ausbau der Porzellansammlung war mein persönliches Werk. Ich hatte schon immer ein großes Interesse für Porzellane und insbesondere für unsere sächsischen Meißner Erzeugnisse. Unsere Sammlung war nicht groß, aber sie bestand ausschließlich aus Spitzenwerken der Manufaktur. Sie entstammte zum Teil aus dem Inventar der Schlösser, der Staatlichen Sammlung und den hervorragenden Beständen aus dem Turmzimmer des Königlichen Residenzschlosses in Dresden. Letztere Objekte erhielt ich als Entschädigung für die unechten Edelsteine, die uns der Staat geben wollte. Schließlich habe ich noch einige hervorragende Stücke im Kunsthandel erworben. Hierzu half mir in sehr dankenswerter Weise Herr Alex Ball, ein gebürtiger Dresdner. Herr Ball war in Dresden Kunsthändler und ist ein allererster Fachmann für Meißner Porzellan. Er verlegte dann seine Firma nach Berlin. Durch seine Mitwirkung bekam ich eine der großartigsten Uhren des 18. Jahrhunderts, Bronzen von Caffieri mit Meißner Figuren, zwei große Adler aus dem Besitz des Herzogs von Westminster, die dort für japanische Kunstwerke gehalten wurden, einen weiteren Adler sowie verschiedene Figuren.

Ich brachte all die Herrlichkeiten, einmalige Vögel mit AR gezeichnet, AR-Vasen der verschiedensten Farben, Figuren usw. in einem Turmquartier von vier Zimmern unter, und zwar mit Bildern und Möbeln, so daß kein musealer Eindruck entstand. Bei all diesen Unterbringungen war mein und Dr. Henslers Bestreben, den schloßartigen Charakter überall zu erhalten und das starr Museale zu vermeiden. Ich glaube, daß uns das auch gelungen ist.

Wenn auch durch die Plünderungen großer Schaden auf der Moritzburg entstanden ist, so ist doch vieles erhalten geblieben. Aus Publikationen konnte ich entnehmen, daß sich mehrere wichtige Porzellangegenstände aus dem Porzellanquartier jetzt im Museum im Zwinger befinden. Und im «Barockmuseum Moritzburg», wie das Schloß heute bezeichnet wird, ist man bei manchen Anordnungen geblieben, die auf mich zurückgehen.

Schloß Moritzburg wurde sehr viel besucht, auch Prominente versäumten nicht, es zu besichtigen. Das lag sowohl an der architektonischen Schönheit und an der künstlerischen Bedeutung des Schlosses als auch an den kapitalen Jagdtrophäen, die dort zu sehen waren.

Der erste Prominente des Dritten Reiches war Hermann Göring, der sich als passionierter Jäger besonders für die kapitalen Hirschgeweihe interessierte. Er sagte sich bei mir persönlich an.

Göring war vom Reichsstatthalter Mutschmann zu einem Mittagessen im Dresdner Rathaus eingeladen worden und wollte dann von dort aus um zwei Uhr nach Moritzburg und Meißen fahren. Um ein schnelles und ungehindertes Vorwärtskommen zu ermöglichen, waren ab drei Viertel zwei Uhr auf einer Strecke von 15 Kilometern sämtliche Seitenstraßen von der Polizei abgesperrt. Im Ort Moritzburg war alles geflaggt und von der Partei ein großer Triumphbogen aufgebaut worden, um Göring würdig zu empfangen. Die Gliederungen der Partei hatten Aufstellung genommen, um unter Führung des Bürgermeisters und des Ortsgruppenführers den Gast zu begrüßen.

Im Schloß trafen schon am Morgen 150 Mann SS ein, die alle Zugänge absperrten und auch den Keller und den Boden gründlich untersuchten, um die Sicherheit des ‹Hohen Gastes› zu gewährleisten.

Es wurde zwei Uhr, nichts war zu sehen, drei Uhr, vier Uhr, von Göring keine Spur. Nachdem Görings Ankunft zwei Stunden überfällig war, rief die SS in Dresden an und erhielt den Bescheid, daß er sich immer noch mit dem Reichsstatthalter und anderen Prominenten im Rathaus befände (wo pokuliert wurde).

Ich fand das in jeder Beziehung empörend, denn abgesehen davon, daß er erwartet wurde, waren nun seit zwei Stunden alle Straßen gesperrt und damit jeder Verkehr unterbunden. Zudem hatte sich Göring in Meißen angesagt, was nun nicht mehr zu schaffen war.

Schließlich traf Göring mit zweieinhalb Stunden Verspätung mit seinem Gefolge ein. Dieses kleine Gefolge bestand aus 20 Autos. Ich war empört über seine Unhöflichkeit und entschloß mich, ihm eine Lektion zu erteilen. Als er den Monströsensaal betrat, sagte ich ihm:

«Ich freue mich, den Reichsjägermeister in diesem historischen Jagdschloß begrüßen zu können, zumal meine Vorfahren durch lange Generationen im alten Römischen Reich Deutscher Nation das Amt des Reichserzjägermeisters bekleidet haben.»

«Oh», sagte Göring, «da habe ich ja eine große Tradition zu wahren!»

«Das haben Sie auch», erwiderte ich ihm. Dann aber sagte ich: «Sie haben sich für zwei Uhr bei mir angesagt, und jetzt ist es fünf Uhr. Ohne Entschuldigung und ohne Mitteilung haben Sie eine Dame drei Stunden warten lassen. Ich glaube, daß es angezeigt ist, wenn Sie sich deswegen bei meiner Frau entschuldigen.»

Sofort sagte er: «Ja, selbstverständlich werde ich das tun.»

Nun betrat er das Zimmer, in dem meine Frau ihn erwartete. Er benahm sich manierlich, küßte meiner Frau die Hand und sagte:

«Königliche Hoheit, ich bitte Sie, mein so großes Zuspätkommen sehr zu entschuldigen, aber dringende Dienstgeschäfte nahmen mich überraschend in Anspruch, das ist leider manchmal so.»

Wir gingen zum Tee, und ich erklärte ihm, daß er nach alter Moritzburger Sitte den «Willkommen» trinken müsse. Hierzu sagte ich ihm: Der Willkommentrunk war eine Sitte, die gegen Ende des 17. Jahrhunderts in Moritzburg eingeführt wurde. Seit dieser Zeit wurde auch das kurfürstliche Willkommenregister geführt, ein Buch, in das sich jeder eintragen mußte, der den «Willkommen» trank. Gebunden war diese Sitte des Willkommen an die Anwesenheit des Kurfürsten und später des Königs. Im 19. Jahrhundert kam der Brauch auf, daß der König die jeweilige Leistung zensurierte. Der Willkommen wurde ursprünglich aus verschiedenen Gefäßen getrunken, und zwar: eine Hirschstange mit der Krone in Becherform, ein silberner Hirsch, ein silbernes Wildschwein, ein großes Sektglas, das an eine Windmühle aus Silber montiert war, und eine Amethystschale, die der englische Gesandte dem Kurfürsten geschenkt hatte.

Dem «Willkommen» durfte sich niemand entziehen, auch nicht die Damen, und es galt für die Herren als Ehrensache, die Hirschstange, die einen halben Liter Champagner faßte, in einem

Zug auszutrinken. Man konnte aus zwei Lücken trinken, aber man mußte dabei sehr geschickt sein, da sonst der Champagner daneben herausfloß.

Diesen «Willkommen» hatten nun viele Prominente getrunken, so Zar Peter der Große, der sich holländisch mit «Pieter», Friedrich der Große, der sich auf französisch mit «Frédéric» und August der Starke, der sich lateinisch mit «Augustus Rex» eintrug.

Göring war sichtlich geschmeichelt und begeistert darüber. Er trank die Hirschstange mit einem Zuge aus und fügte hinzu: «Auf das Wohl des Königlichen Hauses!»

Als ich zur Führung durch das Schloß überging, stellte ich fest, daß im Steinsaal, der ungeheizt und sehr kalt war (es war Januar), sich etwa 80 Personen versammelt hatten – das kleine Gefolge Görings, darunter der Reichsstatthalter Mutschmann. Dieser begrüßte mich so: «Na hörense mal, das ist echentlich keene Ard, mich hier draußen so frieren zu lassen.»

«Herr Reichsstatthalter», sagte ich, «ich bin tief unglücklich darüber, aber wenn Sie sich bei mir angesagt hätten, dann hätte ich Sie mit zum Tee genommen. Aber ich konnte ja nicht ahnen, daß Sie mitkommen würden.»

Übrigens war Göring mit 80 Kilometern Geschwindigkeit durch den Ort gerast, vorbei am Bürgermeister, dem Ortsgruppenleiter und den Gliederungen der Partei, die in der großen Kälte auf den Empfang warteten. Die Wut darüber war so groß, daß die enttäuschten und beleidigten Parteigenossen den reich mit Hakenkreuzfahnen geschmückten Triumphbogen kurzerhand niederrissen. Ein Parteigenosse sagte mir am nächsten Tag:

«Das hätte der Geenich nie gemacht.»

«Sicher», sagte ich, «aber Göring ist eben kein König.»

Göring interessierte sich außerordentlich für die hochkapitalen Hirschgeweihe im Speisesaal des Schlosses und ließ sich von mir über deren Herkunft berichten. Er wurde aber von all den Leuten, die mitgekommen waren, so umdrängt, daß er kaum etwas sehen konnte. Deshalb raunte ich ihm zu:

«Wenn das so weitergeht, dann werden Sie überhaupt nichts sehen.» Diese Bemerkung zündete bei ihm. Er streckte plötzlich beide Arme in die Luft und schmetterte mit lauter Kommandostimme: «Alles zurücktreten – alles zurücktreten!» Die dicht um ihn herumstehenden Leute, meist höhere Funktionäre, zuckten zusammen, gehorchten blitzartig und liefen nach allen Seiten auseinander. Als dies erfolgt war, sagte Göring laut und mit der Miene eines Triumphators:

«So, nun kann man wenigstens etwas sehen.»

Göring kam immer wieder auf den «Willkommen» zu sprechen und empfand diesen als ganz großen Akzent, zumal Friedrich der Große ihn auch getrunken hatte. Daher ließ er sich mit hochgehobener Hirschstange trinkend fotografieren. Er bekam aber die Aufnahme nie zu sehen. Als nämlich der harmlose Fotograf aus dem Saal wieder herunterkam, fiel er in die Hände der SS, die ihm den Apparat wegnahmen und die Platte sofort zerschmetterten, da nach Ansicht der Gestapo diese Aufnahme das Ansehen der Partei schädigte.

Der Besuch in Moritzburg dauerte viel länger als vorgesehen, und im Dunkel brauste die große Autokolonne nach Dresden. All die treuen Parteigenossen und Mitläufer in Meißen hatten viereinhalb Stunden lang umsonst in grimmiger Kälte auf Hermann Göring gewartet.

Der nächste Prominente, der Schloß Moritzburg besuchte, war Joseph Goebbels. Er sagte sich nicht wie Göring bei mir persönlich an, sondern durch seinen Dresdner Vertreter bei meiner Verwaltung. Hierbei wurde mir folgendes übermittelt: Der Herr Minister wünscht ausdrücklich, in keiner Weise empfangen zu werden, vielmehr möchte er wie jeder andere Besucher des Schlosses behandelt werden.

Gut, sagte ich mir, jeder nach seinem Willen. Ich gab daher Anweisung, das Auto des Ministers nach Eintreffen an den rückwärtigen Eingang des Schlosses zu leiten. Dort sollte der Schloßverwalter Goebbels in Empfang nehmen und ihn zum Eingang für allgemeine Führungen durch das Schloß geleiten. Und so geschah es auch.

Von zwei Seiten hörte ich aber dann, was Goebbels geäußert hatte: es sei geradezu unglaublich, wie er in Moritzburg behandelt worden sei. Man habe ihn bewußt brüskiert, zumal er nicht am vorderen Haupteingang eingelassen worden wäre. Auch sei er nur von einem Unterbeamten geführt worden.

Mit der schlichten Volksverbundenheit der hohen Herrn der

Partei, die immer wieder betont wurde, war es nicht sehr weit bestellt.

Bald darauf besuchte mich eine sehr liebenswürdige Persönlichkeit, es war der französische Botschafter François-Poncet. Der für die Gebiete der Kunst und Kultur sehr interessierte Botschafter wollte sich in Dresden die Museen ansehen. Zu diesem Zweck war er mit der Sächsischen Landesregierung in Verbindung getreten, die durch den Reichsstatthalter Mutschmann vertreten wurde. Mutschmann war ein sehr primitiver und ungebildeter Mann, der ursprünglich Werkmeister in einer Korsettfabrik in Plauen gewesen war. Von ihm ging der Witz um, er habe ein Buch geschrieben, «Vom Büstenhalter zum Reichsstatthalter». Er hatte neben anderen wenig angenehmen Eigenschaften eine starke Abneigung gegen alle Nichtsachsen und Ausländer. Goebbels hatte nun einen Nichtsachsen ohne vorherige Begrüßung bei Mutschmann zu seinem Vertreter in Dresden bestimmt. Als dieser Vertreter es für erforderlich hielt, dem Reichsstatthalter seine Aufwartung zu machen, hatte er ein völlig unerwartetes Erlebnis. Der Reichsstatthalter empfing ihn mit geballten Fäusten, brüllte: «Hinaus mit Ihnen!» und drohte ihm, ihn durch seine Wache die Treppe herunterwerfen zu lassen.

Das brachte Mutschmann, in Dresden König Mu genannt, eine scharfe Verwarnung ein und die Drohung des Ausschlusses aus der Partei, falls noch einmal so etwas vorkommen würde. Einen Industriellen ließ er verhaften, weil dieser einen Hirsch geschossen hatte, den er durch Rüben angelockt hatte. Das Delikt: unwaidmännisches Verhalten. Ich persönlich bin König Mu öfters begegnet, weil wir beide eine Weile lang Ehrenvorsitzende des Sächsischen Jagdschutzverbandes waren. Seine Unbildung war grenzenlos. So fragte er mich in Moritzburg, warum man nicht im 18. Jahrhundert statt der Bilder Fotografien aufgehängt hätte.

Mutschmann hielt es nicht für erforderlich, dem Botschafter Frankreichs die Wege zu ebnen, und als dieser in Dresden eintraf, nahm niemand Notiz von ihm. Infolge dieser unerhörten Brüskierung verzichtete der Botschafter auf die Besichtigung der Dresdner Museen und besuchte statt dessen mich in Moritzburg.

Wir verlebten zusammen einen sehr angenehmen und interessanten Tag. Der Botschafter, der sehr amüsant war, liebte es, das

Gespräch mit Bonmots zu würzen. Über Hindenburg sagte er: «J'ai vu le Père et le Fils, mais pas le Saint Esprit.» – Ich habe den Vater und den Sohn gesehen, aber nicht den Heiligen Geist.

Er war sehr angetan über den Witz der Berliner, und er behauptete, dieser sei französischen Ursprungs und durch die Hugenotten nach Berlin gelangt.

Schutz durch die Wehrmacht

Im April 1937 sagten sich bei mir an: Major von Ehrenthal, früher aktiver Offizier im Sächsischen Leibregiment, und ein weiterer Offizier, beide zur Zeit beim Generalkommando in Dresden.

Ehrenthal sagte mir, daß er in einem sehr diskreten Auftrag des Kommandierenden Generals zu mir käme. Es sei für mich unbedingt erforderlich, daß ich Hauptmann z.V. der Wehrmacht würde. Allerdings müsse ich in dem Falle den militärischen Eid auf Hitler ablegen, was er gleich betonen möchte.

Von dieser Eröffnung war ich ziemlich betroffen und konnte mir zunächst keinen Vers daraus machen, wieso denn das «unbedingt erforderlich für mich sei». Und den Eid auf Hitler abzulegen war für mich sowieso ein grauenhafter Gedanke. Ich mußte dabei an den Spruch denken, der damals umging:

«Schnaps trinken – Eid auf Hitler leisten.»

Ehrenthal sah mir an, daß der Vorschlag mir überhaupt nicht behagte und sagte:

«Ich verstehe, daß das Ganze Ihnen unsympathisch ist. Wir brauchen Sie nicht für die Wehrmacht und die Partei erst recht nicht. Bitte fragen Sie mich aber nicht, warum! Aber als alter Leibgrenadier von des Herrn Vaters Regiment muß ich Ihnen sagen, es ist für Sie von höchster Wichtigkeit und absolut notwendig. Wenn ich Ihnen das im Auftrag des Kommandierenden Generals sage, dann müssen Sie mir das glauben.»

Das war so deutlich, daß ich nichts mehr dazu sagen konnte. Es war nun mehr als klar, daß das Generalkommando über ganz bestimmte Nachrichten verfügen mußte und die z.V.-Stellung zu meinem Schutz vorgenommen werden sollte.

Nach kurzer Überlegung entschloß ich mich zuzustimmen. Meine Aufnahme in die Wehrmacht erfolgte nun bald. Im Wehrbezirkskommando hatte ich den Fahneneid abzulegen, der mich aber nur als Soldat in meinen militärischen Pflichten band.

Als ich 1939, sechs Tage vor Ausbruch des Krieges, zur Abwehr IV einberufen wurde, habe ich in Erfahrung gebracht, was gegen mich vorgelegen hatte. Der Abhördienst der Wehrmacht hatte 1937 festgestellt, daß es beabsichtigt war, mich bei Kriegsausbruch einzuberufen und mich in das ostpreußische Grenzgebiet zu schicken. Dort sollte ich von der SS abgeschossen werden, offiziell aber wäre ich den Heldentod gestorben.

Die Einberufung zur Abwehr schützte mich vor diesem teuflischen Plan und den Häschern der SS.

Im Jahre 1938 kehrte Österreich «heim ins Reich», wie es so schön hieß. Kurz danach erhielt ich eine Vorladung zur Staatspolizeileitstelle (Gestapo). Ich wurde zu einem SS-Sturmbannführer geführt, der mich, lässig in einem Sessel sitzend und rauchend, empfing.

Er eröffnete mir, ich hätte geäußert, Herr Hitler hätte kein Recht, Österreich zu annektieren, und dann fragte er mich, ob ich zugäbe das gesagt zu haben. Ich erwiderte:

«Davon kann überhaupt keine Rede sein, und die Formulierung dieses angeblichen Ausspruches ist höchst blödsinnig.»

«Bitte gebrauchen Sie hier keine solchen Ausdrücke.»

«Wieso», sagte ich, «wenn ich das blödsinnig finde, dann können Sie dem doch nur zustimmen. Im übrigen, wem gegenüber soll ich denn das geäußert haben?»

«Das hat jetzt damit nichts zu tun. Haben Sie den Ausspruch getan, ja oder nein?»

«Nein», sagte ich fest. In der Tat hatte ich diesen Ausspruch nicht getan.

«Gut», sagte der Sturmbannführer, «wir werden das untersuchen, aber wehe, wenn Sie jetzt die Unwahrheit gesagt haben!»

«Wie kommen Sie denn dazu zu unterstellen, daß ich die Unwahrheit gesagt haben könnte? Im übrigen tun Sie mir einen großen Gefallen, wenn Sie das untersuchen.»

«Ja, wir werden Ihnen sehr gern den Gefallen tun. Sie können jetzt gehen. – Heil Hitler!»

Wenige Tage danach begann in Moritzburg eine Untersuchung durch die Gestapo, und zwar im größten Stil. Die Leitstelle der Staatspolizei eröffnete im Ort ein eigenes Büro, in dem über hundert Personen nacheinander vernommen wurden. Das Ziel war offensichtlich, bei einer derartigen Großuntersuchung Zeugen für staatsfeindliche Äußerungen von mir zu finden. Schließlich war ja anzunehmen, daß ich vor oder nach der Machtergreifung irgend jemandem gegenüber eine Äußerung gemacht haben könnte.

Es wurden alle Leute vernommen, mit denen ich irgendwie in Berührung gekommen war, und das waren: mein eigenes Personal, die Angestellten meiner Verwaltung, die Forstbeamten und Waldarbeiter, die Angestellten des Schlosses, selbst die Waschfrauen, Geschäftsleute und Handwerker, ja auch die Kellner unserer Waldschänke und schließlich die Mitglieder des ehemaligen Stahlhelm-Bunds der Frontsoldaten.

Das Ergebnis war für die Gestapo sehr deprimierend, es wurde nämlich nichts festgestellt, was mich hätte belasten können. Das sprach sehr für die Moritzburger und die dortige Volksgemeinschaft. Ich selber flog zwei Tage nach meiner Vorladung zur Gestapo nach Budapest, um dort meine jüngste Schwester Erzherzogin Anna zu besuchen. Ich tat dies zu dem Zeitpunkt, um rechtzeitig zur Bekanntgabe des Untersuchungsergebnisses wieder zu Hause zu sein. Ich verlebte sehr angenehme Tage in Budapest und flog nach 14 Tagen wieder heim. In Wien hatte ich einen längeren Aufenthalt, den ich dazu benutzte, um in die Stadt zu fahren.

Kurz nach meiner Rückkehr kam mir der Gedanke, die Gestapo irrezuführen. Da ich genau wußte, daß meine gesamte Post seit 1934 überwacht wurde, so beschloß ich, zur Irreführung der Gestapo einen Brief an meine Schwester zu benutzen. Ich schrieb an sie einen Luftpostbrief, den ich auf dem Flugplatz persönlich einschreiben ließ, damit er der Gestapo mit Sicherheit in die Hände fiel. Zugleich sollte dadurch die Bedeutung des Briefes unterstrichen werden. Der Brief ging, wie erwartet, sofort zur Gestapo, und meine Schwester bekam ihn nie. Der Inhalt war folgender:

Zunächst dankte ich meiner Schwester für die schöne Zeit, die ich bei ihr in Budapest verleben durfte und schloß daran verschiedenes Persönliches und Familiäres an. Sodann schrieb ich: «Mein Rückflug verlief sehr gut, ich hatte in Wien einen längeren Aufenthalt, den ich dazu benutzte, in die Stadt zu fahren, da es mich natürlich brennend interessierte, Wien nach der Wiedervereinigung zu sehen. Du kannst Dir nicht vorstellen, was für ein wunderbares Gefühl es war, diese total verjudete Stadt endlich wieder deutsch zu sehen! Dazu die Kärntner Straße im Hakenkreuzfahnenschmuck! Großartig! Es war aber auch höchste Zeit, daß das deutsche Österreich endlich zum Reich kam, wohin es von Gottes und Rechts wegen gehörte.»

Etwa 14 Tage nach meiner Rückkehr erhielt ich wieder eine Vorladung zur Gestapo, wo ich zu demselben Sturmbannführer geführt wurde, der mich vor einem Monat vernommen hatte. Er saß ebenso lässig im Stuhl wie das erst Mal und nahm zunächst keine

Notiz von mir. Eine Zigarette paffend, las er in einem Aktenstück. Dann klingelte das Telefon. Er hörte sich das Gespräch an, und zweimal sagte er: «Nein, nein, lassen Sie ihn ruhig noch eine Weile sitzen, das schadet ihm nichts und ist besser. Nur die Leute nicht so schnell herauslassen.»

Als das Gespräch beendet war, sah er auf:

«Ah, da sind Sie ja. Wie war es in Budapest?»

«So», sagte ich, «das wissen Sie auch schon.»

«Ja, wir wissen alles», antwortete er schmunzelnd. «Aber nun zur Sache. Also unsere Untersuchung hat keine Anhaltspunkte dafür ergeben, daß Sie die besagte Äußerung getan haben. Es ist aber auch nicht erwiesen, daß Sie sie nicht getan haben.»

Ich konnte mich aber nun nicht enthalten zu sagen:

«Ihre letztere Feststellung finde ich aber höchst merkwürdig.»

«Ja», erwiderte er, «wir sind eben vielleicht zu präzis und schließen nichts aus. Also damit ist der Fall erledigt.

Nun habe ich aber noch etwas anderes. Sagen Sie mal, warum verstellen Sie sich eigentlich uns gegenüber?»

«Nicht das ich wüßte.»

«Doch, doch, Sie verstellen sich, denn Sie sind in Ihrem Herzen Nationalsozialist und gehören zu uns. Was sagen Sie dazu?»

«Ich war immer ein guter Deutscher. Im Jahre 1914 bin ich als Kriegsfreiwilliger an die Front gegangen und habe den ganzen Krieg mitgemacht. Meine Pflichten gegenüber meinem Vaterland habe ich immer erfüllt und erfülle sie heute noch.»

«Ja», sagte mein Gestapoinquisitor, «das ist alles ganz schön und gut, aber Sie sollen hiermit wissen, daß wir absolute und bündige Beweise dafür in der Hand haben, daß Sie in Ihrem Herzen Nationalsozialist sind. (Das war mein Brief.) Ihre Mentalität und überhaupt die der Fürstenhäuser ist uns unbegreiflich. Nichts für ungut. – Heil Hitler!»

Ich verbeugte mich lässig und verließ mit einem leichten Triumph im Herzen die Leitstelle der Staatspolizei.

Mein Schuß hatte gesessen, und ich hatte eine Weile Ruhe.

Wolken am politischen Himmel – Offizier in der Abwehr

Ende 1938 besuchte mich in Moritzburg mein Vetter, der König Carol von Rumänien, der von einer Besprechung mit Göring kam, die er bei Halle in einem Salonwagen mit ihm gehabt hatte.

Nach einer Besichtigung des Schlosses und einem Zusammensein fuhren wir zu meinem Bruder Christian, der dem König ein Diner gab. Bei diesem saß ich neben einem sehr hohen General der Luftwaffe, und ich führte mit ihm ein ungemein offenes und interessantes Gespräch. Wir kamen nämlich auf den kommenden Krieg zu sprechen und waren uns einig, daß er zunächst einmal gegen Polen geführt werden würde. Dann fragte er mich:

«Wann glauben Sie, daß der Krieg kommen wird?»

«Ich denke 1940 nach der Ernte.»

«Da haben Sie nicht ganz schlecht getippt, jedoch glaube ich, daß er früher kommt, Sommer 1939.» – Nun fragte ich:

«Glauben Sie, daß Frankreich und England gegen uns in den Krieg eintreten werden, um Polen zu helfen?»

«Ich möchte eher annehmen, daß das nicht der Fall sein wird.»

«Aber, wenn England in den Krieg eintritt, was dann?»

«Ja, dann werden wir England mit den magnetischen Minen aushungern. Wir werfen sie vor allen Häfen ab, und damit wird jedwede Zufuhr unterbunden.»

«Und was geschieht, wenn England die magnetischen Minen irgendwie ausschaltet?»

«Ja», sagte er, «dann verlieren wir den Krieg, da andere Mächte auch gegen uns antreten werden, vor allem die USA.»

Dieses Gespräch gab mir sehr zu denken, denn schließlich wurde es mit einem sehr hohen Offizier der Luftwaffe geführt, einem General, der dem innersten Kreis angehörte. Noch heute erstaunt mich die Offenheit, mit der er diese Fragen mit mir besprach.

Die Äußerungen des Generals waren sicher der Niederschlag der allgemeinen Planung. Es ist nun einmal die Aufgabe jedes Generalstabs, den Krieg vorzubereiten, und zwar gegen jede Kombination, die an jeder Grenze möglich sein kann.

Daß Polen angegriffen und zerschlagen werden sollte, war jedenfalls 1938 bereits beschlossene Sache. Die Reihenfolge war genau festgelegt: Österreich – Tschechoslowakei – Polen – die Sowjetunion. Und Polen mußte einzig und allein deshalb daran glauben, um später die Angriffsbasis gegen die Sowjetunion zu bilden. War es doch Hitlers primitive fixe Idee, daß das Großdeutsche Reich ohne die Ausbeutung der Ukraine sich nicht ernähren könne. Weder er noch seine Trabanten glaubten aber ernstlich an einen Konflikt mit den Westmächten.

In Deutschland sah jeder einigermaßen orientierte und intelligente Mensch schon seit 1935, daß Hitler den Krieg vorbereitete. Obwohl 1938 schon dunkle Wolken am politischen Himmel standen, so herrschte doch noch Friede.

Meine Frau und ich genossen in vollen Zügen das schöne Leben in Moritzburg, in dem prachtvoll gelegenen Schloß, in dem wir mitten in hoher Kunst und Tradition lebten. Daneben widmeten wir uns unserem Garten mit allen seinen kleinen Freuden und verlebten an unserem Badeplatz am Mittelteich besonders schöne Stunden. Wir hatten uns an diesem schönen großen, mitten im Wald gelegenen Teich einen Strand geschaffen mit einem Häuschen. Im Mittelteich schwammen wir, sonnten uns, lasen und kochten dort auch meist Mahlzeiten am Spieß. Als passionierter Jäger gingen meine Frau und ich sehr viel auf Jagd, wobei die Entenjagd eine besondere Rolle spielte, da in Moritzburg über 500 Hektar Teiche vorhanden waren. Im Sommer wurden die Enten getrieben, während wir uns im Herbst dem Entenzug und dem abendlichen Einfall widmeten.

Neben Moritzburg galt unsere besondere Liebe unserem Gut Jahnishausen bei Riesa. Dort besaßen wir im Schloß eine kleine Wohnung die an einem kleinen, aber wunderschönen Park lag mit einem Teich und prachtvollen alten Bäumen. Es gab dort auch einen Obst- und Gemüsegarten, den unser Förster mit seiner Familie vorbildlich instand hielt. Das große Gut von 400 Hektar hatte einen hervorragenden Boden, auf dem Weizen und Zuckerrüben ausgezeichnet gediehen. Es wurde von einem Bach durchzogen, an dem Wiesen und Gehölze lagen. Die Jagd in Jahnishausen war sehr gut, und ich hatte dazu noch fünf Gemeindejagden gepachtet. Außer sehr hohen Strecken an Hasen und Fasanen hatten wir einen kleinen, aber hervorragenden Rehwildbestand; meine besten Rehböcke in Sachsen erlegte ich in Jahnishausen.

Dicht bei Dresden besaß ich zwei weitere Güter. Auf dem einen, Helfenberg, hatte ich eine Brauerei, die ich persönlich modernisierte und vergrößerte und die zu meiner Haupteinnahmequelle wurde.

Beruflich war ich als Verwaltungsleiter des Vereins Haus Wettin voll in Anspruch genommen, was für mich stets ein großes Glück bedeutete, denn ohne ernsthaften Beruf und produktive Arbeit erschien mir das Leben nicht lebenswert.

Mit meiner Ehe und Familie war ich restlos glücklich; meine Frau war eine ausgezeichnete Lebensgefährtin und Kameradin, wie man eine bessere sich nicht vorstellen kann. Uns band vor allem der Gleichklang in der Lebensauffassung und die gemeinsame Liebe zur Natur und zur Kunst.

Im Sommer 1939 verlebten wir sehr schöne Ferien in Kampen auf Sylt. Wir schwammen, lasen, ruhten uns aus und angelten Schollen im Wattenmeer. Als wir jedoch nach Helgoland fahren wollten, da wurde uns mitgeteilt, daß seit drei Tagen der Besuch der Insel allgemein verboten sei. Gründe dafür wurden nicht angegeben. Diese Nachricht gefiel mir gar nicht.

Und kurz nachdem wir nach Hause kamen, wurde das Benzin kontingentiert. Offiziell wurde das mit Deviseneinsparungen begründet, aber in der Tat handelte es sich um eine wehrwirtschaftliche Maßnahme, und ich war mir darüber im klaren, daß die Lage sehr gespannt war.

Wenige Tage danach erschien am Nachmittag ein Motorradfahrer, der einen Brief für mich abgab. Es war der Einberufungsbefehl – Meldung am nächsten Morgen um zehn Uhr im Generalkommando Abwehr IV. Es war mir sofort klar, daß der Krieg unmittelbar bevorstand. Ich meldete mich beim Leiter der Abwehr IV, Major R., der sächsischer Artillerieoffizier gewesen war. Dieser eröffnete mir, daß ich zu einer Übung einberufen worden wäre; ich solle mich beim Kommandierenden General melden. Dieser sagte mir jedoch, er habe mich einberufen lassen, weil die Lage kritisch sei. Das sei aber geheim. In der Abwehr befände ich mich in guten Händen, vor allem bei Major R.

Nun begann unverzüglich mein neuer Dienst. Ich bekam ein Zimmer zugewiesen, und man brachte mir eine Menge Akten, die ich durchzuarbeiten hatte. Es waren dies Originalakten des tschechoslowakischen Geheimdienstes, die auf deutsch übersetzt worden waren. Der tschechoslowakische Geheimdienst – Aktive Spionage und Abwehr – war bei der Besetzung von Prag völlig überrascht worden: Als die Offiziere morgens zum Dienst gehen wollten, hatte vor dem Gebäude ein deutscher Doppelposten gestanden. So war das ganze Material in deutsche Hände gefallen und sofort übersetzt worden.

Die Abwehr IV in Dresden wurde beauftragt, sämtliche Akten und Unterlagen auszuwerten. Dies war besonders wichtig, weil das französische Deuxième Bureau, die französische Abwehr, eng mit der tschechoslowakischen zusammengearbeitet hatte. Durch die Auswertung der Prager Akten wurden der deutschen Abwehr sämtliche Spionageagenten in Deutschland und der Tschechoslowakei bekannt, ebenso alle Kontaktmänner des französischen und tschechischen Geheimdienstes. Man ließ sie in Freiheit, aber sie wurden sofort scharf beobachtet, denn dadurch konnte man die französischen Agenten feststellen. Mit den Deutschen, die für ausländische Geheimdienste gearbeitet hatten, wurde kurzer Prozeß gemacht, die Gestapo hatte sich dies vorbehalten. Unter den Agenten befanden sich sicher 75 Prozent Parteigenossen. Jedenfalls stieß ich immer wieder in den Akten auf die Erklärung:

«Als Parteigenosse bin ich in der Lage usw.» Ich stieß auch auf einen aktiven Hauptmann des Reichsheeres, der in Prag eine Nummer als Agent hatte. Aber er «arbeitete» im Auftrag der deutschen aktiven Spionage (Canaris).

Fünf Tage nach meinem Dienstantritt in der Abwehr brach der Krieg aus. Ich war mir über den Ausgang desselben vom ersten Tage an im klaren. Ich mußte an den Ausspruch eines kanadischen Offiziers denken, den ich 1917 vernommen hatte. Als ich ihn fragte, was er über den Ausgang des Krieges dächte, sagte er: «Ein einfacher Blick auf den Atlas genügt, um diese Frage zu beantworten.»

Neben der Bearbeitung der Spionageakten bekam ich auch informatorisches Material zur Kenntnisnahme. Mich interessierte davon eine streng geheime Denkschrift des Sicherheitshauptamtes in Berlin, in der folgendes stand:

«Es gibt in Deutschland vier höchst gefährliche international eingestellte Gruppen, die durch ihre subversive Tätigkeit eine akute Gefahr für das Reich darstellen.

Das sind: das Judentum – die Freimaurer – die katholische Kirche – und die Hocharistokratie.

Jede dieser vier Gruppen arbeitet zunächst für sich durch geheime Agitation und Propaganda gegen den nationalsozialistischen Staat. Aber sie haben auch Querverbindungen zueinander und verfolgen gemeinsam das Ziel der Unterhöhlung und Beseitigung des nationalsozialistischen Staates. Es ist festgestellt worden, daß jede der vier Gruppen eine Geheimorganisation besitzt, die die Maßnahmen festlegt, die gegen das Dritte Reich ergriffen werden sollen. Es wurde aber auch festgestellt, daß die vier Geheimorganisationen eng miteinander zusammenarbeiten.»

Es ist sicher richtig, daß in diesen vier Gruppen kaum Anhänger Hitlers zu finden waren. Aber es war ein absoluter Unsinn, zu behaupten, daß diese Kreise über geheime Kampforganisationen verfügen, geschweige denn zusammenarbeiten würden. Und das wußte der Sicherheitshauptmann selber ganz genau. Die Denkschrift sollte den Haß erzeugen und Maßnahmen gegen Angehörige dieser vier Gruppen rechtfertigen und vor allem Bedenken bei den Mitgliedern der SS zerstreuen.

Bei der Abwehr erfuhr ich von einen Spionagefall, der von ganz besonderer Bedeutung war, da er sich mitentscheidend auf den Ausgang des Polenfeldzuges auswirkte. Die aktive deutsche Spionage unter Canaris setzte sich in den Besitz der Aufmarschpläne des polnischen Heeres. Nachdem dies erfolgt war, war es leicht, den Gegner an seinen schwachen Punkten schnell und erfolgreich zu schlagen. Die deutsche Spionage wußte, daß in den Kellern des polnischen Generalstabsgebäudes in Warschau Panzerschränke standen, die die Pläne beherbergten. Man wußte aber auch, daß diese Schränke in Dresden hergestellt worden waren. Schließlich war es bekannt, daß im Untergeschoß des Generalstabsgebäudes ein Hausmeister wohnte, der Zutritt zu den Kellern hatte.

Es wurde nun ein junger deutscher Offizier, der fließend polnisch sprach, als Handelsvertreter getarnt, mit dem Auftrag nach Warschau geschickt, sich der Pläne zu bemächtigen. Sie sollten dann in der deutschen Botschaft fotokopiert werden und mußten selbstverständlich unbemerkt in den Panzerschrank zurückgelegt werden. Der Offizier löste seinen Auftrag folgendermaßen: Er freundete sich mit der Tochter des Hausmeisters an und gewann das Vertrauen der Eltern, die in ihm einen willkommenen Schwiegersohn sahen. Dies Vertrauen ging so weit, daß der Hausmeister schließlich dem Schwiegersohn in spe die Hausschlüssel zu seiner Wohnung überließ. Eines Abends allein in der Wohnung, drang der Offizier in den Keller ein, wozu er die Schlüssel des Hausmeisters benutzte. Die Panzerschränke waren alt und unmodern und konnten mit Schlüsseln geöffnet werden. Natürlich waren diese in der Hand des polnischen Generalstabs. Der Offizier nahm aber Abdrücke von den Schlössern, worauf in Dresden die Schlüssel hergestellt wurden. Bei nächster Gelegenheit öffnete er in aller Ruhe die Schränke und entnahm die Aufmarschpläne, die sofort in der Botschaft fotokopiert wurden. Sodann legte er die Pläne wieder an ihre Stelle, ohne daß irgend jemand auch nur das Geringste merkte.

Es war natürlich unverantwortlich vom polnischen Generalstab, dem Hausmeister die Schlüssel zum Keller zu überlassen und die Aufmarschpläne in einem veralteten Panzerschrank unterzubringen.

Etwa 14 Tage nachdem ich meine Tätigkeit in der Abwehr begonnen hatte, besuchte mich Dr. Gördeler, der frühere Oberbürgermeister von Leipzig, in meinem Büro. Dr. Gördeler war ein unerbittlicher und kompromißloser Gegner Hitlers und seines Regimes. Aber er war leider sehr unvorsichtig. In meinem Büro sprach er laut vom Umsturz, von der Beseitigung Hitlers und von den Maßnahmen, die er ergreifen würde, wenn er Kanzler geworden sei. Ich bat ihn, doch vorsichtig zu sein und zum mindesten leise zu sprechen, da er ja nicht nur sich, sondern auch andere gefährden würde.

«Ach was», sagte er, «das ist nicht notwendig, denn wir befinden uns hier auf sicherem Boden.»

Dem mußte ich unbedingt widersprechen und darauf hinweisen, daß z. B. zwei Feldgendarmen hier Dienst täten, die Pgs. und Spitzel der Gestapo seien. Ferner täte jetzt ein Offizier hier Dienst, der aus Darmstadt hierher versetzt worden wäre. Wir hätten aber festgestellt, daß derselbe gar kein Offizier sei, sondern ein Agent der Gestapo.

Admiral Canaris schuf hier schnell Abhilfe, indem er den

«Offizier» wegen seiner hervorragenden Fähigkeiten nach Narvik versetzte, wo er keinen Schaden mehr anrichten konnte.

Dr. Gördeler besuchte mich danach noch zweimal, aber er war bedeutend vorsichtiger. Gördeler stand unter dem besonderen Schutz von Canaris, dessen Kanzlerkandidat er war. Und er hätte sicher seine Sache ausgezeichnet und konsequent gemacht. Tragischerweise wurde er kurz vor dem Ende des Krieges hingerichtet.

Nach Beendigung des Frankreichfeldzuges wurden sehr große Teile des Heeres in die Heimat verlegt. Nach Dresden kamen nacheinander die zwei Armeeoberkommandos der Generalfeldmarschälle von Bock und Ritter von Leeb.

Bock entstammte dem I. Garde-Regiment aus Potsdam; Leeb war Bayer. Beide waren im ersten Weltkrieg Generalstabsoffiziere gewesen. Ich kannte Leeb, da er eine Zeitlang im Armeeoberkommando meines Schwagers, des Kronprinzen Rupprecht, gewesen war.

Bock hatte sich nach dem ersten Weltkrieg große Verdienste um Deutschland erworben, als er den Widerstand gegen die Roten organisierte. Da die Kräfte der Regierung zu schwach waren, paktierte Bock so lange mit den Kommunisten und hielt sie hin, bis die eigenen Kräfte zum Gegenschlag stark genug waren. Da beide Generale wirklich vertrauenswürdige Ehrenmänner waren, konnte ich es mir erlauben, das heikle Thema des erforderlichen Staatsstreiches zu berühren. Mir lag an diesen Aussprachen deshalb besonders viel, weil ich in Pläne der Abwehrkreise einbezogen war.

Ich skizzierte die Lage wie folgt: Frankreich liegt am Boden, nicht aber England. Es kann nicht besetzt werden, da die englische Flotte zu stark ist und die Luftstreitkräfte den Deutschen mindestens ebenbürtig sind. Es ist der gegebene Zeitpunkt, um Frieden zu schließen. Hitler wird diesem Gedanken nie nähertreten; und sollte er sich wider Erwarten dazu durchringen, würde er keine vernünftige Mäßigung zeigen. Das bedeute aber die Fortsetzung des Krieges mit England, dem sich über kurz oder lang die machtvollen USA anschließen würden. Dazu kämen noch die Pläne Hitlers über die Eroberung der Ukraine, so daß Deutschland in einen Zweifrontenkrieg verstrickt werden würde.

Brennend seien aber auch die Ernährungs- und Wirtschaftsprobleme. Ohne die erforderlichen Lebensmittel und Rohstoffe und ohne Außenhandel könne das bisher siegreiche Deutschland sich nicht behaupten und sähe auch deswegen schweren innerpolitischen Problemen entgegen.

«Es ist daher unbedingt erforderlich», sagte ich den beiden Oberbefehlshabern, «Hitler und sein Regime um Deutschlands willen zu beseitigen und eine Regierung einzusetzen, die einen vernünftigen und für alle ehrenhaften Frieden schließt.»

Die beiden Generale erkannten die Situation und stimmten meiner Beurteilung im Prinzip zu. Sie waren aber zu sehr Soldaten und zu wenig Politiker, um die wahre Gefahr zu erkennen. Es widerstrebte ihnen, sich besonders im Kriege in einen Konflikt mit der derzeitigen Staatsordnung zu begeben. Sie waren der Meinung, ein solches Vorgehen würde Deutschland schaden, übersahen aber, daß es sich darum handelte, das Vaterland beizeiten zu retten. Sie betonten immer wieder, daß es sicher erforderlich sein würde, nach dem Kriege das Hitler-Regime zu beseitigen. Sie seien in erster Linie Soldaten, die zu gehorchen hätten, und nicht Politiker mit Verantwortung.

An dieser allgemeinen Einstellung unserer höchsten militärischen Führer sind alle Versuche, besonders der 20. Juli, Hitler und sein Regime zu beseitigen, gescheitert. Es fehlte ihnen die Voraussicht und auch das außermilitärische Blickfeld. Sie trugen aber eine große Verantwortung, da sie die einzigen waren, die imstande waren, Deutschland vor der Katastrophe zu bewahren.

Admiral Canaris, der höchste Chef der Abwehr und der aktiven Spionage, hatte sich eine Privattruppe geschaffen, das sogenannte Abwehrregiment, das mit der Zeit auf die Stärke einer Brigade gebracht wurde.

Es lag in Döberitz und hatte einen Kommandeur, der ein scharfer Antinazi war. In der Abwehr des Heeres wie auch in der Abwehr-Luft (Luftwaffe) befanden sich unverhältnismäßig viele Offiziere, die aktive Gegner Hitlers waren. Dies lag vielleicht daran, daß in der Abwehr nur Offiziere gebraucht werden konnten, die geistig absolut auf der Höhe waren und auch sonst ein gewisses Niveau hatten.

Es kam ganz naturgemäß zu Kontakten zwischen den Offizieren, die für einen Umsturz eintraten, und das waren nicht wenige. Es spricht für deren Charakter, daß die Geheimhaltung absolut eingehalten wurde, so daß über diese Kontakte und Pläne nichts bis zur Gestapo durchsickerte. Ich wurde bald in die gesamte Planung eingeweiht und erklärte mich selbstverständlich bereit, nach Kräften mitzuwirken.

Die Planung sah das Folgende vor: Mit dem Abwehrregiment

und mit Verbänden der Luftwaffe sollte bei Anwesenheit Hitlers in Berlin der Schlag geführt werden, wobei Hitler selber sowie Goebbels, Himmler, Heydrich und die sonstigen wichtigen Funktionäre sofort erschossen werden sollten. Nur Göring sollte geschont werden, und zwar wegen der Popularität, die er bei der Luftwaffe genoß. Außerdem war er relativ ungefährlich.

Die Rundfunkanstalten sollten sofort besetzt werden, und im Moment des Schlages sollte der Kontakt mit den höchsten Führern des Heeres aufgenommen werden.

Canaris war als provisorischer Reichspräsident vorgesehen, auf den die Truppe vereidigt werden sollte. Gördeler war als Reichskanzler ausersehen. Bald sollten freie Wahlen zum Reichstag erfolgen. Die neue Reichsregierung sollte dann den Westmächten einen Friedensvorschlag machen, und zwar auf der Basis des Status quo von 1937. Auch Polen sollte vollständig geräumt werden und seine Souveränität wieder erhalten. – Soweit in Kürze Planung und Ziele.

Wir waren uns darüber im klaren, daß mit dem Abwehrregiment allein nicht vorgegangen werden konnte, da dies zu schwach für eine erfolgreiche Aktion war. Unsere Freunde bei der Luft-Abwehr in Berlin waren der Meinung, daß Verbände der Luftwaffe gewonnen werden könnten, indem man sich natürlich ihrer Führer vergewisserte. Ein sehr prominenter Führer der Luftwaffe war einstellungsgemäß gegen Hitler, und er erschien dem Berliner Kreis für sehr geeignet. Ihn direkt anzugehen erschien indessen gefährlich; daher sollte erst einmal durch eine dritte Persönlichkeit bei ihm sondiert werden. Diese dritte Persönlichkeit war eine Dame der Berliner Gesellschaft, mit der der in Frage stehende Führer eng befreundet war. Wegen meiner gesellschaftlichen Stellung verfiel man darauf, mich zu bitten, den Kontakt mit der Dame herzustellen und sie für die Sondierung zu gewinnen. Das war eine nicht ganz leichte Aufgabe, zumal ich die Dame überhaupt nicht kannte. Ich war nahe daran, den Auftrag abzulehnen. Dann aber sagte ich mir, daß Taten und nicht Redereien erforderlich seien, und ich nahm den Auftrag an. Durch andere Beziehungen kam ich bald mit ihr bei einer Gesellschaft zusammen, wo ich mich intensiv mit ihr beschäftigte. Sie war Mitte 30, sehr selbständig und besaß eine eigene Wohnung im Westen Berlins. Wahrscheinlich war sie irgendwie geschmeichelt, daß ihr ein Prinz den Hof machte, jedenfalls verließ ich sie mit einer Einladung zum Tee in ihrer Wohnung. Ich hütete mich davor, ihr bei dieser Gelegenheit irgendeine Andeutung zu machen, sondern benutzte diese Teestunde dazu, mich mit ihr über alles mögliche zu unterhalten, wobei mir als wichtigstes Ziel die Wiederholung des Zusammentreffens erschien. Das bereitete mir auch keine besonderen Schwierigkeiten, und beim dritten Zusammensein verwickelte ich sie in eine lange politische Unterhaltung, in deren Verlauf ich mich ziemlich weit vorwagte. Ich konnte feststellen, daß sie ebenfalls die Nazis ablehnte und meinen Gedanken über den erforderlichen Umsturz zustimmte. Nun ging ich aufs Ganze. Ich fragte sie, ob sie höhere Führer der Luftwaffe kennen würde, und erwähnte dabei beiläufig den General, den wir gewinnen wollten. Sie bejahte dies, und nun fragte ich sie darüber aus, wie er eingestellt sei. Schließlich bat ich sie, bei ihm vorsichtig zu sondieren, was sie mir verprach.

Der General erklärte sich schließlich einverstanden, sich mit der «Junta» in der Abwehr-Luft zu besprechen. Diese Besprechungen verliefen zuerst sehr hoffnungsvoll, und er willigte ein, mit seinen Verbänden an der Seite des Abwehrregiments einzugreifen, um die SS und die Partei zu zerschlagen. Dann aber machte er einen Vorbehalt. Er sei zu allem bereit, nur müsse Adolf Hitler geschont werden. Schließlich sei er der Führer, dem Deutschland seinen Aufstieg und seine Siege verdanke, und er habe auf ihn den Fahneneid geschworen.

Diesen Vorbehalt konnten wir aber unter keinen Umständen annehmen. Wenn nämlich Hitler geschont wurde, bestand die Gefahr eines Rück- und Gegenschlages. Der General war aber nicht zu bewegen, von diesem Punkt abzugehen, und daran scheiterte dann seine Mitwirkung.

Bald darauf wurde das Abwehrregiment der Disposition von Canaris entzogen und abtransportiert. Wir waren der Meinung, daß das Sicherheitshauptamt irgend etwas gerochen haben mußte. Eine Woche später wurde ich auf Ansuchen von Heydrich aus dem Wehrdienst entlassen, behielt jedoch den Wehrpaß und blieb Hauptmann z. V.

Ich war zufrieden, nun wieder Zivilist und Privatmann geworden zu sein und in Moritzburg und Dresden meinem Beruf nachgehen zu können.

Ein schwerer Schicksalsschlag

Am 18. Mai 1941 fuhren meine Frau und ich nach München – ich, um an einer Kunstauktion teilzunehmen, die mich interessierte, sie, um mich zu begleiten, aber auch um ihre Schwester Taxis zu treffen. Wir freuten uns auf diese Abwechslung, besonders weil uns München sehr ans Herz gewachsen war.

Wir beide trafen frisch und wohlgelaunt in München ein und verlebten dort drei schöne Tage. Am 21. bekam meine Frau plötzlich sehr hohes Fieber, und der herbeigezogene Arzt stellte eine einseitige Lungenentzündung fest und riet meiner Frau, zur Behandlung das Krankenhaus rechts der Isar aufzusuchen. Wir fuhren dorthin, meine Frau durchschritt trotz starken Unwohlseins aufrecht und tapfer lächelnd die Korridore bis zu ihrem Zimmer. Dort empfing sie die Oberin, Schwester Agila, die sie schon einmal gepflegt hatte.

In den folgenden zwei Tagen brach die Krankheit voll aus, aber die Ärzte bezeichneten den Verlauf als durchaus normal, so daß ich nicht besonders besorgt war.

Am 24. Mai bekam ich in meinem Hotel, wo ich mich mit meiner Schwägerin Taxis aufhielt, plötzlich die Mitteilung aus der Klinik, ich möchte sofort dort hinkommen. Mich durchfuhr ein furchtbarer Schrecken, denn diese Mitteilung konnte ja nur mit einer ganz akuten Verschlechterung in Verbindung stehen. Mit bangem Herzen fuhr ich in die Klinik, wo mich der behandelnde Arzt auf dem Korridor empfing und mir ohne viel Umschweife mitteilte, daß meine Frau vor einer Stunde plötzlich nach einer Lungenembolie verschieden sei. Ich fühlte unter mir den Boden wanken und erstarrte förmlich bei dieser Nachricht, die mich wie ein Keulenschlag traf.

Nach 19 Jahren überaus glücklicher und harmonischer Ehe war alles innerhalb einer Stunde erloschen, und ich verlor den Menschen, der mir am nächsten stand. Eine große Leere breitete sich vor mir aus, und tiefer Schmerz und Sehnsucht befielen mich.

Die Beisetzung erfolgte in der Familiengruft in der katholischen Hofkirche in Dresden. Mein Bruder, Pater Georg SJ, der dann genau zwei Jahre später dort ebenfalls seine letzte Ruhestätte fand, vollzog die Zeremonien.

Befehl nach Stalingrad

Ein schöner Wintertag des Jahres 1943 brach an, und nach einem Nachtfrost stand die Sonne im leichten Morgennebel noch als rote Kugel am Himmel. Ein idealer Tag, um auf Damwild im Hinterwald von Moritzburg zu pirschen. Der kleine Bestand an Damwild in freier Wildbahn war äußerst unsicher, und das Wild wechselte viel umher. Aber gerade das reizte mich, das war eben richtige Jagd. Das Wild hatte Chancen, man mußte ausgesprochen Glück haben, um auf einen starken Schaufler zum Schuß zu kommen. Und so fuhr ich mit meinem Jäger Wolf, der schon fast 20 Jahre bei mir war, hinaus in die frische befreiende Luft des Waldes. Es ging auf Wegen und Schneisen, und die Augen bohrten sich in die Bestände, um das gesuchte Wild zu erspähen. Ab und zu sprang ein Stück Rehwild ab, und ein Hase hoppelte auf der Wiese.

Da, am Ende einer Wiese ein roter Streifen, ein Fuchs, der dem Bestand zuschnürt. Ich visiere den Fuchs mit der Fernrohrbüchse an, es sind gut 100 Meter, und der Fuchs schnürt weiter. An Schießen ist nicht zu denken, aber man muß die Chance wahren. Jetzt bleibt er einen Moment stehen und äugt nach dem Wagen. Ich fasse ihn im Zielfernrohr – dann wird er flüchtig und verschwindet in der Dickung. Wir fahren weiter, die Sonne bricht jetzt voll durch; wir sehen nichts. Dann erneut durch einen Altholzbestand. Da ruft mein Jäger «Damwild» und hält. Auf etwa 100 Meter stehen zwei Schaufler und zwei Stück Mutterwild. Ich fasse den Schaufler mit dem Glas, aber er ist nur mittleren Alters und hat noch eine gute Zukunft vor sich. Jetzt ist es schon spät. – Noch einen Blick auf einen Teich, auf dem oft seltene Entenarten zu sehen waren, und dann ging es heim.

Es erschien die prachtvolle Silhouette des Schlosses mit seinen vier mächtigen Türmen, die sich im Wasser spiegelten, und immer wieder erfaßte mich das Glück und die Dankbarkeit, auf einem so schönen Stück Erde leben zu dürfen. Ich ging in meine Wohnung und setzte mich an meinen Schreibtisch in den großen Ledersessel Augusts des Starken, den das Kurwappen zierte, und dachte darüber nach, daß es richtig gewesen war, den Schaufler nicht zu schießen. –

Da schrillte das Telefon. «Hier Generalkommando, ich verbinde mit Major S.» – «Hier Major S. Ich habe Ihnen einen Befehl zu übermitteln, den wir soeben vom OKH (Oberkommando des Heeres) bekommen haben. Sie sind als Bataillonskommandeur zur Sturmdivision Kriebel einberufen, und zwar befindet sich diese Division im Kessel von Stalingrad. Um dorthin zu gelangen, sollen Sie eingeflogen werden. Bitte kommen Sie heute vormittag bei mir vorbei.»

Ein Schaudern erfaßte mich. Blitzartig, mitten aus dem vollen Leben traf mich dieses Todesurteil. Das war das, was man ein «Himmelfahrtskommando» nannte. Man schickte jemanden an einen bestimmten Brennpunkt, von dem er mit größter Sicherheit nicht mehr zurückkam. Dazu noch nach Stalingrad, wo die Truppe in eisiger Kälte ohne Deckung und ohne Nachschub immer mehr aufgerieben wurde – geopfert von einem dilettantischen, gewissenlosen Verbrecher, der mit Hunderttausenden von Soldaten wie mit Bleisoldaten spielte. Grauen, Ekel und Haß erfüllten mich.

Ich zwang mich zur Ruhe, zum Nachdenken. Hitler hatte die Mitglieder der ehemals regierenden Häuser durch besonderen Erlaß vom Wehrdienst ausgeschlossen, und das OKH konnte diesem Führerbefehl nicht zuwiderhandeln. Also konnte diese Einberufung nur mit Zustimmung von Hitler erfolgt sein, oder es war das Werk des Sicherheitshauptamts, das sich um diesen Führerbefehl nicht kümmerte. Man führte jetzt den Beschluß von 1937 durch, mich in dem zu erwartenden Krieg zu beseitigen. Der Wehrmacht bekannt, wurde dieser Beschluß 1939 dadurch durchkreuzt, daß man mich bereits vor Kriegsausbruch zur Abwehr einberief. Dieser Schutz fiel jedoch fort, als ich 1939 auf Veranlassung von Heydrich aus dem Wehrmachtsdienst entlassen wurde. Jetzt hatte man mich, und mir erschien die Lage zunächst ausweglos. Ich überlegte mir einen Moment zu fliehen und zu versuchen, über die Grüne Grenze in die Schweiz zu gelangen. Diesen Gedanken verwarf ich jedoch gleich wieder, denn es bestand die große Wahrscheinlichkeit, daß man mich erschrecken und zur Flucht verleiten wollte. In diesem Falle stand ich schon jetzt unter scharfer Beobachtung und wäre keine 100 Kilometer weit gekommen, worauf man mich als Deserteur liquidiert hätte.

Ich nahm mir vor, Festigkeit und Entschlossenheit zu zeigen. Dann zog ich meine Uniform an und fuhr in das Generalkommando, wo ich mich bei Major S. meldete. Im Zimmer waren merkwürdigerweise drei Offiziere anwesend. Der Major übermittelte erneut den Befehl und teilte mir mit, daß ich in drei Tagen um halb acht Uhr früh abzufahren hätte. Näheres würde mir noch mitgeteilt, auch der Flughafen, von dem aus ich nach Stalingrad eingeflogen würde. Die Hauptsache sei für mich, so schnell wie möglich die nötige Winterausrüstung zu besorgen. Der Major, den ich nicht kannte, fragte mich: «Nun, was wollen Sie jetzt tun?» Ich erwiderte: «Selbstverständlich dasselbe, was Sie tun, wenn Sie einen Befehl bekommen.»

In der Stadt besorgte ich mir die erforderliche Ausrüstung, aber auch genügend Munition für meine Dienstpistole, fest entschlossen, nicht allein zu gehen, falls man mir zu Leibe gehen sollte. Die Dienstpistole gab mir besonderes Vertrauen, da ich sie in allen Lagen beherrschte, war ich doch der dreiundzwanzigste Deutsche, der die Goldmedaille für das gebrauchsmäßige Pistolenschießen errungen hatte.

Nach Moritzburg zurückgekehrt, kam mir das Ganze wie ein schlechter Traum vor. So etwas konnte ja gar nicht sein, und dennoch war es schlimme Wirklichkeit. Jetzt erst wurde mir klar, was mir in den nächsten zwei Tagen alles bevorstand, der Abschied von meinen Kindern – wahrscheinlich für immer –, und Moritzburg und die geliebte Heimat würde ich voraussichtlich nie mehr sehen. Mir standen Qualen, Entbehrungen, schwere Leiden und wohl der Tod bevor.

Ich rechnete stark damit, Stalingrad vielleicht gar nicht zu erreichen, sondern vorher irgendwo erledigt zu werden. Ich war in der Gewalt von teuflischen Menschen. Aber dann dachte ich, daß unser Leben in Gottes Hand liegt und daß Gott auch diese furchtbare Gefahr abwenden konnte. Ich betete und rief Gott um Hilfe an. Das gab mir Vertrauen und Ruhe, und ich fügte mich in das, was zunächst einmal nicht zu ändern war.

Am folgenden Tag erhielt ich die Marschorder, die auf Stalingrad ausgestellt war. Es war also bitterer Ernst. Die Stunden, die mir noch blieben, benützte ich, um mich auf den Tod vorzubereiten, mein Testament zu machen und meine sonstigen Angelegenheiten zu ordnen. Am Abend vor der Abfahrt war mir ganz schwer zumute, es war der letzte Abend, der mir noch geschenkt war. In zwölf Stunden ging mein Zug und ich einem völlig ungewissen Dunkel entgegen. Um halb elf Uhr klingelte das Telefon: «Hier ist das Generalkommando, ich verbinde mit dem Offizier vom Dienst.» – «Herr Hauptmann», sagte dieser, «ich habe ihnen mitzuteilen, daß Ihre Order für Stalingrad soeben vom OKH aufgehoben worden ist. Sie haben also morgen früh nicht zu fahren. Sie werden gebeten, sich morgen vormittag zu beliebiger Zeit bei Major S. zu melden.»

Eine wahre Zentnerlast fiel von mir ab, ich fühlte mich zu neuem Leben erhoben. Welch eine Wendung neun Stunden vor der Abfahrt in das völlig Ungewisse und Dunkle! Damit war nicht im geringsten zu rechnen, und daran hätte ich nie gedacht. Das Himmelfahrtskommando war aufgehoben, was sollte man sonst noch von mir wollen? Jedenfalls konnte das nicht so schlimm werden. Ich schlief wunderbar, und als ich am Morgen aus meinem Fenster auf die weite Moritzburger Landschaft sah, da sagte ich: «Lieber Gott, ich danke Dir, das Leben ist doch noch schön.»

Ich fuhr zum Generalkommando und meldete mich. Dort wurde mir nochmals gesagt, daß das OKH meine Order für Stalingrad aufgehoben hätte und daß gleichzeitig mitgeteilt worden sei, meine Einberufung dürfe auf Grund des Führererlasses nicht mehr erfolgen. Das war klar und deutlich. Unklar blieb aber der ganze Vorgang, und es muß angenommen werden, daß er eine Manipulation des Sicherheitshauptamtes über eine gefügige Person im OKH war. Sicher war ich deshalb in keiner Weise; da meine Beseitigung nach dreimaligem Scheitern bestimmt nicht aufgegeben worden war, gemahnte mich das zu äußerster Vorsicht.

Kannengießer, Intendant und Troubadour

Mitte 1944 meldete sich eines Abends Forstmeister Mandel. «Bei mir hat heute abend überraschend der Intendant des Führers vorgesprochen. Darf ich die Angelegenheit gleich vortragen?» Ich erfuhr, daß Herr Kannengießer, der Inhaber des bekannten Restaurants Kannengießer in Berlin, Haushofmeister bei Hitler sei und ihm die Verwaltung der Lebens- und Genußmittelvorräte des Führerhaushalts obläge. Diese seien sehr umfangreich und in Berlin durch die Luftangriffe gefährdet. Moritzburg erscheine ihm besonders sicher. Von Bekannten habe er erfahren, daß die kurfürstliche Waldschänke hierfür besonders geeignet sei. Er bäte um die Zustimmung der Verlagerung der Bestände nach dorthin. Dagegen konnte ich nichts einwenden, zumal tatsächlich in der Waldschänke und in deren Nebengebäude genügend Platz vorhanden war.

Schon am folgenden Tag trafen die ersten Lastwagen ein, aus denen Kisten über Kisten ausgeladen wurden. Als die Verlagerung beendet war, meldete sich Herr Kannengießer bei mir an. Ein rundlicher jovialer Mann kam mir entgegen, der in beiden Händen ein großes Paket hielt.

«Durchlaucht», rief er laut, «ich habe das Vergnügen, Ihnen ein Führerpaket erster Klasse überreichen zu können.»

Ich glaubte, mich in NS-Fragen ziemlich auszukennen, aber der Begriff Führerpaket war mir neu. Ich erfuhr nun, daß es drei Klassen davon gäbe: Die erste Klasse, die für hohe Politiker, Pgs. und Generale bestimmt war, enthielt Kaffee, Schokolade, Zigaretten, Wurst, Butter usw., alles Dinge, die der normale Sterbliche schon lange nicht mehr kannte oder nur in minimalen Mengen erhielt. Mit diesen guten Dingen wollte der Führer seine Trabanten bei guter Laune erhalten.

Nun ging Kannengießer zu einer Handtasche, der er zwei Flaschen Wein entnahm, und mit genießerischem Gesichtsausdruck näherte er sich mir. Unwillkürlich mußte ich an Wilhelm Busch denken, wo es so schön heißt: «Und aus Knoppen seiner Tasche – hob er ernst die Wanderflasche.» Dann Kannengießer wieder in großer Lautstärke:

«Durchlaucht, lassen Sie Ihren Haushofmeister Gläser bringen, damit wir diesen guten Tropfen auf Ihr Wohl trinken können.» «Ich habe keinen, aber ich will selber Gläser bringen», sagte ich, denn ich wollte Kannengießer nicht verschnupfen. Nach zwei bis drei Gläsern wurde Kannengießer noch gesprächiger als vorher, und er erzählte mir folgendes:

«Sehen Sie, ich bin nun als alter erfahrener Gastronom der Intendant des Führers. Wenn Gäste kommen, dann muß alles klappen, und es klappt auch, dafür sorgt Kannengießer. Dann beobachte ich auch den Führer, und wenn dieser gedrückt ist, was manchmal der Fall, dann beuge ich mich am Ende des Essens zu ihm herunter und lispele ihm zu: ‹Soll ich singen?›

Stimmt er zu, hole ich meine Gitarre, und dann singe ich alles mögliche, Volkstümliches, Lustiges und manchmal auch leicht Gewagtes, Durchlaucht, Sie werden verstehen. Ich ernte immer großen Applaus, Mussolini war besonders begeistert. Und wenn das Gesicht des Führers sich aufhellt, dann ist das mein schönster Lohn.»

Nun wechselte er zu einem anderen Thema über:

«Durchlaucht, Sie haben hier ein herrliches Schloß, einzigartig gelegen und so wunderbar eingerichtet.»

«Ja», sagte ich, «es ist wirklich schön.»

«Nun aber, Durchlaucht, was nützt Ihnen denn das ganze Schloß mit allem, wenn Sie draufzahlen müssen? ‹Pinke-Pinke› muß man haben, alles andere nützt nichts. Und wenn der Krieg zu Ende ist, wird Kannengießer wieder zu Ihnen kommen, und dann werden wir aus dem Schloß ein erstklassiges ‹Etablissemang› machen, und dann, Durchlaucht, gibt es Pinke-Pinke.»

Einige Wochen, nachdem der Intendant Kannengießer mich aufgesucht hatte, wurden mir eines Nachmittags drei «Goldfasanen» gemeldet. Als Goldfasanen bezeichnete der Volksmund die höheren Parteifunktionäre wegen ihrer mit Gold verzierten Uniform. Die drei stellten sich mir als Gauamtsleiter, dessen Stellvertreter und Kreisleiter vor. Ich war gespannt darauf, was sie von mir wollten, und das sollte ich gleich hören. Der Gauamtsleiter: «Ich komme im Auftrag des Gauleiters und Reichsstatthalters, und ich soll Sie fragen, ob Sie sich nicht entschließen könnten, der Partei beizutreten!»

Ich war baß erstaunt und verblüfft über dieses Ansinnen.

Gleichzeitig war ich mir auch darüber im klaren, daß ich mich mit jedem falschen Wort in der Gefahrenzone befand. Daher antwortete ich:

«Ich bin der Tradition des Königlichen Hauses aufgewachsen, und ein ungeschriebenes Gesetz besagte, daß kein Mitglied des Hauses einer Partei angehören dürfe. Daran hielten sich alle, und auch ich habe nie einer Partei angehört.»

«Aber, da ist doch ein großer Unterschied zwischen einem Staat, in dem sich die Parteien bekämpfen, und dem Dritten Reich, in dem die Partei die Trägerin des nationalen Willens ist.» Darauf ich: «Ja sicher, aber ich bin nun einmal in den Begriffen aufgewachsen, und außerdem würde es mir widerstreben, so spät der Partei beizutreten, ich würde mich als ‹Märzgefallener› fühlen.»

Der Gauamtsleiter: «Die Partei nimmt niemandem etwas übel, und auch Ihnen nicht, wenn Sie solche Hemmungen haben, vielmehr achten wir das, denn es ist ein Zeichen, daß Sie die Sache ernst nehmen. Geben Sie Ihrem Herzen einen Stoß, sagen Sie ‹Ja›. Innerlich gehören Sie doch schon lange zu uns, und wir werden Sie in unseren Reihen freudigst begrüßen.» Jetzt mußte ich irgend etwas bringen, und es fiel mir das Richtige ein:

«Sagen Sie bitte dem Herrn Gauleiter meinen besonderen Gruß. Ich bin bereit, der Partei beizutreten, und zwar sobald der Endsieg errungen ist, und das wird sehr bald der Fall sein, davon bin ich fest überzeugt.»

Mich trafen höchst erstaunte Blicke, aber was sollten die Goldfasanen gegen diese Zusage einwenden?

Sie faßten sich und schieden mit «Heil Hitler».

Diese Werbung gehörte zum Aktionsprogramm der Partei. Motto: «Wie glänzend muß es um uns stehen, wenn selbst ein so hartgesottener Gegner wie Prinz Ernst Heinrich jetzt der Partei beitritt!»

Ein Abendessen von besonderer Bedeutung

Meine Nichte Iniga Taxis, die Tochter meiner Schwägerin, hatte ich 1943/44 bei mir in Moritzburg zu Besuch. Damals waren die Verkehrsverhältnisse ja schon recht schwierig, ebenso die Möglichkeiten, ein Auto zu benutzen. Darunter litten besonders die gesellschaftlichen Verbindungen. Um nun der jungen Nichte etwas Abwechslung zu verschaffen, beschloß ich, ein kleines Abendessen mit anschließendem Tanz zu veranstalten.

Neben meinen Söhnen nahmen daran teil: Wilfried Behrens, ein Schulkamerad meines ältesten Sohnes, dessen Schwester Manja Behrens und Fräulein Virginia Dulon. Die beiden Damen waren Kolleginnen beim Staatlichen Schauspielhaus in Dresden. Der Vater der Kinder Behrens war Rechtsanwalt und Notar in Dresden, während der Vater von Virginia Dulon Oberst a. D. und ein sehr bekannter und erfolgreicher Rennreiter der alten Armee war.

Während des Abendessens saß ich zwischen den beiden Gästen, und bald bahnte sich zwischen allen Teilnehmern der kleinen Veranstaltung ein guter Kontakt an. Ich konnte feststellen, daß Virginia Dulon sehr natürlich war, und bald kamen wir ins Gespräch über ihren Beruf und verschiedenes anderes. Auch die Zeiten und derzeitigen Schwierigkeiten wurden gestreift. Hierbei äußerte sie, daß sie das Stadtleben gründlich satt habe und ihr einziger Wunsch sei, ein kleines Haus auf dem Lande zu besitzen und dort Hühner zu halten. Dieser Wunsch sollte ihr später erfüllt werden, als sie mich heiratete und mit mir nach Irland zog.

Der Abend in Moritzburg verlief angeregt, und da sich das Zusammensein ziemlich in die Länge zog, hatte ich Gelegenheit, mit Gina – damals allerdings noch Virginia Dulon für mich – viel zu sprechen. Schon dieses erste Zusammensein begründete einen guten Kontakt zwischen uns, der sich in der Folgezeit zu einer aufrichtigen Freundschaft entwickelte. Wir kamen uns menschlich immer näher und stellten gemeinsame Standpunkte und Interessen fest, und schließlich wurden wir uns gegenseitig immer unentbehrlicher. Als ich 1945 Moritzburg verließ, war es für mich bereits selbstverständlich, daß ich Gina mit nach dem Westen nahm; daraus ergab sich, wie ich zu ihr stand.

Käthe Kollwitz

Im Jahre 1943 besuchte ich Käthe Kollwitz in Berlin Nord in ihrer Wohnung, nachdem ich im Zusammenhang mit der Erweiterung der Kupferstich- und Handzeichnungen-Sammlung von König Friedrich August II. einige Handzeichnungen von ihr erworben hatte. Ich wünschte mir damals sehr, sie persönlich kennenzulernen, was durch Vermittlung von Freunden ermöglicht wurde.

Käthe Kollwitz war von Geburt Ostpreußin, ihr Mädchenname war Schmidt. Sie studierte an der Kunstakademie in Königsberg. Ihre ganz frühen Zeichnungen vor ihrer Ehe tragen stark den Charakter von Daumier. Bezeichnend für sie ist, daß sie sich schon in dieser Zeit stark für Volkstypen interessiert hat. Mir schenkte sie später in Moritzburg ein solches frühes Blatt, das mit «Schmidt» signiert ist. Es heißt «Kaisers Geburtstag». Ein Mann sitzt, noch halb verschlafen, auf dem Bett, während ein anderer ihm die Zeitung vorliest. Auf dieses Blatt schrieb sie: «Dem Prinzen Ernst Heinrich von Sachsen in Dankbarkeit. Käthe Kollwitz.»

Sie war eine interessante Persönlichkeit und eigenwillige Künstlerin. Mich fesselte vor allem ihre starke Ausdrucksform, die bei einer Frau ungewöhnlich ist. Im Alter hatte sie ein kantiges Gesicht, und man bezeichnete sie mir als «kaschubischen Typ». Die Kaschuben in Ostpreußen sind Slawen, die ihren Volkstypus gut erhalten haben.

In Berlin, und vor allem später in Moritzburg, führte ich viele Gespräche mit ihr, die ihr Leben, ihre Einstellung zu den Dingen und ihr Schaffen betrafen. Dabei sprach sie sich mir gegenüber sehr offen aus. «Man hat mir nachgesagt», meinte sie, «daß ich ausgesprochen links, sogar radikal links, eingestellt und meine Kunst dadurch völlig beeinflußt und diktiert sei. Das ist völliger Unsinn. Mein Mann war praktischer Arzt in diesem Arbeiterviertel, es ist klar, daß wir es meist mit Sozialisten zu tun hatten, in der großen Mehrheit anständige Menschen, denen unsere Sympathie gehörte. Diese interessierten mich ganz einfach. Sie waren meine Modelle, das beeinflußte meine Kunst. Man bot mir eine Professur an der Akademie im Westen der Stadt an, aber ich habe abgelehnt, denn ich wollte nicht in dieser Atmosphäre leben.»

Eine Zeitung hat später meine Beziehung zu Frau Kollwitz mit der Schlagzeile apostrophiert: «Prinz und Sozialistin». Hier handelt es sich aber nicht um einen Prinzen und eine Sozialistin, sondern um zwei Menschen, die sich auf dem Gebiet der Kunst verstanden.

Käthe Kollwitz war sowohl Plastikerin als auch Zeichnerin und Graphikerin. Ihre größte Neigung aber war ohne Zweifel die Plastik. Grandios ist das Denkmal für ihren gefallenen Sohn. Sie sagte mir:

«Wenn ich noch einmal leben könnte, dann würde ich mich ausschließlich als Bildhauerin betätigen.» –

Als Frau Kollwitz in Berlin ausgebombt wurde, beschlossen die NS-Behörden, sie zu evakuieren. Hierfür wurde eine Unterkunft ausersehen, die sich unmittelbar neben einer Fabrik befand, die Bestandteile für die V 2-Raketen herstellte. Diese Behausung war erbärmlich und außerdem höchst gefährlich, da mit Bestimmtheit anzunehmen war, daß eine solche Fabrik angegriffen werden würde. Ich kann den Gedanken nicht loswerden, daß man gerade deshalb diese Unterkunft vorgesehen hatte. Als ich davon erfuhr, beschloß ich, zugunsten dieser geplagten Frau, deren Gesundheit höchst labil war, einzugreifen. Ich bot ihr eine Unterbringung in Moritzburg an. Das Rote Kreuz, mit dem ich mich in Verbindung setzte, erklärte sich bereit, Frau Kollwitz von Berlin nach Moritzburg zu bringen. Alles ging erstaunlich glatt, auch von seiten der NS-Behörden entstanden keine Schwierigkeiten. Nun lebte sie auf dem Lande, in Ruhe und guter Luft, versorgt mit dem, was erforderlich war. Sie übergab mir ihren gesamten Besitz an Handzeichnungen usw. zur Verwahrung und ermächtigte mich, mir jederzeit alles anzusehen. Es handelte sich, ich möchte sagen, um das Allerprivateste der Künstlerin, das sie ausschließlich für sich selbst geschaffen hatte. Es befanden sich darunter auch verschiedene Entwürfe. Das Studium dieser Dinge hat mir das Schaffen der Künstlerin besonders nahegebracht.

Weil sie sehr einsam war, freute sie sich immer über meine Besuche. Aber ich mußte feststellen, daß sie lebensmüde wurde, denn ihre schlechte Gesundheit machte ihr sehr zu schaffen, und es deprimierte sie, daß sie nicht mehr arbeiten konnte.

Im April 1945, wenige Tage vor dem Einmarsch der Russen in Moritzburg, starb sie mit 78 Jahren. Sie wurde dort beigesetzt.

Neue Gefahren

Die Lage im Herbst 1944 wies klar darauf hin, daß der Krieg bald restlos verloren sein würde und die Tage des Hitler-Regimes gezählt wären. Von West und Ost erreichten überlegene feindliche Heere die deutsche Grenze, und Bomberverbände über Bomberverbände flogen über das Reichsgebiet und zerstörten die Wohnviertel und Kulturdenkmäler unserer Städte.

Am Jahresende kamen die ersten Flüchtlinge durch Moritzburg, und zwar Polen. Unter ihnen befand sich die Familie der Grafen Plater. Einer der Grafen, ein bekannter Architekt in Warschau, sprach gut französisch und berichtete mir, daß dies die zweite Flucht der Familie vor den Sowjets sei.

«Ich muß Ihnen eins anraten», sagte er, «verlassen Sie das Schloß rechtzeitig, und lassen Sie sich ja nicht verleiten, aus Gefühls- oder materiellen Gründen hier zu bleiben. Es geht um Ihr Leben und Ihre Freiheit, und die sind mehr wert als alles andere. Wir kennen die Bolschewisten und wissen, was es bedeutet, in ihre Hände zu fallen.»

Diese ernste Mahnung bestärkte mich in dem bereits erwogenen Gedanken, Moritzburg zu verlassen, wenn die Sowjets Görlitz erreicht haben würden.

Dresden blieb 1944 von Luftangriffen verschont, während andere Städte in Schutt und Asche sanken. Dies gab Anlaß zu allen möglichen Gerüchten, vor allem hieß es, daß das Alliierte Hauptquartier dorthin verlegt werden sollte.

Kurz nach Neujahr bekam ich Besuch von einem Standartenführer der Waffen-SS, der das Ritterkreuz trug. Er stellte sich als Kommandeur einer Ersatztruppe von 10000 Mann vor, die in einem Waldlager zwischen Dresden und Moritzburg lag, und er informierte mich, daß er im Falle von Kampfhandlungen bei Dresden den Nordabschnitt zu verteidigen habe. Darin läge auch Moritzburg. Sodann machte er mir die wenig angenehme Mitteilung, daß evtl. die vier Türme des Schlosses gesprengt werden müßten, um sie als Beobachtungsstellen auszuschalten. Weiter berichtete er, man habe eine Fliegerkarte erbeutet, auf der Moritzburg als Schongebiet eingezeichnet sei. Dies habe ihn auf den Gedanken gebracht, seine umfangreichen Lager an Uniformen,

Stiefeln usw. in das Schloß zu verlegen, und ob dort Platz dafür sei.

Ich sah darin eine große Chance für das Schloß und sagte, ich würde schon irgendwie Platz schaffen. In der folgenden Woche kamen dann Tausende von Uniformen, Stiefeln, Koppeln usw. nach Moritzburg. Ich ließ die Sachen in den Türmen einlagern, denen dadurch ein gewisser Schutz verliehen wurde.

Ende Januar erschien mein SS-Freund erneut. Diesmal war er martialisch.

«Also», sagte er zu mir, «ich stelle hier in meinem Sektor den Volkssturm auf und bin unbeschränkter Befehlshaber. Sie melden sich morgen früh bei mir und bekommen ein SS-Volkssturm-Bataillon. Natürlich bekommen Sie SS-Uniform und – seien Sie unbesorgt – Ihr Bataillon wird gut ausgerüstet und kein Militärverein sein.»

Das hatte mir gerade noch gefehlt.

«Standartenführer», sagte ich, «ich muß Sie auf zwei Dinge aufmerksam machen: Ich unterstehe als Hauptmann z.V. dem Heer, und zwar hier dem Generalkommando. Ferner hat der Führer ausdrücklich untersagt, daß Mitglieder der vormals regierenden Familien einberufen werden.»

«Das ist mir völlig egal, denn jetzt ist Krieg. Ich befehle hier und niemand anders. Also morgen früh. Heil Hitler!»

Ich zog mir sofort meine Uniform an und fuhr in das Generalkommando, wo ich den Fall vortrug. Der Standartenführer erhielt Bescheid, daß er nicht über mich verfügen könne.

Da die Russen bereits an der schlesischen Grenze standen, mußte ich nun Vorbereitungen treffen, um mich abzusetzen. Ich beabsichtigte, mit meinem kleinen Auto nach Sigmaringen zu meinem Schwager Hohenzollern zu fahren, der mit meiner ältesten Schwester verheiratet war. Bei den strengen Straßenkontrollen benötigte ich aber eine Fahrgenehmigung, die mir ein loyaler antinazistischer Polizeioffizier besorgte. Ich rechnete damit, im Februar fahren zu müssen.

Der 13. Februar 1945 ließ sich wie ein ganz normaler Tag an, nichts deutete darauf hin, daß er zu einem Tage der fürchterlichsten Tragödien dieses Krieges werden sollte.

Ich fuhr am zeitigen Vormittag in die Stadt, und mein Weg führte mich am Neustädter Bahnhof und am Japanischen Palais vorbei zur Friedrich-August-Brücke. Der Verkehr wogte hin und her, ich genoß wie immer den wunderbaren Anblick der Silhouette der Altstadt mit den Wahrzeichen Dresdens, der Kuppel der Frauenkirche, der Brühlschen Terrasse, dem Schloß, der italienischen Hofkirche, der Semper-Galerie und der Oper. Wohl kaum eine andere deutsche Stadt an einem großen Fluß wies ein solches Bild auf. Ich liebte meine Geburtsstadt und die Residenz meiner Väter mit allen Fasern meines Herzens – ich war geradezu verliebt in sie. Sie zu missen war unvorstellbar. Und doch sollte zehn Stunden später die ganze Herrlichkeit in Schutt und Asche liegen!

Ich fuhr zum Palais an der Parkstraße und erledigte dort einige Verwaltungsangelegenheiten. Es war das letzte Mal, daß ich es betrat. Ich nahm meinen Lunch wie immer im «Englischen Garten» im letzten Zimmer unter dem Bild meiner Großtante, der Königin Carola. Acht Stunden später war dort nichts als ein Flammenmeer und ein wüstes Chaos von Balken und Steinen. Dann suchte ich meinen Zahnarzt auf, auch hier war ich das letzte Mal, denn das Haus brannte nieder. Am Spätnachmittag war ich bei Gina und ihrer Schwester zum Tee und einer Plauderstunde eingeladen. Ihre Wohnung lag in einer Villa im Süden der Stadt, im sogenannten Schweizerviertel. Es war friedlich und angenehm, die Zeit verging in anregenden Gesprächen. Ich wollte gerade aufbrechen, um in dieser unruhigen Zeit nicht zu spät nach Hause zu kommen, als plötzlich das schauerliche Konzert der Warnsirenen begann. An ein Nachhausefahren war unter diesen Umständen nicht mehr zu denken. Die Sirenen ebbten ab, es herrschte völlige Ruhe, und vom Balkon der Wohnung aus war nichts zu sehen und zu hören. Dann aber kam aus der Ferne ein dunkles Grollen, das immer mehr anschwoll. Es waren ohne Zweifel starke Bomberverbände im Anflug auf Dresden. Man hörte einzelnes Abwehrfeuer, und das Brummen der Bomber wurde so stark, daß kein Zweifel blieb, was der unglücklichen Stadt bevorstand. Plötzlich wurde der Himmel hell von den sogenannten «Christbäumen», ein untrügliches Zeichen, daß der Bombenabwurf bevorstand. Der Todesengel hatte die zur Vernichtung ausersehene Stadt mit seinem Flügel berührt.

Wir liefen schnellstens in den Luftschutzkeller des Hauses. Schon hörten wir das Pfeifen der herunterkommenden Bomben und das dumpfe Krachen der Einschläge. Jedoch war das «Schweizerviertel» noch nicht in Mitleidenschaft gezogen. Da – ein blendend leuchtender Schein vor dem kleinen Fenster des Kellers, eine Phosphorbrandbombe, die langsam im Garten ausbrannte. Dann geschah etwas, was die Menschen im Keller zutiefst erschreckte: Unter fürchterlichem Krachen wurde die Mauer des Hauses in ihren Grundfesten erschüttert und bewegt. Eine schwere Brisanzbombe mußte in unmittelbarer Nähe detoniert sein. Nach dem Angriff sahen wir, daß etwa 100 Meter vom Haus entfernt ein mehrstöckiges Haus einen Volltreffer erhalten hatte und total zusammengestürzt war.

Dieser Angriff dauerte 20 Minuten. Als wir in die Wohnung zurückkehrten, stellten wir fest, daß außer zerbrochenen Fensterscheiben nichts weiter passiert war. Auch die unmittelbare Nachbarschaft war nicht in Mitleidenschaft gezogen worden. In der Ferne sahen wir einzelne beginnende Brände. Da die Langemarckstraße, in der Gina wohnte, etwa drei Kilometer von der Innenstadt entfernt war, konnte man sich von dem Umfang des Angriffs kein rechtes Bild machen, denn die Brände waren erst in der Entwicklung. So dachten wir, daß der Angriff nicht allzu schwer gewesen sei, aber das war eine große Täuschung.

Wir gingen sofort, um nach Ginas Eltern zu sehen, die in einer Pension in der Reichsstraße wohnten. Das Haus hatte einen schweren Treffer erhalten, aber der Oberst Dulon und seine Frau, meine späteren Schwiegereltern, waren gottlob gesund. Wir nahmen sie mit in Ginas Wohnung und gingen daran, einigermaßen Ordnung zu schaffen. Mein braver kleiner DKW-Wagen war erfreulicherweise vollständig intakt, aber an eine Rückfahrt nach Moritzburg konnte ich nicht denken, da in Richtung Elbe überall der Schein sich ausdehnender großer Brände zu beobachten war.

Etwa eine dreiviertel Stunde später hörten wir wieder die Alarmsirene, noch als dünnen Ton aus weiter Ferne. Da dies auf einen zweiten Angriff deutete, forderte ich die in der Wohnung Anwesenden – Gina, ihre Eltern, Schwester und Freundin – auf, sofort mit mir aus der Stadt zu fahren. Ginas Schwester wollte unter keinen Umständen mitkommen, und so fuhr ich mit vier Personen ab. Ich war derart auf die Straße konzentriert, daß ich zunächst nichts anderes bemerkte. Ich mußte herumliegenden Ästen, Mastenteilen und Drähten ausweichen und einer großen Anzahl von Menschen, die sich in Sicherheit bringen wollten. Ich kam nur langsam, aber glatt durch all das Durcheinander zum Stadtrand auf die große Straße nach Dippoldiswalde. Dort war es, als ob eine große Himmelsbeleuchtung eingeschaltet wäre, überall hingen die «Christbäume» am Himmel. Das war der kritische Moment, denn jetzt mußten die Bomben fallen. Ich fuhr weiter, irgendwo anzuhalten wäre sinnlos gewesen. Plötzlich rief Ginas Freundin:

«Halten Sie! Hier ist eine große Röhre im Tal unter der Straße, in die müssen wir hinein.»

Ich stoppte, alle sprangen heraus und liefen die Böschung hinunter. Ich zog noch schnell den Zündungsschlüssel ab und folgte. Es war sehr merkwürdig: Die junge Dame hatte bei einem Spaziergang die Röhre entdeckt und damals gedacht, daß man hier mit sieben Meter Boden über der Röhre gute Deckung bei einem Bombenangriff hätte.

Kaum waren wir in dem Unterschlupf, da ging der Hexensabbat los. Heulend und pfeifend kamen die Bomben herunter, überall das Krachen der Einschläge. Es regnete bei starkem Wind. Ich blieb am Eingang der Röhre, Gina stand hinter mir und mit uns drei französische Kriegsgefangene. Da sahen wir am oberen Rand des Tals ein feuriges Phänomen, das sich auf uns zubewegte. Es entpuppte sich als eine 80 Meter breite und drei Meter hohe Phosphorwand, die durch den Wind in unsere Richtung getrieben wurde. Als sie jedoch in das stillere Tal kam, verminderte sie ihre Geschwindigkeit, kam zum Stehen und brach dann zusammen, wobei sie noch eine Weile am Boden weiterglühte. Kurz danach erfolgte eine ungeheure Detonation, gleichzeitig schoß eine Stichflamme hoch zum Himmel empor. Etwa 300 Meter von uns entfernt war ein Bomber mit seiner Last abgestürzt. Bald darauf sah ich einen Mann am Fallschirm zur Erde niederschweben; er gehörte zur Besatzung des Bombers und war offenbar der einzige, der überlebt hatte.

Als der Angriff beendet war, gingen wir zum Auto. Es stand noch auf der Straße und – o Wunder – es sprang sofort an, nur die Scheiben waren alle zerbrochen. Wir fuhren in Richtung Dippoldiswalde bis zur Ortschaft Bannewitz, die hoch über dem Elbtal liegt. Von dort aus bot sich ein furchtbarer Anblick. Die ganze Stadt war ein einziges Feuermeer. Das war das Ende! Da brannte das herrliche Dresden, unser Elbflorenz, in dem meine Familie fast 400 Jahre residiert hatte. Kunst und Tradition und Schönheit von Jahrhunderten waren in einer einzigen Nacht zerschlagen worden! Ich stand wie versteinert.

Für die Eltern von Gina fand sich in Bannewitz eine Unterkunft. Ich verbrachte den Rest der Nacht in einem Lokal, auf einem Billardtisch sitzend. Ununterbrochen trafen verstörte, teils apathische, teil aufgeregte Menschen ein, die der Hölle von Dresden entkommen waren. Sie erzählten grausige Dinge über die beiden Angriffe, den Zustand der Stadt und die unübersehbaren Verluste an Menschenleben. Als der Morgen graute, erschien mir das Flammenmeer noch größer als in der Nacht, und riesige Rauchschwaden lagen über dem ganzen Stadtgebiet.

Ich entschloß mich, nach Moritzburg zurückzufahren. Ich fuhr nach Pirna, überquerte dort die Elbe, machte auf der rechten Elbseite einen großen Bogen und erreichte Moritzburg. Dort war alles in Ordnung, es waren keine Bomben gefallen. Aber Ausgebombte trafen in sehr großer Zahl ein, ein armseliger Zug abgehetzter und total übermüdeter Menschen. Ich tat, was ich konnte, um möglichst viele im Schloß unterzubringen; die letzte Liegestatt und Matratze wurde ausgenutzt. Das größte Problem war die Ernährung der 60 Personen, die ich aufgenommen hatte. Wir kochten Kartoffelsuppe mit Fleisch von Wild, das wir im Wildpark abschossen. Brot war äußerst knapp, und am kargsten war die Fettration. Da Dresden mit allen Verbindungen, auf die auch die ganze Umgebung angewiesen war, ausfiel, war die allgemeine Versorgungslage mehr als ernst. Die Partei, die immer so große Töne geschwungen hatte, war bei dieser Katastrophe wie vom Erdboden verschwunden, keiner getraute sich, in Parteiuniform zu erscheinen. Man sah nur Wehrmacht, Waffen-SS und Polizei.

Aber eins war erfreulich und wohltuend: Jeder tat sein Bestes, um seinen hilflosen Mitmenschen zu helfen. Und das war eher eine christliche als eine nationalsozialistische Volksgemeinschaft.

Am 17. Februar, also drei Tage nach dem Angriff, entschloß ich mich, in die Stadt vorzudringen, um das Drama anzuschauen und nach meiner Verwaltung und unserem städtischen Besitz zu sehen. Ich wußte nicht, ob meine Beamten und Angestellten den Angriff überlebt hatten und etwas von den wertvollen Beständen, die in der Parkstraße eingelagert waren, erhalten geblieben war.

Bis zum Stadtrand war der Anblick unverändert. Auch der erste Vorort Trachau wies bis zur halben Strecke keine Schäden auf. Dann sah man einzelne getroffene Häuser. Die Zerstörungen wurden immer größer, je näher ich zum Neustädter Bahnhof kam, der sehr mitgenommen war. In Trachau hatte man noch Menschen auf der Straße gesehen, hier sah man kaum jemand. Durch noch rauchende Trümmer führte mich der Weg zur Carola-Brücke, der einzigen passierbaren Elbbrücke. Dann zur Ausstellung. Dort bot sich ein schauriges Bild. In und um eine zerstörte Litfaßsäule lagen etwa dreißig nackte, in der Hitze geschrumpfte Leichen. Diese Menschen wollten dem Feuersturm entrinnen und suchten Schutz in der Litfaßsäule. Am Großen Garten entlang fahrend, sah ich Leichen und zersplitterte Laubbäume auf den Wegen und Anlagen, dazwischen ein Zebra und eine Antilope, die nach Futter suchten. Sie waren dem nahen Zoologischen Garten entronnen. Vom Neustädter Bahnhof bis zur Parkstraße kaum ein Mensch, nur zusammengestürzte Häuser und qualmende Ruinen. Eine fürchterliche, beängstigende Öde hatte sich ausgebreitet.

Das Palais an der Parkstraße, der Sitz meiner Verwaltung, war ein Steinhaufen – aber ich traf dort meinen Bürovorstand und zwei meiner Angestellten an. Gottlob hatten sie den Angriff überstanden. Die im Palais eingelagerten Bestände waren alle ohne Ausnahme zerstört, wir erlitten schwere ideelle und materielle Verluste. Wir hatten alle wertvollen Handschriften und Inkunabeln, einen Teil des Hofsilbers, unser Hausarchiv und den größten Teil der Verwaltungsakten verloren. Die mittelalterlichen Handschriften und Frühdrucke hatten wir wenige Tage vor dem Angriff in den sehr guten Keller des Palais verlagert; alle Sachverständigen waren der Meinung, daß sie dort absolut sicher seien. Tatsächlich hielt der Keller stand, aber ausgerechnet über der

Kellerkammer, in der sich die Bücher befanden, entstand ein Riß, durch den eine Stabbrandbombe in den Raum fiel und alles in Brand setzte. An einem Mauerrest in etwa fünf Meter Höhe hing der Stahlschrank der Verwaltung mit Bargeldbeständen, einigen Wertgegenständen und am allerwichtigsten von allem, der Krone des Heiligen Ludwig von Frankreich. Wie mochte dieses Kleinod jetzt aussehen, nachdem der Stahlschrank so lange in der glühenden Hitze gestanden hatte? War es erhalten, beschädigt, geschmolzen? Wer konnte das wissen? Ich nahm mir vor, alles zu versuchen, um den Safe zu bergen und zu öffnen.

Dann nahm ich den Weg in das Stadtinnere, vor allem, um zu sehen, wie es um die Hofkirche und unsere Familiengruft bestellt war. Ich ging die Bürgerwiese stadteinwärts, auch hier waren die Anlagen und Bäume verwüstet und von einem schwarzen Ascheregen bedeckt, die Häuser niedergebrannt; über allem schwebte ein Dunst von Verbranntem. Ich begegnete Polizisten, die mit russischen Kriegsgefangenen Leichen einsammelten und sie zum Altmarkt brachten, wo sie in großen Stößen verbrannt wurden. Erst hatte man versucht, die Leichen in Massengräbern in der Jungen Heide zu beerdigen. Das erwies sich jedoch als viel zu langsam in Anbetracht der ungeheuren Zahl der Toten. Ein Wachtmeister sagte mir, daß die Polizei am 16. II. allein zwischen Bismarckdenkmal und der Kreuzschule auf dem Ring 800 Tote aufgesammelt hätte. Meist waren die Menschen dem Feuersturm zum Opfer gefallen, als sie fliehen wollten. Noch viel erschreckender und bedrückender war aber die Tatsache, daß in Hunderten und aber Hunderten von Luftschutzkellern noch Menschen lebten und dort langsam zugrundegingen. Wo war anzufangen, um nach Opfern zu forschen bei Tausenden von zusammengestürzten Häusern? Und es war eine sehr schwierige und langwierige Arbeit, die Trümmer wegzuräumen, um in die Keller vorzudringen.

Besonders erschütternd war der Fall des Restaurants «Trompeter-Schlößchen», das in der Altstadt lag. Als der Alarm am 13. erfolgte, war das Restaurant voll in Betrieb. Gäste und Belegschaft gingen in den Luftschutzkeller. Da erhielt das Gebäude zwei Volltreffer, stürzte in sich zusammen und verschüttete die beiden Eingänge zum Keller. Um den 17. fing man an, die Trümmer wegzuräumen, weil man festgestellt hatte, daß zahlreiche

Besucher sich im Keller befinden mußten. Als endlich die Eingänge freigelegt waren, bot sich ein schreckliches Bild. Die anwesenden Wehrmachtsangehörigen hatten erst die Gäste und dann sich selbst erschossen.

Ich ging weiter durch die Moritzstraße – überall die gleichen schweren Trümmer und entstellten Leichen. Der Neumarkt ein einziges Bild des Jammers: das zerstörte alte Dresden. Die Frauenkirche mit ihrer großartigen dunklen Kuppel, die jedem Dresdner ans Herz gewachsen ist, war verschwunden. Nur ein kleines Stück Mauer war übriggeblieben, davor lag das Lutherdenkmal. Die Dresdner waren immer stolz darauf gewesen, daß bei der Belagerung von Dresden die preußischen Kanonenkugeln an der Kuppel der Frauenkirche abgeprallt waren – jetzt hatten zwei schwere englische Bomben die ganze Kirche zerstört.

In Trümmern lag das schöne Cosel-Palais, die so überaus malerische Rampische Gasse, das alte Hotel Stadt Rom und der Jüdenhof. Die schmalen Gassen der Altstadt waren zerstört, mit ihren unersetzlichen alten Häusern wie das barocke Dinglinger Haus. In Trümmern lag alles, was ich so sehr geliebt hatte.

Gottlob stand die katholische Hofkirche von Chiaveri. Sie hatte einen schweren Treffer an der Theaterplatzseite, sechs Heilige waren zerstört. Der alte Dachstuhl, ein Gewirr von Balken aus dem 18. Jahrhundert, war in Brand geraten und in das Hauptschiff gefallen. Die beiden Seitenschiffe und die Eckkapellen aber waren völlig erhalten. Ich betrat diese wunderbare Kirche, mit der mich von Jugend an so viele ernste, aber auch schöne Erinnerungen verbanden. Unsere Familiengruft war unversehrt. Seit 1750 wurden meine Ahnen dort beigesetzt. Der Gedanke, die Gruft wäre dem Angriff zum Opfer gefallen, war furchtbar. Hier wurden mein Vater, mein ältester Bruder und meine Frau bestattet. In diesem Gotteshaus erlebte ich viele religiös erhebende Stunden und auch herrliche, unvergeßliche musikalische Eindrücke. Hier dirigierten Carl Maria von Weber und Richard Wagner. Uraufgeführt wurde die Missa solemnis und das Te Deum von Johann Adolph Hasse, die sogenannte Jagdmesse von Schuster und die Messen von Weber. Im 18. Jahrhundert schon wurde die Krönungsmesse von Mozart aufgeführt. Das Erlebnis der Kirchenmusik in der Hofkirche ist von Dostojewski sehr eindrucksvoll geschildert worden. Der erste russische Stadtkommandant von Dresden hatte das gelesen – er setzte sich für den baldigen Wiederaufbau der Kirche ein und stellte Material zur Verfügung.

Nach Verlassen der Hofkirche sah ich mir das Residenzschloß an, in dem ich von 1904 bis 1914 meine Jugend verbracht hatte. Der Anblick war erschütternd. Ausgebrannt und verstümmelt stand dieser so schöne Renaissancebau da. Und auch sonst, wohin ich blickte – nichts als Trümmer.

Es war das letzte Mal, daß ich das Zentrum der Stadt sah, in der ich aufgewachsen war. Unendlich traurig und bedrückt wanderte ich zurück durch die hohlen Fassaden, durch die grenzenlose Leere und Todesstille – zurück zu meinem kleinen DKW, der mich wieder nach Moritzburg brachte.

Die Krone König Ludwigs des Heiligen von Frankreich

Freundschaftliche Beziehungen verbanden mich mit dem Kommandeur der Dresdner Feuerschutzpolizei, Oberst Orthloff. Schon vor 1932 war dieser tüchtige Fachmann Oberbranddirektor der Dresdner Feuerwehr. Nach den Angriffen auf die Stadt wandte ich mich an ihn mit der Bitte, mir zu helfen, unseren Stahlschrank in der Parkstraße von einem fünf Meter hohen Mauerrest herunterzuholen und zu öffnen. Er war sofort bereit. Nach längeren Versuchen gelang es, den Schrank mit einem Seil in den Schutt herunterzureißen und an der Rückseite aufzuschweißen.

Ich war aufs höchste auf den Befund gespannt. Mein erster Griff war nach der Krone. Erwartungsvoll und zitternd vor Aufregung hielt ich sie in meinen Händen: Nichts war beschädigt, auch nicht das geringste verändert – welch ein Glück! Denn Geld und Papiere im Stahlschrank waren durch die Hitze völlig gelb geworden. Wie groß die Hitze gewesen war, konnte man daran ermessen, daß die im Palais eingelagerten Silberbestände schmolzen und tief in den Schutt hineinrannen.

Diese Krone hatte eine abenteuerliche Geschichte: König Ludwig der Heilige (1226–1270) hatte einen Erzieher und Lehrer, der dem Benediktinerkloster in Lüttich entstammte. Er war ihm sehr zugetan, und um seiner Dankbarkeit einen besonderen Ausdruck zu verleihen, entschloß er sich, dem Kloster ein königliches Geschenk zu machen: Er wählte das Symbol seiner eigenen Würde, die Krone. Er ließ eine echte Königsgskrone anfertigen, die um 1240 entstand. Sie war aus Silber, vergoldet, geschmückt mit Gemmen und Reliquien und bestand aus verschiedenen Gliedern.

Bevor er 1246 den sechsten Kreuzzug unternahm, lud er seinen Lehrer und Erzieher sowie den Abt des Klosters nach Paris ein. In einer Zeremonie in der Sainte Chapelle trug der König diese neu gefertigte Krone, kniete vor dem Altar nieder, nahm die Krone ab und legte sie in die Hände des Abts. Sie solle, so sagte er, als Votivkrone im Kloster für alle Zeiten seine Dankbarkeit bezeugen für das Wissen, das ihm von dort übermittelt wurde, sie solle – auch wegen der Reliquien – ein Gegenstand der Verehrung sein. Der Abt brachte das wunderbare königliche Geschenk nach Lüttich in sein Kloster, wo es 550 Jahre im Schatz des Klosters war, und, nachdem der Donator 1297 heilig gesprochen worden war, besonders verehrt wurde.

Ruhige und unruhige Zeiten folgten einander, Krieg und Frieden, aber das Kloster blieb unangefochten. Im Jahre 1794 jedoch mehrten sich die Nachrichten über das Vordringen der französischen Revolutionsarmeen. Man vernahm Schreckenskunden über Plünderungen und sonstige Übergriffe und traf Vorbereitungen für die Flucht und die Sicherung von Werten. Es war eine ähnliche Atmosphäre wie zur Zeit des Vordringens der Roten Armee. Als Brüssel eingenommen wurde und die Spitzen der Franzosen sich Löwen näherten, beschlossen die Benediktiner, Lüttich zu verlassen. Da die Sicherheit der Mönche in keiner Weise gewährleistet war, sollten sie einzeln nach dem rechten Rheinufer oder auch weiter fliehen. Die Werte des Klosterschatzes verteilte man unter die Mönche – einem Pater wurde die Krone des Heiligen Ludwigs überantwortet. Er wurde vom Abt ermahnt, dieses Heiligtum des Klosters besonders zu hüten, die Krone auf der Flucht stets bei sich zu tragen und sie in absolut sichere Hände zu geben, falls er nicht mehr imstande sein sollte, genügend auf sie zu achten.

Der Pater verstaute die Krone in eine kleine Tasche und reiste über Aachen nach Köln, wo er im nächstgelegenen Benediktinerkloster Aufenthalt nahm. Dort erfuhr er von der Besetzung Lüttichs durch die revolutionären Franzosen und dem Vormarsch auf den Rhein. So faßte er den Entschluß, nach Leipzig weiterzureisen, weil dort ein ihm bekannter Benediktinerpater in der Seelsorge tätig war. Die Reise in der Postkutsche ging von Stadt zu Stadt und schließlich durch Thüringen, an der Wartburg vorbei, nach Leipzig, wo er an einem grauen, kühlen Novembertag des Jahres 1794 mit der Krone eintraf.

Sein Mitbruder nahm ihn herzlichst auf und schlug vor, er möge bei ihm in der Pfarrei bleiben und sich auch der Seelsorge widmen. Nach zweimonatlichem Aufenthalt bekam der Pater einen Brief seines Abtes mit der Mitteilung, daß die Franzosen das Kloster Lüttich geschlossen hätten und jetzt französisches Militär dort einquartiert sei. Er solle sich nach Prag begeben, wo er in der Benediktiner Abtei St. Emmaus verschiedene Patres aus Lüttich treffen werde.

Unser Pater übergab nun die verpackte Krone seinem Mitbruder mit der besonderen Bitte, sehr auf das Paket zu achten. Warum er die Krone nicht mit nach Prag nahm, bleibt ein Rätsel. Vielleicht wollte er die Verantwortung nicht mehr tragen.

Nach zweijährigem Aufenthalt in Prag erhielt er 1796 die Nachricht, daß sein Mitbruder und Gastgeber in Leipzig verstorben sei. Ihn befiel die Sorge um die ihm anvertraute Krone, und so reiste er unverzüglich dorthin. Zu seinem größten Schrecken stellte er fest, daß das Paket unauffindbar war. Weder die anderen Priester der Pfarrei noch die Haushälterin hatten je etwas davon gehört. Trotz eifrigen Suchens blieb die Krone verschollen. Deprimiert und voller Selbstvorwürfe kehrte er nach Prag zurück und wagte nicht, dem Abt den Verlust der Krone von Ludwig dem Heiligen zu gestehen. Es vergingen weitere Jahre, die Krone schien endgültig verloren. Da, im Jahre 1801, bekam der Pater von der Haushälterin des inzwischen ebenfalls verstorbenen Pfarrers der Leipziger Pfarrei die Mitteilung, bei Aufräumungsarbeiten im Pfarrhaus habe sie in einem Winkel des Dachbodens unter allem möglichen Abfall ein Paket gefunden, das seinen Namen trage. Tiefbeglückt eilte er nach Leipzig und nahm das Paket in Empfang. Er öffnete es mit derselben Spannung, mit der ich 144 Jahre später die Krone in den Ruinen der Parkstraße dem Safe entnahm. Die Krone war wohlerhalten und unbeschädigt geblieben.

Nach solchen Erfahrungen sann der Pater darüber nach, wie er das ihm anvertraute Kleinod endgültig sichern und sich der Verantwortung entledigen könnte. Er erfuhr, daß die Gattin des Prinzen Maximilian von Sachsen, die Prinzessin Caroline, eine geborene Prinzessin von Bourbon-Parma war – also eine «Fille de Saint Louis», ein weiblicher Nachkomme des heiligen Ludwig. Prinzessin Caroline war meine Ururgroßmutter. Das war die richtige Persönlichkeit für die Verwahrung der Krone! Er schrieb der Prinzessin nach Dresden und bat um eine Audienz, um ihr als «Fille de Saint Louis» die Krone zu überreichen. Diese Übergabe erfolgte in Dresden im kurfürstlichen Residenzschloß in Gegenwart des Kurfürsten, der kurfürstlichen Familie und des Bischofs. Alle küßten das verehrungswürdige Symbol und Reliquiar, und die

Prinzessin verwahrte von nun an die Krone. Nach ihrem Tode ging sie auf ihren Sohn, König Johann von Sachsen, über, der sie wiederum seinem Sohn, dem nachmaligen König Georg, vermachte. Dieser legte sie in die Hände meiner Tante, der Prinzessin Mathilde, Schwester meines Vaters, die sie wiederum der Familie hinterließ.

So fiel die Verantwortung für die Krone auf mich. Als die Zeiten um die Wende 1944/45 sehr unruhig wurden, entschloß ich mich, die Krone im Stahlschrank der «Verwaltung» in der Parkstraße zu verwahren. Nach der Bergung aus den Trümmern des Palais nahm ich sie mit nach Sigmaringen, als ich nach der Einnahme von Görlitz durch die Russen aus Sachsen fliehen mußte. Nach 150 Jahren trat sie wieder den Weg nach Westen an.

Im April 1945 wurde Sigmaringen von den Franzosen besetzt. In Baden-Baden, der Hauptstadt der französischen Zone, wurde eine Kunstverwaltung ins Leben gerufen, die die künstlerischen Fragen zu überwachen hatte. Dem leitenden Kunsthistoriker im Range eines Oberst zeigte ich die Krone, die gleich sein höchstes Interesse fand. Die französische Regierung trat an mich heran mit der Bitte, ihr dieses für Frankreich so kostbare Reliquiar zu überlassen. Mein Bruder Christian und ich entschlossen uns einzuwilligen, denn es war ja wirklich eine französische Krone, die nach Frankreich gehörte. Ich führte darüber Verhandlungen im Quai d'Orsay, die bald zu einer Verständigung führten.

Im Mai 1946 wurde von uns die Krone in der Sainte Chapelle den Vertretern Frankreichs zurückgegeben, an derselben Stelle, wo sie vor 700 Jahren Paris verlassen hatte. Nach vielfältigen Gefahren war sie heimgekehrt und steht jetzt mit den anderen Kronen Frankreichs im Louvre.

Abfahrt von Moritzburg

Ende Februar entschloß ich mich, nach Sigmaringen zu fahren, da die Russen inzwischen Görlitz erreicht hatten. Am Tage vor der Abfahrt sagte ich, ich wolle nach Jahnishausen und in die Gegend von Oschatz fahren. Auf dieser heiklen Fahrt begleitete mich mein ältester Sohn Dedo. Die beiden anderen Söhne und meine Nichte Iniga Taxis, die bei uns zu Besuch war, sollten innerhalb der Woche mit der Bahn folgen.

Wir fuhren frühzeitig ab, nahmen die Autobahn Dresden–Hof und erreichten die Autobahn Berlin–München schon gegen elf Uhr. Dort wurde lebhafte Fliegertätigkeit, auch gegen die Autobahn Berlin–München gemeldet. Das veranlaßte uns, erst einmal ein kleines Gehölz aufzusuchen und zu beobachten. Nach kurzer Zeit sahen wir drei Jagdbomber, Jabos genannt, in großer Höhe über uns. Auf einmal kippte einer nach dem anderen ab und stürzte sich in nord-südlicher Richtung auf die Autobahn. Bald darauf hörte man das Rum-Rum-Rum der Bordkanonen. Sie hatten also Opfer gefunden. Dann zogen sie hoch und verschwanden. Nach ein bis zwei Kilometern sahen wir einen Personenwagen und einen Motorradfahrer, die abgeschossen worden waren. Ohne Schwierigkeiten erreichten wir nach einer Übernachtung das Landhaus Krauchenwies bei Sigmaringen, wo mein Schwager wohnte.

Am vierten Tag meines Aufenthaltes sagte mir meine Schwester, daß unweit von Krauchenwies in Pfullendorf ein Unternehmer namens Andelfinger sei, der dieser Tage mit einem Lastwagen nach Dresden fahren würde, um dort Holzvergaser abzuholen. Er könne mich mitnehmen, ich könne dann Gina mitbringen und den Führer des Sächsischen Stahlhelms, Oberstleutnant Hauffe. Ich fuhr zu Andelfinger, und alles wurde verabredet. Zwei Tage später trafen wir unerwartet in Moritzburg ein. Die beiden Söhne und die Nichte waren noch da. Meine erste Frage war: «Hat jemand nach mir gefragt?» – Nein. Ich war beruhigt, denn das war die Hauptsache. Herr Andelfinger erklärte, in 24 Stunden wieder in Moritzburg zu sein, um dann am selben Tag oder nächsten Morgen wieder nach Süddeutschland zurückzufahren.

Ich organisierte mir ein Auto und fuhr nach Bannewitz zu Gina und war glücklich und zufrieden, sie gut und gesund anzutreffen.

Die Eltern Dulon bat ich um Erlaubnis, Gina mitzunehmen, um sie vor den Gefahren des Russeneinmarsches zu bewahren. Obwohl es für beide ein schwerer Entschluß war, sich von der Tochter zu trennen, sahen sie doch gleich die Notwendigkeit ein und stimmten zu. Ich bat Gina, so bald wie möglich nach Moritzburg zu kommen. Die Eltern Dulon lud ich ein, in Moritzburg zu wohnen. Dann verständigte ich Oberstleutnant Hauffe und traf am Abend wieder mit Herrn Andelfinger in Moritzburg zusammen. Ich sorgte dafür, daß meine Söhne und die Nichte abreisten.

Am nächsten Tage trafen Gina und Hauffe ein. Wir richteten alles zur Abfahrt. Aber nach einigen Kilometern funktionierte der Wagen nicht mehr richtig, so daß wir wieder nach Moritzburg zurückkehren mußten. Nach einer weiteren Übernachtung ging es endgültig am Nachmittag los. Als wir aus dem Schloßbereich herausfuhren, drehte ich mich noch einmal um und sah zum letztenmal die wuchtige Silhouette mit ihren vier Türmen. Ich war sehr bedrückt und hatte schon damals das Gefühl, daß ich nicht mehr nach Hause kommen würde. Ich riß mich zusammen und sagte mir, es muß sein.

Es begann nun eine Fahrt, die äußerst ermüdend und erschöpfend war und erst nach sechs Tagen in Krauchenwies endete. Unsere Tagesleistungen waren sehr gering, da der Holzkohlegasmechanismus oft versagte, die Kraft nachließ und wir, besonders in den Bergen, steckenblieben. Dann mußte im Holzkohlenkessel herumgerührt werden, und allerhand Tricks waren nötig, um das Fahrzeug wieder in Gang zu bringen. Die größte Krise trat aber in Bayreuth ein, als uns dort die Holzkohle endgültig ausging. Andelfinger und ich gingen in ein kriegswirtschaftliches Büro, wo wir trotz Vorweisung eines Ausweises «Vordringlichkeitsstufe I» keinen Erfolg hatten. Schließlich wurde uns gesagt, über Holzkohle verfüge allein der stellvertretende Gauleiter.

Andelfinger wollte unter gar keinen Umständen dort hingehen. Da gäbe es alle möglichen Untersuchungen des Wagens, und das wollte er nicht.

«Herr Andelfinger», sagte ich, «was soll denn werden? Dann sitzen wir hier in einer Stadt fest, die täglich bombengefährdet ist. Oder wir müssen den Wagen hier zurücklassen. Das geht alles nicht. Lassen Sie mich einmal die Sache machen, ich gehe zum Gauleiter, und Sie kommen mit.»

Erstaunlicherweise wurden wir sehr schnell vorgelassen. «Heil Hitler!» sagte ich und schwang den Arm in die Höhe. «Mein Name ist Sachsen. Wir bringen Holzkohlevergaser für die Wehrmacht von Dresden nach Pfullendorf, Ausweis Vordringlichkeitsstufe I. Hier», sagte ich und reichte ihm das Papier. «Wir brauchen dringend Holzkohle zur Weiterfahrt.»

Der Gauleiter sah mich ziemlich geistesabwesend an und sagte: «Kommen Sie mir nicht in so einem Moment mit solchen Dingen.»

«Gauleiter», sagte ich in der parteimäßigen Anrede, «helfen Sie uns siegen!» – was ein bekannter NS-Slogan war, erfunden – glaube ich – von Goebbels.

Und ich glaubte meinen Ohren nicht zu trauen, als ich seine Antwort hörte: «Quatsch, Sie sagen so etwas, wo der Krieg schon verloren ist.»

«Aber Gauleiter, wie können Sie denn so etwas sagen!» erwiderte ich. Nun sah er mich plötzlich an: «Was brauchen Sie?» Ich nannte die Menge. Er schrieb die Anweisung aus und reichte sie mir. «Heil Hitler! Gute Fahrt.»

«Heil Hitler! und vielen Dank.»

Als wir draußen waren, sagte ich zu Herrn Andelfinger:

«Nun, wie habe ich meine Sache als Nicht-Pg gemacht?»

Krauchenwies und Umkirch

Von Bayreuth aus erreichten wir ohne allzu große Schwierigkeiten über Ulm in den späten Abendstunden das Landhaus Krauchenwies meiner hohenzollernschen Verwandten. Dort wurden wir von meinem Schwager, dem Fürsten, und von meiner Schwester sehr herzlich empfangen und fanden im Landhaus, das schon fast überbelegt war, Unterkunft. Dann aber kamen wir in das alte Schloß, das unmittelbar neben dem Landhaus liegt, während Gina in Sigmaringen untergebracht wurde.

Eines Morgens wimmelte es von Autos, denen lauter SS-Angehörige entstiegen, die sich sofort im alten Schloß breitmachten. Es war dies die Staatspolizei-Leitstelle Stuttgart (Gestapo), der es wegen schneller Annäherung der Franzosen in Stuttgart zu unsicher war. Diese Feststellung war für mich weniger angenehm, da ich als Wehrmachtsangehöriger mit Wehrpaß als Deserteur behandelt werden konnte, ganz abgesehen davon, daß ich sowieso auf der Abschußliste stand.

Ich beriet mich gleich mit meiner Schwester, die mir den sehr guten Rat gab, mit meinem kleinen DKW-Wagen nach Umkirch bei Freiburg im Breisgau zu fahren und dort zunächst einmal zu bleiben. Der Rhein bildete damals die Front, und im Schloß Umkirch lag der Divisionsstab des Generals von Oppen, eines Regimentskameraden meines Schwagers. Da Umkirch zum militärischen Operationsgebiet gehörte, hatten weder Gestapo noch Partei dort etwas zu suchen. Im oberen Stock des Schlosses wohnten damals zwei meiner hohenzollernschen Neffen und der junge Herzog von Mecklenburg.

Da der Vorschlag meiner Schwester ausgezeichnet war, nahm ich ihn an und fuhr gleich ab. Alles ging sehr gut, obwohl die offene Strecke von Donaueschingen bis zum Schwarzwald wegen der ständigen Bombenangriffe höchst gefährlich war. Kurz hinter Donaueschingen erfolgte dann tatsächlich ein Angriff auf die offene Strecke, worauf ich sofort mit meinem kleinen Wagen Deckung in einem Waldstück nahm. Dann kam ich unangefochten bis nach Umkirch, diesem reizenden kleinen Schloß, das ich besonders liebe und wo ich oft bei meinen Geschwistern zu Besuch war. Umkirch hat einen besonderen Zauber. Es liegt in der

Rheinebene; vom Schloß aus hat man einerseits einen herrlichen Blick auf den Hochschwarzwald und andererseits auf die Weinberge des Kaiserstuhls. Und unweit vom Schloß aus sieht man die Vogesen. Saftige Wiesen und dichte Laubholzwälder umgeben Umkirch, und ich habe schöne Jagderinnerungen an das Revier.

Das Schloß, in den ersten Jahren des 19. Jahrhunderts erbaut, mit dem dazugehörigen Besitz erbte das Haus Hohenzollern-Sigmaringen vom Hause Baden. Es ist behaglich und hat viele kleine Zimmer, die alle mit erlesenem Geschmack eingerichtet sind.

Jeden Morgen erschien ein Jagdbomber zwischen sechs und sieben Uhr über Umkirch, der die Situation beobachtete. Wir nannten ihn «den Jabo vom Dienst». Erschien dieser Jabo, so mußten wir alle, einen Mantel über dem Nachthemd, bereit sein, denn man wußte niemals, was geschehen könnte. Einmal schon hatte dieser Jabo vom Dienst eine Bombe 30 Meter vor das Schloß gesetzt, durch die alle Fensterscheiben zerstört wurden. Verschwand der Jabo dann, und es geschah kurze Zeit danach nichts mehr, konnte man sich beruhigt wieder ins Bett legen oder gemütlich frühstücken, denn annehmbar tat der Pilot des Jabo vom Dienst jetzt das gleiche. Einmal griffen uns aber sechs Jagdbomber an, ein Angriff, der der Funkstation der Division galt. Sie klinkten über uns die Bomben aus, die alle über uns hinwegflogen, aber im Dorf einschlugen, wo zwei Häuser zerstört und zwei Personen getötet wurden.

An der Rheinfront war es sehr ruhig, man hörte sehr selten Artilleriefeuer. Ab und zu gurgelten schwere Granaten über uns hinweg, die der Straße Freiburg–Basel galten.

Wir verbrachten die Zeit mit Spaziergängen, Wildbeobachtungen und Schach, und wir führten trotz des Krieges eigentlich ein recht beschauliches Leben. Vor allem wurde ich von niemandem beunruhigt, meine braunen und schwarzen «Freunde» ließen sich nicht sehen.

Nach einer Zeit benachrichtigte mich meine Schwester, daß die Gestapo aus Krauchenwies abgezogen sei und das Kriegsende für dieses Gebiet bald bevorstünde. Ich solle doch zu ihr nach Krauchenwies kommen. Das tat ich auch gleich, schon, um auch Gina wiederzusehen. Ich traf sie zu meiner großen Freude gesund an. Wir machten oft Waldspaziergänge zusammen, die aber nicht ganz ungetrübt waren, da die Tiefflieger überall ihr Unwesen trieben.

Noch stand die Front am Oberrhein, aber die Franzosen hatten bei Mainz den Rhein überschritten und marschierten nun auf Stuttgart und Freiburg. Einen eigentlichen Widerstand gab es nicht mehr, jedoch versuchten einige Reste des Heeres mit dem Volkssturm und Wlassow-Verbänden (russische Kriegsgefangene) die Franzosen aufzuhalten; ein sinnloses Unterfangen, weil schwere Waffen kaum mehr vorhanden waren.

Ich sah den Rückzug von Resten des Heeres auf der Straße Sigmaringen–Bodensee. Auf Wagen sitzend und radelnd, ohne Waffe, mit Zivilhüten, schwätzend, essend und rauchend, so kamen sie daher. Ab und zu flog ein Ausrüstungsgegenstand oder ein Stück Uniform in den Graben.

Es war ein Anblick, über den ich mich als alter Soldat schämte – es war wirklich das Ende des deutschen Heeres.

Im hohenzollernschen Schlößchen Josephslust traf ich den Artilleriekommandeur der vor Sigmaringen stehenden «Division», und dieser gab mir bereitwilligst Auskunft über die Lage. Die Division bestand noch aus 1500 Mann und drei Flakbatterien, damit sollte ein Abschnitt von 20 Kilometer Länge gehalten werden!

«Die Franzosen haben es leicht», sagte er, «sie gehen jeden Tag 40 Kilometer vor, dann schlafen sie sich aus, und am nächsten Tag geht das so weiter. Ich habe mir ausgerechnet, daß sie morgen nachmittag in Sigmaringen sein werden.»

Mein Schwager bat mich nun, am nächsten Morgen nach Sigmaringen zu gehen, um bei der Besetzung auf das Schloß zu achten, denn er wollte richtigerweise in diesem kritischen Moment bei seiner Familie bleiben.

Es war ein wunderschöner Frühlingstag, an dem ich von Krauchenwies nach Sigmaringen wanderte. Noch sah man deutsche Soldaten in Uniform und Amtsverwalter, die bis zum letzten Augenblick braun blieben. Nachdem unsinnigerweise die Donaubrücke gesprengt worden war, erschienen kurz darauf zwei französische Panzerspähwagen, die von einem dem Schloß gegenüberliegenden Felsen ergebnislos mit einem Machinengewehr beschossen wurden. Daraufhin feuerte ein motorisiertes Geschütz drei Granaten auf den Bahnhofsbereich, was uns veranlaßte, zu unserer Sicherheit in den Luftschutzkeller zu gehen. Dort flammte in der Ecke ein Feuerchen, in dem eifrig Dokumente aus der Zeit des nunmehr beendeten Tausendjährigen Reiches verbrannt wurden. Mit mir war auch der Bibliotheksverwalter Hauk. Dieser ging einen Moment hinaus und kam gleich wieder.

«Die Franzosen sind da», sagte er. «Vor der Türe steht ein Posten.» Ich ging hinaus, und tatsächlich, vor der Tür stand ein französischer Posten, der von uns keinerlei Notiz nahm, als sei tiefster Frieden.

Vor dem Schloß stand ein schwerer Panzer und fünf weitere vor dem Rathaus. Dieser Panzerverband war aber nicht im Donautal frontal gegen Sigmaringen vorgegangen, sondern von hinten aus Richtung Pfullendorf. Er gehörte zu einer Division, die weitausgreifend an der Schweizer Grenze entlang nach Osten vormarschiert und dann nach Norden abgeschwenkt war. Nach einer halben Stunde kamen drei Wagen, dem einen entstieg der Kommandierende General des II. französischen Armeekorps. Ein Offizier ging auf mich los und fragte mich, ob ich der Besitzer des Schlosses sei, worauf ich ihm sagte, daß ich diesen vertreten würde und ich sein Schwager sei. Er wollte nun wissen, ob der Marschall Pétain oder andere Franzosen noch hier seien. Ich verneinte und sagte ihm, daß alle Vichy-Franzosen vor zwei Tagen abgefahren seien. Anschließend wurde ich dem General vorgestellt. Dieser salutierte, gab mir aber nicht die Hand, was gegen die Order des Nicht-Fraternisierens verstoßen hätte.

Es folgten nun einige turbulente Tage, da niemand ohne Sonderausweis seinen Wohnort verlassen durfte. Die aktiven französischen Truppen, die Sigmaringen besetzt hatten, zeichneten sich durch bemerkenswerte Disziplin und Ordnung aus, und es kam bei den Franzosen selber zu keinen Übergriffen. Drei Marokkaner, die sich an Frauen vergriffen hatten, wurden auf der Stelle erschossen. Die Offiziere zeichneten sich durch Takt und gutes Benehmen aus, und unter den Reserveoffizieren befanden sich viele Mitglieder des französischen Adels. Nach relativ sehr kurzer Zeit entwickelten sich angenehme gesellschaftliche Beziehungen zu den Offizieren. Nach einigen Wochen wurde der Kommandierende General des I. französischen Armeekorps, General Marquis de Montsabert, ein besonders liebenswürdiger, vornehmer und korrekter Herr, im Schloß einquartiert. Wie überkorrekt er war, geht aus folgendem hervor. Bei einem Diner im Schloß wurden von den Ordonnanzen drei Gläser zerschlagen. Hierauf meldete sich der General bei meinem Schwager an und entschuldigte sich. Einer Dame wurde ihr Schmuck, den sie in ihrem Haus unter einer Planke versteckt hatte, von Einquartierten gestohlen. Sie teilte das dem General mit, der nun alle Hebel in Bewegung setzte, um ihn wieder herbeizuschaffen, und nach einem Jahr gelang es tatsächlich, ihn in Bordeaux aufzufinden, worauf der General der Dame den Schmuck wieder überreichte.

Später kam auch die Marquise de Montsabert nach Sigmaringen; sie brachte ihre Lieblingskatze mit. Diese wurde sehr gehütet, aber eines Tages brach sie zum Entsetzen ihrer Herrin aus. Trotz eifrigen Suchens kam sie nicht zum Vorschein. Daraufhin wurden zwei Kompanien eingesetzt, die systematisch die ganze nähere und weitere Umgebung des Schlosses absuchten. Schließlich fand ein Soldat sie auf einer Mauer.

Die französische Besetzung war natürlich in vieler Beziehung lästig. Häuser und Wohnungen waren beschlagnahmt und die Lebensmittel verschärft verknappt worden, weil die Truppen aus dem Lande lebten. Aber alles in allem war der Zustand durchaus erträglich, mir persönlich ist die Besatzungszeit in keiner Weise in unangenehmer Erinnerung geblieben.

Eine neue Tätigkeit

Nach der Besetzung durch die Franzosen saß ich nun in Sigmaringen fest. Meine Heimat war unter sowjetische Herrschaft gekommen. Eine Rückkehr war nicht mehr möglich.

Trotz des Fehlens von Post- und Eisenbahnverbindungen kamen doch bald Nachrichten über Dresden und Moritzburg durch. Ich erfuhr von dem wüsten Verhalten der russischen Soldateska und von den Leiden der Bevölkerung. Auch hörte ich Näheres über die Plünderungen in Schloß Moritzburg und über die Beschlagnahme meines und meiner Familie Eigentum. Letztere erfolgte auf Grund eines Erlasses der sowjetischen Militäradministration mit der Begründung, daß wir «Feudalisten» seien. Unter Feudalisten verstand man die adligen Grundbesitzer, in den Augen der Kommunisten eine besonders verwerfliche Schicht von Ausbeutern der Werktätigen. Für mich gab es noch eine besonders reizvolle Begründung: Da ich gegenüber der bisherigen Naziregierung feindlich eingestellt gewesen sei, so sei anzunehmen, daß ich auch gegenüber der neuen Regierung ebenso eingestellt sein würde.

Ich war mir natürlich gleich darüber im klaren, daß die «Beschlagnahme» das Präludium zur Enteignung war. Obwohl nun-privates bewegliches Eigentum, wie Möbel, Bilder und Bücher, ausdrücklich von der Enteignung ausgenommen war, nahm man den Feudalisten doch gleich alles weg. Ich besaß nun während des Krieges sechs Ziegen; diese waren das einzige Eigentum, das man mir ließ, und es wurde sogar bei mir angefragt, was mit den Ziegen geschehen solle. Und lange, bevor die Post wieder in Gang kam, trafen meine Dresdner Finanzamtsakten in Sigmaringen beim dortigen Finanzamt ein. Es wurde aus Dresden ersucht – und das war der Höhepunkt der Unverfrorenheit – aus dem enteigneten sächsischen Besitz Vermögens- und Einkommensteuer bei mir einzutreiben.

Das Nichtstun in Sigmaringen sagte mir nicht zu, und als im Herbst 1945 die Pachtung des Fürstlichen Hohenzollernschen Nickhofs frei wurde, griff ich mit beiden Händen zu. Der Hof, der meinem Schwager gehörte, war 70 Hektar groß und allerdings etwas zertragen. Er ist zauberhaft im Donautal gelegen, und von ihm aus hat man sehr schöne Ausblicke auf Wälder und Sandsteinfelsen. Teile des Hofes lagen an der Donau und wieder andere auf dem Plateau über dem Fluß. Er war also eher schwierig zu bewirtschaften.

Ich übernahm die Pachtung, und zwar unter besonders ungünstigen Verhältnissen. Die Franzosen verlangten dauernd Schlachtvieh, und wenn solches nicht vorhanden war, dann mußten eben Milchkühe geschlachtet werden. Infolgedessen ging ich dazu über, alle Kälber aufzuziehen. Aber auch sonst mangelte es an allem. Die größten Schwierigkeiten bestanden in der Beschaffung von Maschinenteilen und Reifen. Ich war aber froh, nun wieder eine Tätigkeit zu haben, die mir Probleme stellte und die mich von dem traurigen Emigrantenlos ablenkte.

Aber die Tätigkeit als Pächter befriedigte mich nicht, da ich letzten Endes auf dem Hof nicht bestimmen konnte und alle Verbesserungen nicht mir, sondern dem Eigentümer zugute kamen. Auch das Gutshaus, ein uraltes schwäbisches Fachwerkhaus, war denkbar unbequem zu bewohnen. Ich war mir darüber im klaren, daß meine Tätigkeit auf dem Nickhof nur eine vorübergehende sein konnte.

Da ich 1946 bereits genau erkannte, daß ich nicht mehr nach Hause kommen würde, beschäftigte mich der Gedanke ganz besonders, irgendwo auf dem Lande einen eigenen ständigen Wohnsitz zu schaffen. Es waren mehr ideelle als materielle Gründe, die mich dazu führten. Ich wollte irgendwo wieder zu Hause sein und ein neues Leben beginnen. Gina und ich wollten uns eine gemeinsame Zukunft aufbauen und heiraten.

Ab 1946

Warum nach Irland

Das Jahr 1947 war für Gina und mich sehr bedeutungsvoll. Wir schlossen den Bund für das Leben und wurden in Paris in der Kirche Notre Dame de la Victoire getraut. Es mußte nun ein Entschluß gefaßt werden, wie und wo unser neues Leben aufgebaut werden sollte. Ich war entschlossen, falls irgend möglich, einen landwirtschaftlichen Grundbesitz zu kaufen, denn das Land sagte uns beiden bei weitem mehr zu als die Stadt mit ihrer Unrast. In Deutschland konnte man aber zu der Zeit keine zweckentsprechenden Güter kaufen, ganz abgesehen davon, daß die Preise für meine finanzielle Leistungsfähigkeit als Flüchtling zu hoch waren. So richtete sich mein Blick auf die anderen europäischen Staaten. Die meisten kamen nicht in Frage, weil sie im Krieg gegen Deutschland standen: Seit dessen Ende waren erst zwei Jahre vergangen, und ein deutscher Grundbesitzer hätte sich dort in einer sehr heiklen Lage befunden.

Sehr bald zog ich das neutrale Irland in Betracht. Ich wußte, daß es dort sehr starke Sympathien für Deutschland gab und die Bodenpreise im Vergleich zu den übrigen europäischen Staaten niedrig waren. Das erschien vielversprechend. Ich entschloß mich, dorthin zu fliegen, um mich von der Lage selbst zu überzeugen. Durch die irische Gesandtschaft in Paris bekam ich gute und nützliche Empfehlungen.

Mein erstes Ziel war Dublin – eine Großstadt, der ich wenig Reiz abgewinnen konnte. Um so mehr gefiel mir das Land mit seinen grünen Weiden, den alten Laubbäumen, der Ruhe und Einsamkeit. Vieles machte im Vergleich zu Deutschland einen primitiven Eindruck, aber das war nicht entscheidend, da die positiven Momente stark überwogen. So faßte ich den Entschluß, nach Irland überzusiedeln.

Durch das freundliche Entgegenkommen der irischen Regierung bekam ich bald die Daueraufenthaltsgenehmigung, und der zweite Flug nach Irland hatte bereits den Zweck, käufliche Güter zu besichtigen. Neben der Güte und Geschlossenheit der Felder und der Zweckmäßigkeit der Gutsgebäude spielte natürlich die Frage des Wohnhauses eine entscheidende Rolle. Wenn man sich in die Abgeschiedenheit der Grünen Insel begibt, dann muß man auch ein Haus haben, in dem man sich wohl fühlt. Und das fanden wir in jeder Beziehung in Coolamber. Wir staunten über die lange, dichte und baumhohe Rhododendronhecke entlang der Landstraße. Wo sie endet, liegen die Pförtnerhäuser mit den Toren. Von dort führen zwei Alleen in weitem Halbkreis um eine mit einzelnen alten Bäumen bestandene Weide auf das Gutshaus zu, das umrahmt ist von uralten Zedern, Lebensbäumen, Fuchsien und Berberitzen. Der schlichte, einstöckige rechteckige Bau im Georgian Style, leuchtend hellgelb, mit vier grauen Säulen vor dem in der Mitte des Hauses gelegenen Eingang, ist in seinen ruhigen, klaren Formen von großer Schönheit. Das Haus lag lange verlassen, unzählige Schnecken krochen herum; ein einsamer Kater, den wir Oman nannten, strich durch das Haus. Die Fensterscheiben waren zum Teil beschädigt, Schmutz und Feuchtigkeit in allen Winkeln. Trotzdem waren wir fasziniert und fühlten uns schon in den leeren Räumen heimisch.

Nun stellte sich die Frage nach dem landwirtschaftlichen Boden und nach den Kosten. Das Gut wurde mir von mehreren Seiten empfohlen, und der geforderte Preis schien als Ausgangsbasis vernünftig. Sehr günstig war es, daß die Wohnhäuser auf den Gütern damals nicht gesondert bewertet wurden. Ganz gleich, ob sie größer, kleiner, bequemer oder unbequemer waren, sie wurden zum landwirtschaftlichen Kaufpreis geschlagen. Auch wirkte es sich bei den weiteren Verhandlungen günstig aus, daß das Gut ziemlich entfernt von Dublin liegt und deshalb für englische Käufer nicht interessant war, denn sie wollten die Nähe der Hauptstadt, der Clubs, der Golf- und Rennplätze.

Nach einigem Hin und Her kam ich zum Abschluß und wurde Ende 1947 Eigentümer des Gutes Coolamber in der Grafschaft Westmeath. Zu Ostern siedelte ich mit meiner Frau und meinen Söhnen über. Haus und Hof waren völlig leer. Es mußte viel Arbeit geleistet werden. Eine Auswanderung stellt vor viele Probleme: das Sichanpassen an die völlig neuen Lebensumstände, an das Klima, die Mentalität der Bevölkerung. Dazu kommen die verschiedenen rechtlichen Grundlagen und Gesetze, und – von besonderer Wichtigkeit – die Beherrschung der Landessprache; auf landwirtschaftlichem Gebiet das Erkennen der erforderlichen Wirtschaftsform, die durch die Lage des Landes, seine Besonderheiten und das Wetter bedingt ist. Sich in all dies hineinzufinden und es zu beherrschen erfordert Energie, Fleiß, Zeit und Geduld.

Die irische Bevölkerung

Es ist in den letzten zehn Jahren viel über Irland geschrieben worden, aber verhältnismäßig wenig über seine Bevölkerung. Nachdem ich zwanzig Jahre mit den Iren zusammengelebt habe, glaube ich, einige Erfahrungen gesammelt zu haben, um mir ein gewisses Urteil über sie erlauben zu können.

Ihr Charakter ist einmal durch die insulare Lage ihrer Heimat bestimmt worden. Schlechte, langsame und ermüdende Verbindungen zum Kontinent schlossen sie praktisch vom Kontakt mit den anderen europäischen Völkern ab. Erst durch den Flugverkehr in den beiden letzten Jahrzehnten wurde die Isolierung beseitigt. In zwei bis drei Stunden können jetzt fast alle Kontinentaleuropäer nach Irland gelangen. Und die Iren können in der gleichen Zeit Paris, den Rhein, die Alpen und die sonnigen Gestade Spaniens erreichen.

Der zweite Faktor, der den Charakter des Volkes prägte, ist die jahrhundertelange Unterdrückung durch die Engländer. Seit Cromwell wurden die Iren, die eine so hohe frühchristliche Kultur entwickelt hatten und das Christentum in Europa verbreiteten, zu Sklaven erniedrigt. Alle, ob reich oder arm, wurden enteignet und das Land unter sechzig Günstlingen des britischen Königs aufgeteilt. Es blieb den Iren nichts anderes übrig, als ihr Leben als bitter arme Kleinpächter zu fristen. Sie waren nicht in der Lage, sich Bildung anzueignen, jedwede gehobene Tätigkeit war ihnen verschlossen, selbst die Ausübung ihrer katholischen Religion war verboten.

Nur langsam änderte sich dieses unwürdige Dasein. Anfang des 19. Jahrhunderts wurde die katholische Religion ihrer Fesseln entledigt, und 1896 begann die Bodenreform, die es irischen Bauern ermöglichte, wieder auf eigener Scholle zu wirtschaften. Aber erst das Jahr 1923 brachte mit der Schaffung des irischen Staates die Freiheit und den Zugang zu vielen Berufen, die ihnen bisher verschlossen waren.

Durch die lange Zeit der Fremdherrschaft und Armut konnten die Iren keine städtische Kultur entwickeln. Dublin ist neben Cork die einzige große Stadt; der überwiegende Teil der Bevölkerung lebt auf weit verstreut liegenden Höfen auf dem Lande. Denn der Ire ist

Individualist, er will für sich leben, nicht einmal Dörfer gibt es, und irgendwo an den Straßen liegen die Kirchen. Das schafft natürlich Schwierigkeiten für Verkehr, Versorgung und die Schulausbildung. Es ist sehr charakteristisch, daß auch die neuen Häuser, die im Rahmen des sozialen Wohnungsbaus auf dem Lande errichtet werden, isoliert voneinander liegen und damit den Wünschen der Bevölkerung entsprechen.

Die Unterdrückung hat die Menschen verschlossen gemacht; sie können sich schwer davon befreien. Im kontinentalen Europa ist in allen Volkskreisen die Aussprache über verschiedene Probleme des öffentlichen Lebens und geistige Fragen allgemein üblich. Nicht so in Irland, wo man – Dublin ausgenommen – sehr selten Menschen findet, die das Bedürfnis haben zu diskutieren. Man denkt wohl über die verschiedenen Fragen nach, aber man behandelt sie nicht mit Mitmenschen. Lokale Kleinfragen und vor allem das Wetter bilden den Gesprächsstoff. Man äußert niemals Negatives. Regnet es in Strömen, so heißt es. «Nice and soft today.» Fragt man nach dem Befinden eines Sterbenden, so hört man: «He is quite good.» Sie sind von Natur aus freundlich, haben keine Eile und sind vor allem hilfsbereit. Das ist ihre schönste Tugend und darin übertreffen sie wohl alle anderen europäischen Völker.

Hat man auf dem Kontinent in einer einsamen Gegend mitten in der Nacht eine Autopanne und klingelt an einer Haustür, so muß man damit rechnen, angeschnauzt zu werden. In Irland wird das Haus aufgeschlossen und man erkundigt sich teilnehmend, was passiert ist. Dann wird man gebeten einzutreten, es wird Tee gekocht und eingehend beraten, wie man dem Festgefahrenen helfen kann.

Einer meiner Nachbarn, ein kleiner Bauer, wurde krank und mußte nach Dublin ins Krankenhaus. Sofort übernahmen alle Nachbarn die erforderlichen Arbeiten: das Füttern des Viehs, das Melken der Kühe und die Bestellung der Felder. Als der Bauer wieder nach Hause kam, war auf dem Hofe alles in bester Ordnung. Keiner der Helfer erwartete Dank, geschweige denn einen Penny.

Ein Bekannter aus Sachsen wollte mich besuchen und nahm richtigerweise den Zug von Dublin nach Mullingar, wußte aber nicht, wie er dort weiterkommen könnte. Er sprach kein Wort englisch, nur etwas französisch. Der Schaffner, an den er sich wandte, begriff das, und um zu helfen, lief er den ganzen Zug entlang und rief in jedes Abteil hinein: Spricht hier jemand französisch? In der Tat war zufällig eine Person anwesend, mit deren Hilfe er bis zum Ende einer Autobuslinie kam. Dort trat die gleiche Schwierigkeit wieder auf. Um sich zu verständigen, sagte er zu den Leuten nur Prinz, Prinz. Sofort sprang ein Mann hinzu und brachte ihn in seinem Auto zu mir, ohne etwas dafür zu verlangen.

In der Nähe der Farm haben wir eine sehr kleine Eisenbahnstation, die einsam in den Feldern liegt. Eines Tages wollte ich nach Dublin fahren, kam aber reichlich spät am Bahnhof an. Ich konnte von meinem Wagen aus sehen, daß der Zug zur Abfahrt bereitstand. Schnell winkte ich dem Lokomotivführer zu, und er gab ein Zeichen zurück: Wir warten auf Sie! Tatsächlich blieb der Schnellzug stehen, bis ich glücklich eingestiegen war.

Körperbehinderten wird von allen geholfen, und es kommt nicht vor, daß alte Leute ihre Koffer selber schleppen müssen. Ein Pfarrer erzählte mir, er habe in einer entlegenen Kirche die Frühmesse gelesen und habe gleich darauf mit dem Autobus nach Hause fahren müssen. Er kam mit den anderen Fahrgästen ins Gespräch. Als sie heraushörten, daß er noch nüchtern war, veranlaßten sie in ihrem Mitgefühl den Fahrer, beim nächsten Restaurant zu halten, damit er eine Tasse Tee trinken konnte. Die Verspätung spielte keine Rolle, alle warteten geduldig und freuten sich, als der arme Pfarrer etwas im Magen hatte.

Natürlich sind die Iren keine Heiligen. Wie überall gibt es Gute und Schlechte, Tüchtige und Untüchtige, Faule und Fleißige. Und der großen Tugend der Hilfsbereitschaft ist eine Untugend entgegenzusetzen, die oft recht ärgerlich ist. Sie sind nämlich meist bemerkenswert unpünktlich und unzuverlässig bei Verabredungen. Es ist typisch, daß bei Empfehlungen besonders gesagt wird: «He is a good timekeeper» – er ist pünktlich –, womit festgestellt wird, daß das nicht immer zu finden ist.

Von jeher neigte die Landbevölkerung stark zum Aberglauben. Ein Teil der älteren Generation ist heute noch abergläubisch, die Jugend allerdings hält all die Wundergeschichten für Humbug.

Ich ging einmal mit einem Bauunternehmer über meine Felder. An der malerischen, mit Efeu berankten Burgruine, die auf einem kleinen Hügel versteckt in alten, vom Wind zerzausten Bäumen liegt, blieb er stehen.

«Wissen Sie, daß hier nachts um Ihre Ruine die Elfen tanzen? Meine Verwandten und mehrere Freunde haben es mit eigenen Augen gesehen. Sie können es mir glauben. Es gehört natürlich viel Ausdauer und ein starker Glaube dazu, wenn man das erleben will.»

Dann erzählte er von einem der sechs Wunder von For. An einer bestimmten Stelle gibt es dort Wasser, das niemals kocht. Die romantische Klosterruine For liegt nicht weit von meinem Gut. Ich machte mich also auf, schöpfte Wasser am angegebenen Ort und brachte es zu Hause ebenso schnell zum Kochen wie jedes andere Wasser. Als ich ihm das erzählte, meinte er unbeeindruckt: «Natürlich kocht es,wenn Sie nicht daran glauben.»

Eine besondere Rolle spielen die Fairies. Es sind Geister, die in kleiner menschlicher Gestalt umgehen. Manchmal sind sie freundlich, oft aber boshaft. Um sie bei guter Laune zu halten, stellte man am späten Abend Speisen vor die Haustür. Verschwanden sie, so hatten die Fairies sie gegessen. Sie dürften aber den Hauskatzen und Hunden anheimgefallen sein.

Ein fünfzigjähriger Handwerker erzählte mir von einem Unglück, das sich in seiner Familie ereignet hatte. Eines Nachts war das immer freundliche und ruhige Kind seiner Schwester gestohlen worden. Die Fairies, die das getan hatten, legten eines ihrer Kinder in die Wiege. Es ähnelte dem gestohlenen sehr, nur schrie es in höchsten Tönen und war unausstehlich. Als es älter wurde, blieb es auffallend klein. Alle waren überzeugt, daß es ein Fairy war.

Viele Geschichten gibt es über die Leprechauns, die den Heinzelmännchen der deutschen Sage entsprechen. Vor einigen Jahren sagten mehrere Straßenarbeiter aus, sie seien 25 Leprechauns begegnet, die aus einem Steinhaufen herausgekrochen wären. Sie hätten die Arbeiter freundlich begrüßt und ihnen von ihren Speisen angeboten. Dann wären sie wieder, einer nach dem anderen, in einem Loch am Steinhaufen verschwunden.

Einen großen Raum nimmt auch das Verhalten der Tiere bei Todesfällen ein. So wird behauptet, daß in bestimmten Gegenden Schwäne die Häuser umkreisen, in denen gerade jemand gestorben ist. Und bei Dublin soll es eine Kapelle geben, um die sich bei Todesfällen alle Füchse der Umgegend zusammenscharen, manchmal fünfzig an der Zahl.

Einer meiner Arbeiter glaubt ernsthaft, daß jedem, der Nachteiliges über einen Priester sagt, der Mund an den Ohren stehenbleibt. Das sei um 1900 in unserer Pfarrei passiert.

Einige Jahre nach unserer Übersiedlung nach Irland behaupteten drei Mädchen, sie hätten die Muttergottes in einem Wald südlich unserer Kreisstadt Mullingar gesehen. Angestrahlt von hellem Licht, schwebte sie in einer Baumkrone. Von überall kamen die Leute, um das Wunder zu erleben. Als ich dort war, parkten ungefähr 500 Autos. Bei tropfendem Regen knieten Scharen von Menschen im Wald und beteten laut. Dann riefen einige: Seht das Licht dort im Baum! Und ein Mann schrie laut auf: Soeben ist Christus leibhaftig unter uns erschienen! Das war natürlich blanke Hysterie. Die Kirche nahm scharf Stellung gegen diesen Wunderglauben, und bald wurde den Gläubigen der Besuch der Stätte untersagt. Dann war auch niemand mehr dort zu sehen.

Obwohl die lange Abgeschlossenheit den Gesichtskreis der Iren eingeengt hat, so ist es doch ganz erstaunlich, auf was für ausgefallene Privatinteressen man zuweilen stoßen kann. Mich fragte ein kleiner Bauer in meiner Nachbarschaft über die Kaiserin Elisabeth von Österreich aus, und ich stellte fest, daß er ein Buch über sie gelesen hatte. Ich bekam Briefe eines Iren aus der Umgebung von Dublin, der dabei war, ein Buch über die kursächsische Post zu schreiben, und um Auskünfte über Abkürzungen bat. Er hat mir das Buch später geschickt, ich habe gestaunt, mit welcher Sachkenntnis es abgefaßt war. Schließlich ist das für einen Iren eine ganz ausgefallene Sache. Noch viel erstaunlicher war folgender Vorgang: Ich kaufte in Mullingar Briefmarken. Der Postbeamte, der mich kannte, meinte:

«Sie wissen doch sicher über den Dreißigjährigen Krieg Bescheid?»

«Ja, 1618–1648.»

Dann bekam ich zu hören, er lese gerade über die Feldzüge des Kurfürsten Johann Georg I. von Sachsen usw. Ich war im höchsten Grade überrascht von diesen Kenntnissen eines kleinen Postbeamten in einer irischen Provinzstadt.

Wenn der Ire sich einmal aus den Fesseln der Isoliertheit löst, werden erstaunliche Energien frei. Das beweisen die großen Leistungen der Nachkommen von Auswanderern in die Vereinigten Staaten. Sie bekleiden dort unverhältnismäßig viele Schlüsselpositionen in der Politik, Armee und Wirtschaft. Und viele Schriftsteller von Weltrang wie G. Bernard Shaw, James Joyce, W. B. Yeats und Sean O'Casey sind Iren.

Ich werde immer wieder gefragt, welche Sprache die Iren sprechen. Es ist die englische. Von den 2 775 000 Menschen, die in der Republik wohnen, haben nur 40 000 Gälisch als Muttersprache. Sie wohnen im Nordwesten am Atlantik. Seit der Befreiung von der englischen Herrschaft müssen aus nationalen Gründen alle Kinder in der Schule intensiver Gälisch lernen, und die Beamten sollen es beherrschen. Doch ist der Plan der Regierung, es als Nationalsprache einzuführen, bisher gescheitert. Denn die Kinder hören zu Hause von den Eltern nur Englisch, auch Zeitungen und Bücher sind englisch geschrieben. So wird meistens die andere Sprache schnell vergessen. Aber man gibt den Unterricht nicht auf, obwohl er meines Erachtens zum mindesten zweitrangig geworden ist und wertvolle Zeit verschwendet.

Ich bekam einmal die Zuschrift einer Behörde auf gälisch; erst der vierte Ire, den ich fragte, war in der Lage, sie mir zu übersetzen. Auch im Parlament beherrschen die Abgeordneten nur teilweise die Nationalsprache. Aber Orts- und Straßenschilder sind überall zweisprachig.

Mein Gut Coolamber

Coolamber liegt in Mittelirland, ungefähr 110 Kilometer nordwestlich von Dublin in einem ausgedehnten Weidegebiet. Der nächste Marktflecken mit dem stolzen Namen Granard liegt elf Kilometer weit entfernt. Coolamber heißt auf gälisch «der rückwärts gelegene Acker», und unsere nahegelegene Poststation mit dem schwierigen Namen Lismacaffrey bedeutet: «Lis» der befestigte Wohnsitz, «ma Caffrey» des Caffrey. Wir wohnen auf alt besiedeltem Boden. Auf meinem Besitz befinden sich zwei Lis aus der Zeit um 1000 vor Christus; es sind kleine Ringanlagen, die durch einen Wassergraben geschützt sind. Ein weiteres Lis hat zwei Wassergräben und stammt aus der Zeit um Christi Geburt. Diese Ringanlagen schützten die Bauern mit ihrem Vieh vor Überfällen. Aus der Zeit Cromwells, also dem 17. Jahrhundert, stammt die Ruine eines starken englischen militärischen Stützpunktes. Sie ist wohl der malerischste Winkel des Gutes.

In den Jahren 1921 bis 1923 fanden in unserem Gebiet grausame Guerillakämpfe zwischen Iren und Engländern statt. Die aufständischen Iren machten 1922 bei einem Vorstoß in Granard zahlreiche Gefangene, darunter einen Obersten. Daraufhin brannten die Engländer alle Häuser des Ortes nieder und exekutierten 23 Geiseln. Die Unglücklichen wurden an Autos gebunden und zu Tode geschleift. Zur Vergeltung erschossen die Iren 23 englische Gefangene. Einer meiner Nachbarn, ein Mitglied der Irischen Republikanischen Armee (IRA), spezialisierte sich darauf, von Bäumen aus mit dem Fernrohrgewehr Engländer abzuschießen. Einmal traf er einen englischen Offizier, der sich morgens am offenen Fenster rasierte. Die englischen Verbände wurden mit der Zeit so demoralisiert, daß England sich 1923 gezwungen sah, den Irischen Freistaat anzuerkennen.

Das Gut Coolamber hat zur Hälfte sehr gutes Land, das übrige ist von mittlerer Qualität. Der Anfang dort war sehr schwer, denn das Gut war überall in schlechtem Zustand. Auf dem Innenhof war Schlamm, in den man bis zur Wade einsank, und vor dem Heuschober waren Spreu und Heurückstände jahrzehntelang nicht abgefahren worden. Die Iren können so etwas ertragen. Sie haben dazu einen schönen Spruch: «Where the muck is the luck» – Wo der Schmutz ist, ist auch das Glück.

Wir schaufelten alles aus und brachten 120 Kiesfuhren auf Pferdewagen heran. Unter einer Gruppe großer Lebensbäume am Haus sammelten wir an die 200 Flaschen und im Umkreis des Hauses fünf Tonnen altes Eisen, Maschinenteile usw. Das erste war, eine Stelle zur Sammlung von Abfall einzurichten.

Dann mußte ich die notwendigen Maschinen für den Gutsbetrieb beschaffen und Vieh einkaufen. Es war erforderlich, das gesamte Gut systematisch zu düngen, denn die Weiden und Wiesen brachten schlechte Graserträge und waren stark verunkrautet. Anfangs trieb ich auch Ackerbau, mußte das aber wegen des Wetterrisikos wieder aufgeben, denn die Sommer sind in meiner Gegend zu feucht. Dann züchtete ich jahrelang Rinder und Schafe. Zuerst rentierte sich die Viehzucht gut, aber von Jahr zu Jahr stiegen die Unkosten, während der Ertrag der gleiche blieb.

In den letzten zwanzig Jahren sind die Löhne um das Fünffache, die festen Grundsteuern um das Vierfache gestiegen. Auch alle anderen Kosten wurden höher. Man braucht kein Wirtschaftsexperte zu sein, um zu erkennen, was das bedeutet. So mußte der Betrieb umgestellt werden. Während ich früher fünf Arbeiter beschäftigte, führe ich jetzt mit einem Mann und gelegentlich einer Hilfskraft eine extensive Wirtschaft, d. h., ich kaufe Rinder und Schafe auf den Märkten, mäste sie auf dem Gras und verkaufe sie dann wieder.

Gegen das zerstörende Grundsteuersystem können nur landwirtschaftliche Berufsvereinigungen angehen, sie sind aber in Irland nicht einflußreich genug.

Ich habe mein Gut immer selbst geführt. Zuerst arbeitete ich mit Pferden, schaffte mir aber bald einen Schlepper an, den ich längere Zeit persönlich fuhr. Als Betriebsführer mußte man selbst aber unabhängig sein, zumal die Wirtschaft sehr vielseitig war. Trotzdem, wenn Not am Mann ist, arbeite ich immer mit – bei der Heuernte oder Geburten von Tieren. Ich war nie ein Gentleman-Farmer wie die Leute, die behaupten, Landwirte zu sein, sich aber nie die Hände schmutzig machen. Mein Hauptziel ist jetzt, mich trotz aller Schwierigkeiten auf dem Hof zu behaupten. Ich habe in meinem

Alter damit eine Aufgabe, die mich ausfüllt, und dafür bin ich dankbar.

Wir lieben unser schönes Haus, das wir allmählich so eingerichtet haben, daß es auch künstlerisch einen besonderen Charakter hat. Als wir ankamen, hatten wir zwei eigene Möbelstücke, einen sächsischen Schreibschrank und eine Kommode aus dem 18. Jahrhundert. Unsere Möbel und Teppiche kauften wir teils gebraucht, teils neu in Dublin. Im Laufe der Jahre haben wir alles vervollständigt, was der Qualität der Einrichtung zugute kam. Unsere erste Anschaffung beeindruckte uns aber am meisten: der moderne Herd in unserer Küche. Nachdem wir lange in «Mitbenutzung» gekocht hatten, standen wir staunend und beglückt vor der eigenen Kochstelle. Das alte Wort kam uns in den Sinn: Eigener Herd ist Goldes wert.

Manche, heute selbstverständliche Einrichtungen mußten wir zunächst missen, die Elektrizität und fließendes, reines Wasser. Aber darüber kamen wir leicht hinweg, Petroleumlampen und Wasserpumpe taten gute Dienste.

Um das Haus schuf meine Frau Gartenanlagen, in denen immer irgend etwas blüht, auch im Winter. Der Gutshof liegt direkt hinter dem Wohnhaus – und ist bequem zu erreichen. Und nah am Hof befindet sich auch unser Obst- und Gemüsegarten, in dem wir alles anbauen, was wir nicht kaufen können, frisches Obst und Gemüse. Immer von neuem freuen wir uns über die smaragdgrünen Weiden und Wiesen, die schönen alten Eichen, Buchen und Eschen, über die anheimelnde Landschaft, die der schleswig-holsteinischen so ähnelt.

Wir haben dieses Stück Erde liebgewonnen. Es ist zwar keine neue Heimat, aber ein wirkliches Zuhause. Und das bedeutet sehr viel für Menschen, die ihre angestammte Heimat verlassen mußten.

Zurückblickend bin ich dankbar, daß sich mein Leben trotz aller Fährnisse und Schicksalsschläge wieder glücklich gestaltet hat. Der Wappenspruch unseres Hauses «Providentiae memor» – der Vorsehung sei eingedenk – hat mich geleitet.

Nachwort

Ein Nachwort zu schreiben, wenn es sich um das Buch des eigenen Ehemannes handelt – Titel «Vom Königsschloß zum Bauernhof» von Prinz Ernst Heinrich von Sachsen, jüngster Sohn, des letzten Königs von Sachsen, Friedrich Augusts III. –, scheint mir schwierig.

Ein Wort meines Mannes fällt mir ein: «Fasse dich kurz, lange Tiraden landen im Papierkorb.» Daran will ich mich halten.

Was ich hervorheben möchte, ist das Kapitel «Befehl nach Stalingrad». Mein Mann brach nicht zusammen, kein Wort von furchtbarer Angst! Er blieb gefaßt angesichts des fast sicheren Todes, der ihn dort erwarten würde. Mein Nachwort gebührt seinem unerschrockenen Mut.

Auch gehörte ziviler Mut dazu, die bekannte, bei den Nazis unbeliebte, die große Künstlerin Käthe Kollwitz sofort in Moritzburg aufzunehmen, als sie gefährdet war.

In allen bedrohten Lebenslagen ließ er es an Unerschrockenheit nicht fehlen.

Neben dem allzu frühen Tod seiner ersten schönen Frau war der zweite große Schmerz, sein so geliebtes Sachsen 1945 für immer verlassen zu müssen.

Ich hörte aber nie ein Wort der Klage. Es ist traurig, daß er (verstorben 14. Juni 1971) die Wiedervereinigung nicht erlebt hat, um sein geliebtes Sachsen und das Schloß Moritzburg noch einmal sehen zu können, welches ihm sein Leben bedeutete.

Prinzessin Virginia von Sachsen
Frühjahr 1995

Die Fotos stellte Prinzessin Virginia von Sachsen
aus dem Privatarchiv des Verfassers zur Verfügung,
mit Ausnahme der Außenansichten von Schloß Moritzburg,
die aus der Sächsischen Landesbibliothek Dresden,
Abteilung Deutsche Fotothek stammen.